Histoires ordinaires
de fraudes

ACFE / Francis Hounnongandji

Histoires ordinaires de fraudes

*20 études de cas : détournements d'actifs,
corruption, déclarations frauduleuses*

EYROLLES

Éditions d'Organisation

Éditions d'Organisation
Groupe Eyrolles
61, bd Saint-Germain
75240 Paris Cedex 05

www.editions-organisation.com
www.editions-eyrolles.com

Sommaire

Partie 2 – Corruption

« La fraude n'est pas un simple problème comptable ; il s'agit d'un phénomène de société. Si l'on fait abstraction des nombreuses et complexes variations du crime économique, il n'y a que trois mécanismes de base par lesquels une victime peut se voir soustraire son argent de manière illégitime : par la force, de manière cachée, ou par la ruse. Si les deux premières méthodes sont actuellement sur le déclin, ce n'est pas le cas de la troisième. Et les raisons de cette situation n'ont que peu de rapport avec les contrôles comptables. »

Dr Joseph T. WELLS,

Fondateur de l'Association of Certified Fraud Examiners (ACFE),
in « Sleuthing Careers Bring CPAs Personal and Professional Satisfaction »,
The Anti-Fraud Professional, octobre 2003

« Les fraudeurs deviennent de plus en plus rusés et ont recours à des techniques de plus en plus sophistiquées.

[…] La responsabilité première de la prévention, de la détection et de l'investigation des fraudes repose sur le management, qui assume également la responsabilité de la gestion des risques de fraude. De nombreuses organisations disposent maintenant d'une fonction interne de « sécurité » dédiée qui assume la responsabilité de la gestion des investigations de fraude et d'autres tâches liées à la fraude comme l'établissement de programmes de sensibilisation ou de prévention. C'est dans ces fonctions que le management a besoin de personnes qualifiées afin d'accomplir les tâches mentionnées. »

Dr Haluk F. GURSEL,

Professeur associé, université Webster de Genève, Suisse,
Responsable conformité, Programme ONUSIDA, Nations unies,
in « Recognition of the Anti-Fraud Profession :
Discipline Emerging as True Profession »,
FRAUD Magazine, 2007

Préface

En 2007, l'ACFE a publié son premier recueil de cas, en anglais. Plus de soixante membres de l'ACFE originaires du monde entier y ont contribué, sous la direction du président du conseil de l'ACFE, le Dr Joseph T. Wells. Bien que nous nous attendions à ce qu'il connaisse un certain succès, nous avons été stupéfaits par les revues élogieuses et les compliments que ce livre a reçus lors de sa parution. En fait, il s'est révélé si populaire que nous avons publié deux nouveaux recueils depuis lors (un sur les fraudes informatiques et un autre sur les fraudes sur Internet) ; un quatrième (sur la fraude aux états financiers) est en préparation. Le présent recueil est le premier du genre en français.

Chaque année, l'ACFE publie des dizaines de milliers de pages relatant comment les fraudeurs commettent leurs forfaits, comment les confondre et les poursuivre, et comment mettre au point des programmes et des contrôles destinés à prévenir les fraudes. Bien que ces informations soient capitales, rien de tel qu'un exemple pratique pour présenter ces éléments d'une façon accessible à tous (et parfois distrayante).

En lisant les cas recueillis dans ce livre, vous marcherez sur les traces de vos confrères, revivant en leur compagnie leurs examens des faits, leurs entretiens avec des témoins, et l'élaboration de leurs théories. Vous mettrez avec eux ces théories à l'épreuve des faits et serez amenés initialement à tâtonner. Mais, espérons-le, vous finirez par mettre la main au collet du coupable et aiderez la victime à récupérer au moins une partie de ses biens. Vous pourrez alors vous donner le temps de la réflexion, pour revoir quelles étapes du processus de contrôle ont fait défaut, permettant à la fraude de se développer ; vous déterminerez alors ce qui pourrait être fait pour garantir qu'une telle circonstance ne se reproduise jamais plus.

L'ACFE remercie chaleureusement tous les contributeurs au présent recueil, qui ont donné vie à ce projet. Vous avez rendu un grand service à vos confrères, en leur soumettant des cas réels illustrant combien le métier d'analyste spécialisé est important pour la sauvegarde des intérêts des entreprises de par le monde.

James D. Ratley, CFE
Président, Association of Certified Fraud Examiners

Introduction

Mesures antifraudes : un réalisme nécessaire

La définition, la perception et le traitement des actes frauduleux dépendent des spécificités culturelles, juridictionnelles et opérationnelles. Selon le guide *Managing the Business Risk of Fraud : A Practical Guide* (ACFE, IIA, AICPA), « la fraude est une action ou une omission intentionnelle visant à tromper les autres, et qui occasionne une perte pour la victime et/ou un gain pour son auteur ». Nous y englobons les détournements d'actifs, les actes de corruptions, les déclarations frauduleuses, le blanchiment, le vol de propriétés intellectuelles, la contrefaçon, la fraude identitaire, etc.

La fraude touche ainsi tous les secteurs d'activités, toutes les entités, tous les pays, à divers degrés et sous des formes différentes.

Les fraudes coûtent cher aux acteurs économiques

La fraude peut s'avérer coûteuse, voire explosive. Les coûts réels de la fraude sont malheureusement difficiles à estimer avec précision. Toutefois, certains faits sont assez éloquents : la disparition de la banque Baring, la faillite d'Enron, la déconfiture de Madoff Securities et ses dégâts collatéraux, les 4,9 milliards d'euros de perte subie par la Société Générale à la suite des placements financiers hasardeux d'un de ses employés, etc. Ces fraudes extraordinaires, cataclysmiques, ont le mérite être difficiles à cacher et s'imposent à la conscience des décideurs. À côté d'elles, foisonnent une myriade de fraudes ordinaires, moins visibles et qui ne sont pas traitées en profondeur. Si leurs coûts individuels sont peu élevés par rapport à ceux des fraudes cataclysmiques, le cumul des sommes perdues est certainement plus important. Et ce sans commune mesure.

Le rapport « 2010 Report to the Nations on Occupational Fraud and Abuse » de l'ACFE (Association of Certified Fraud Examiners) sur la fraude interne rappelle que celle-ci coûte cher aux entreprises: approximativement 5 % de leurs chiffres d'affaires annuels. Si nous appliquons ce taux au produit mondial brut, nous estimons à quelque 2900 milliards de dollars la perte potentielle totale due à la fraude interne au niveau mondial. Le rapport relève qu'un quart des cas de fraudes analysés lors de l'étude ont coûté plus d'un million de dollars. Il souligne aussi que la corruption et les manipulations comptables sont les types de fraudes dont les impacts sont les plus coûteux. Les fraudes les plus fréquentes sont les détournements d'actifs, impliqués dans 90 % des cas de l'étude; pourtant, avec des pertes médianes de 135 000 dollars par cas, leurs coûts ne sont pas les plus importants. Les manipulations comptables et financières sont les fraudes les moins fréquentes (5 % des cas), mais elles sont de loin les plus coûteuses avec des pertes médianes de plus de quatre millions de dollars par cas. Les cas liés à la corruption représentent un peu moins du tiers des cas étudiés, avec des pertes médianes de 250 000 dollars. Ces tendances sont stables depuis la première publication du rapport en 1996.

Le coût médian des fraudes en général pour les entreprises européennes est de loin le plus important avec 600 000 dollars de perte moyenne pour chaque cas, alors que ces coûts sont de 105 000 dollars pour les États-Unis, 125 000 dollars pour le Canada, 205 000 dollars pour l'Afrique et 274 000 dollars pour l'Asie. L'Europe vient également en tête des coûts médians relatifs au cas de corruption, avec des pertes médianes évaluées à un million de dollars, alors que, selon le même rapport, elles s'élèvent à 175 000 dollars, 163 000 dollars, 208 000 dollars et 330 000 dollars respectivement pour les États-Unis, le Canada, l'Afrique et l'Asie.

Les petites entreprises souffrent sans commune mesure des incidences de ces fraudes, essentiellement du fait du manque de structures dédiées au contrôle interne, un manque de séparation des tâches, une moindre formalisation des transactions, etc.

Les coûts de risque de réputations et sur l'actif immatériel, déjà très importants – puisque les actifs immatériels représentent pour certaines organisations plus de la moitié de leurs actifs nets – sont clairement en hausse. La société admettant de moins en moins les manquements à l'éthique lorsque ceux-ci sont révélés, le renforcement graduel des lois et des réglementations relatives à la fraude a également pour conséquence une augmentation des coûts de procédures pour toute entité accusée d'enfreindre ou d'avoir enfreint la loi : exclusion de certains marchés, pénalités financières, peines de prison, etc. La découverte d'actes frauduleux dans une organisation induit immanquablement un sentiment d'insécurité général chez de nombreux d'employés, avec pour conséquences la désaffection d'employés à haut potentiel et/ou des difficultés à en attirer, sans compter l'utilisation opportuniste de l'incident par des rivaux de tout bord : en interne pour régler des comptes dans la guerre des chefs, à l'extérieur de l'entreprise pour gagner des avantages réputationnels.

En outre, selon un rapport publié en 2007 par le Conseil des prélèvements obligatoires, rattaché à la Cour des comptes, la fraude aux prélèvements obligatoires atteignait en France 29 à 40 milliards d'euros par an. Ce rapport a évalué l'ensemble des fraudes et irrégularités à l'équivalent de 1,7 % à 2,3 % du produit intérieur brut (PIB), dans une fourchette plutôt basse. À noter que le rapport porte uniquement sur les recettes publiques et ne couvre pas les fraudes aux prestations sociales.

Du reste, une fraude majeure peut compromettre l'existence même d'une entreprise, voire d'un système économique. Les fraudes récentes qui ont affecté spécifiquement le secteur financier, outre des pertes financières nettes très élevées, font entrevoir des risques de crises systémiques. L'effet « boule-de-neige » à une échelle mondiale peut alors jouer le rôle d'un catalyseur de catastrophes économiques difficile à maîtriser.

Des risques de fraudes en évolution

Outre les détournements d'actifs, la situation de récession économique accentue les pressions sur les dirigeants et fait le lit des fraudes comptables et financières afin de satisfaire les actionnaires ou obtenir plus facilement des crédits :

• omission volontaire de faits significatifs dans la communication, liberté avec des normes comptables ;

• survalorisation des actifs ;

• gonflement des chiffres d'affaires ;

• minimisation des dépenses et des dettes.

La recherche de nouveaux leviers de croissance a incité industriels et acteurs du secteur financier à se tourner aussi vers les marchés émergents, qui comportent des risques élevés en matière de fraude. Les due diligences, envisagées non pas comme audits internes mais comme des investigations externes et discrètes, sont des outils particulièrement intéressants pour répondre aux obligations de vigilance et pour réduire les risques des investissements à venir. En effet, vérifier si le futur partenaire d'une joint-venture n'est pas lié à des réseaux de criminalité locale, n'a pas de relations commerciales avec des États sous embargo, n'a pas de lien avec les réseaux de blanchiment ou même avec ceux du financement du terrorisme, peuvent s'avérer être des démarches salutaires quant à la pérennité des affaires, notamment dans des secteurs d'activités et des zones géographiques dites à risque. De même, effectuer une enquête de notoriété sur les futurs acteurs clés du développement de votre entreprise peut souvent éviter des déconvenues.

L'attention se porte de plus en plus sur les démarches de lobbying des entreprises et autres acteurs économiques afin de les rendre plus transparentes et éviter la captation des pouvoirs publics par des intérêts privés.

Le blanchiment et le détournement de propriétés intellectuelles restent les autres risques les plus préoccupants dans la période actuelle. En effet, la mise en œuvre étendue progressivement à un niveau mondial de la prévention du blanchiment d'argent et du financement du terrorisme particulièrement dans le secteur financier a incité les criminels à utiliser de plus en plus les secteurs économique, industriel, commercial, et associatif, derrière leur paravent comptable d'activités licites apparentes, pour une manipulation plus discrète de leurs ressources financières, aux yeux de banquiers de plus en plus inquisiteur. D'autre part, la protection de l'information stratégique, et plus largement des actifs immatériels, est donc devenue un enjeu majeur pour l'entreprise. Selon une note de la DCRI (Direction centrale du renseignement intérieur), près de trois mille firmes françaises ont été victimes, entre 2006 et 2008, de nombreuses « actions d'ingérences économiques », destinées à voler leurs secrets de fabrication, à déstabiliser leur direction ou à gêner le lancement de nouveaux produits. Ces actions sont souvent assimilables à des actions frauduleuses. L'intelligence économique et la lutte antifraude sont liées dans les démarches de prévention, de détection, d'investigation et de protection. À l'ère du développement international des entreprises, des nouvelles technologies de l'information et de la concurrence exacerbée, les enjeux sont nombreux, notamment dans le cadre de la lutte contre la contrefaçon ou lorsqu'il s'agira de repérer des actes de concurrence déloyale.

La fraude identitaire connaît, de son côté, une très forte progression, aidée entre autres par les failles de sécurité dans les échanges électroniques et par l'utilisation croissante d'Internet, ainsi que par des accès plus faciles à certains outils de confection de documents. D'après une étude du Aberdeen Group publiée en mai 2003 déjà, le coût global de la fraude identitaire pour les gouvernements, les entreprises et les particuliers de par le monde s'élevait à 221 milliards de dollars en 2003. Ce coût devrait atteindre 2000 milliards en 2005 d'après la même étude. D'autres études plus récentes, portant sur des segments différents de la fraude identitaire ou sur des zones géographiques restreintes, pointent une augmentation de la survenance et de l'impact financier et économique de ce fléau. Et comme le relevait Europol en 2009 dans son « Rapport sur les menaces des organisations criminelles sur l'Union Européenne », « la contrefaçon de documents est une activité transverse affectant tous les domaines d'activités criminelles. Les documents d'identité, les passeports, les certificats de naissance et les attestations de résidence sont parmi les documents les plus ciblés pour faciliter, par des groupes criminels structurés, la commission d'infractions transfrontalières ». L'implication du crime organisé et l'aspect transfrontalier que peut revêtir parfois ce type de fraude rendent la lutte d'autant plus complexe.

Des mesures concrètes et des solutions pratiques sont nécessaires

Il existe un foisonnement de lois et de régulations relatives à la lutte anti-fraude destinées à une meilleure gouvernance mondiale, mais malheureusement toujours une faible perception de détection et de sanction. L'accumulation des lois et des réglementations ne s'accompagne pas toujours des moyens humains et matériels nécessaires pour les appliquer. De nombreux dirigeants ne sont d'ailleurs pas au courant des lois et dispositions réglementaires auxquelles doivent se conformer l'entreprise et ses dirigeants. Ils nourrissent alors une illusion de sécurité, qui les rend plus vulnérables ; alors que d'autres, conscients des failles du système, l'exploitent en faisant attention à ne pas être détectés, ou à ne pas être sanctionnés, en tout cas le plus tard possible.

Selon le « *2010 Financial Market Integrity Index* » du CFA Institute, les résultats des enquêtes menées dans six pays (États-Unis, Royaume-Uni, Canada, Hong Kong, Japon et Allemagne) auprès des professionnels de l'investissement, révèlent que même si des améliorations ont été enregistrées concernant l'intégrité et l'éthique, celles-ci constituent encore une réelle préoccupation qui mine la confiance des acteurs dans les marchés et systèmes financiers.

La dictature du court terme et la pression des investisseurs sont encore très présentes, voire croissantes, et ce partout dans le monde. Les résultats d'une enquête menée aux États-Unis entre l'automne 2003 et début 2005 auprès des directeurs financiers aux États-Unis et publiée dans le numéro de novembre/décembre 2006 du *Financial Analyst Journal* (« Value Destruction and Financial Reporting Decisions » par John R. Graham, Campbell R. Harvey et Shiva Rajgopal) donne toute la mesure de l'enjeu : 80 % des personnes répondant à l'enquête ont admis préférer diminuer les dépenses discrétionnaires (R & D, publicité, maintenance d'équipements, etc.) afin de satisfaire aux attentes des marchés financiers, tout en reconnaissant qu'une telle attitude est destructrice de valeur de l'entreprise. Il ressort de l'étude que la destruction de valeur de l'entreprise par des moyens légaux se généralise, qu'elle représente peut-être même une pratique courante dans la gestion des affaires/entreprises et que l'estimation de la valeur détruite par des dirigeants qui cherchent à tout prix à atteindre les objectifs attendus par les marchés financiers notamment dépasse largement les pertes relatives aux récents grands scandales de fraudes qui se chiffreraient déjà en centaines de milliards d'euros. Bien que ces études aient été menées aux États-Unis, les résultats sont transposables aux grands pays d'Europe : France, Allemagne, Royaume Uni, Espagne, Suisse, etc. En effet, les marchés des capitaux y sont à un niveau de développement avancé, et les attitudes des décideurs économiques convergent en de nombreux points avec celles de leurs homologues américains.

On se souvient aussi de l'arrêt des investigations, pour raisons d'intérêts supérieurs de l'État britannique, dans le cas des soupçons de corruption liés à BAE Dynamics concernant des transactions relatives au contrat Al Yamamah d'une valeur de 45 milliards de livres Sterling. Comment convaincre un patron de laisser passer un contrat qui sauvera son entreprise de la faillite, et de respecter des lois et des règles que ses concurrents continuent d'ignorer ? Comment convaincre une entreprise de publier les noms de ses dirigeants « convaincus de fraude » de faire face aux amalgames et stigmatisations qui s'en suivraient, alors que se prépare une augmentation de capital cruciale ou un rapprochement stratégique ? Comment ? etc. Les défis de la lutte contre la fraude et les irrégularités en général, la corruption en particulier, demandent donc une approche plus innovante, intégrant davantage la compréhension des mécanismes complexes qui déterminent les actes des fraudeurs, afin d'éviter un dialogue de sourds. Sans alternatives économiques crédibles et viables, les pratiques frauduleuses ne peuvent pas diminuer. Sans une meilleure compréhension du phénomène, il ne peut y avoir une prévention et une détection efficaces. Sans une détection efficace, il ne peut y avoir une dissuasion efficace et des systèmes de sanctions équitables. Aujourd'hui, force est de constater que les systèmes de détections sont encore faibles (ressources) et/ou déficients (crédibilité, réactivité, efficacité). De plus, à côté des menaces de sanctions et de leurs exécutions effectives, il y a grand besoin d'offres de solutions concrètes et pratiques pour gérer les risques de fraude et les irrégularités.

La vertu sans le réalisme, c'est de l'utopie. Le réalisme sans la vertu, c'est du cynisme. Il paraît donc nécessaire de coupler vertu et réalisme dans la lutte contre la corruption.

Des évolutions sociologiques et juridiques actuelles rendent la gestion proactive des risques de fraude comme une démarche moderne, éthique et économique

Le système anglo-saxon est un système « pionnier » dans ce secteur

Beaucoup de sociologues ont montré que la situation de l'Europe suivait celle des États-Unis avec un décalage de dix ans (ou de quelques décennies); il en est de la problématique de la fraude comme des tendances générales de la société. Or les États-Unis ont pris conscience très tôt de la nécessité de lutter contre les fraudes quelles qu'elles soient: corruption, fraudes internes, blanchiment, etc., en réagissant concrètement par des mesures législatives, souvent sous la pression d'événements (FCPA, loi Sarbanes-Oxley, etc.), et en imposant au sein des entreprises une gouvernance fortement imprégnée d'éthique.

Le système judiciaire et juridictionnel européen et français tend progressivement vers le modèle anglo-saxon

Il est donc vraisemblable que le modèle accusatoire prendra progressivement le pas sur le modèle inquisitoire encore en vigueur. Le projet de réforme du juge d'instruction et sa suppression annoncée procèdent d'un mouvement où la recherche de la preuve incombera de plus en plus aux parties au procès et donc par incidence aux spécialistes de la détection des fraudes (comme cela se passe déjà dans certains pays dont les États-Unis).

La crise économique récente a considérablement renforcé le besoin d'éthique

Elle a imposé à l'État et aux entreprises une nouvelle gouvernance plus conforme aux aspirations citoyennes, la lutte contre les fraudes s'inscrivant parfaitement dans le processus de responsabilité sociétale des entreprises RSE : la triple combinatoire éthique, environnement, social. On est progressivement en train de passer de la difficulté qu'ont les entreprises à avouer avoir été victime d'une fraude, difficulté souvent compréhensible dans un monde économique où la confiance du consommateur reste un sujet particulièrement sensible, à la comptabilisation pragmatique du risque de fraude à l'instar de tous les autres risques auxquels elles sont confrontées.

Une opportunité pour les entreprises en temps de crise de réduire leurs coûts

La fraude interne représente 5 % du chiffre d'affaires d'une organisation. Une volonté et un travail sérieux de prévention et de détection permettent d'optimiser les résultats des entreprises qui sont particulièrement vertueuses dans ce domaine.

D'une gestion des fraudes subies au coup par coup, où l'entreprise réagit à la découverte, souvent inopinée, d'une fraude, jusqu'à la mise en place de véritables stratégies de prévention, le monde économique doit continuer à évoluer dans la gestion de cette problématique.

D'abord parce que les coûts des systèmes de prévention sont souvent modiques par rapport aux impacts occasionnés par d'éventuels actes frauduleux. Ensuite parce que l'introduction progressive, depuis une quarantaine d'années, de la gestion des risques dans la gouvernance même des entreprises devrait permettre à la prévention des fraudes d'occuper une place à la hauteur des enjeux. Risque cependant transverse puisqu'il côtoie la sécurité des systèmes d'information, la protection de l'information, mais aussi la fonction des ressources humaines, le juridique et la conformité, et bien d'autres encore. Tout naturellement, les rôles et les responsabilités antifraude au sein de l'entreprise devraient continuer à s'organiser davantage pour devenir de véritables métiers exercés par des professionnels aux compétences et aux expériences très diverses. Ils devraient exercer au sein d'unités clairement identifiées, chargés à la fois des aspects préventifs et d'investigation et de résolution, tant sur le plan de la fraude interne qu'externe, et être à même de définir et mettre en œuvre des stratégies de prévention et de dissuasion. Dans un monde idéal, le contrôle interne et les mesures antifraude devraient être intégrés à la gestion courante des entités. Ainsi, l'unité de prévention des fraudes interviendrait en amont dans de nombreux projets d'entreprise, participerait à la définition des process, fournirait son expertise aux métiers concernés, proposerait, le cas échéant des solutions alternatives pour mieux prévenir le risque de fraude tout en permettant au métier d'optimiser leur activité.

Comment lutter au quotidien contre les fraudes

Une nécessaire éducation à la lutte antifraude

L'effort d'éducation doit se poursuivre afin que l'opinion publique et les décideurs répondent à la fraude de manière plus éclairée et proactive. Cet effort incombe à tout le monde, ou presque :

- d'abord aux gérants, aux membres des directoires, des conseils d'administration particulièrement ceux des comités d'audit, ainsi qu'aux cadres dirigeants des organisations qui ont la responsabilité de protéger les actifs des entités dont ils ont la charge. Pratiquement aucune mesure antifraude n'a de chance d'être effectivement mise en place si elle ne bénéficie pas du soutien clair des dirigeants de l'organisation. Malheureusement, plusieurs études démontrent encore un relatif manque de conviction et de connaissance des risques et des enjeux de la lutte antifraude au sein des organisations, les dirigeants étant davantage préoccupés par l'aspect conformité et les attestations qui s'y rattachent, même s'ils ont parfois conscience que ces attestations ne reflètent que partiellement la réalité. De plus, de nombreux dirigeants voient trop souvent les coûts engagés dans la mise en place des dispositifs de contrôle, qui sont réels et plus visibles, et sont peu sensibles aux bénéfices, souvent plus difficiles à mesurer, sauf quand les incidents surviennent ; trop tard donc pour rattraper les dégâts !

- aux employés parce que leur sécurité financière et économique, leurs emplois et leurs retraites nécessitent que les aléas liés à ce fléau soient connus et gérés pour éviter des pertes fatales aux entités dont dépend leur sécurité économique ;

- aux investisseurs/actionnaires, pour la protection de leur patrimoine et de leurs retraites. Ils ont un rôle crucial à jouer car c'est leurs exigences qui déterminent les décisions et les actions des dirigeants d'entreprise. Concrètement, si les dirigeants ne perçoivent pas que les investisseurs et les actionnaires valorisent réellement les dispositifs de lutte contre les pratiques frauduleuses, les mesures de protection contre les risques éthiques et de réputation, rien ne peut s'améliorer. Souvent considérés comme de simples victimes des malversations, les actionnaires ont un rôle clé dans la gestion des risques de fraudes, notamment en fixant des objectifs de rentabilité plus raisonnables et plus réalistes ;

- aux professionnels du chiffre (analystes financiers, auditeurs, agence de ratings, etc.) qui doivent prendre davantage en compte les qualités des systèmes de gestion de risque de fraude dans l'évaluation des entités et leurs prescriptions ou attestations ;

- aux pouvoirs publics : d'une part parce que beaucoup de fraudes ont pour conséquence directe ou indirecte la réduction des recettes fiscales ; d'autre part, parce qu'ils ont la charge d'établir les lois et les réglementations qui doivent assurer la confiance des acteurs économiques dans le marché. En ce qui concerne les lois et leurs applications, la question de leur adéquation au regard des défis actuels reste posée.

Quelques techniques antifraudes simples

Dans l'état actuel des choses, quelques mesures simples s'imposent pour chaque entité :

- constituer un comité multidisciplinaire en charge de la gestion proactive des risques de fraude, et ce, sous l'autorité de la gérance, du directoire, du conseil d'administration ou de surveillance, selon le cas. Pour en arriver là, il faudrait au préalable reconnaître les risques de fraudes pour l'entité, car c'est la première des mesures préventives : la reconnaissance des risques et la sensibilisation aux risques encourus. Malheureusement beaucoup trop de dirigeants se comportent comme si les fraudes n'arrivaient qu'aux autres. L'existence d'un comité en charge des risques de fraude permet à l'entité, outre la mise en place d'un dispositif de prévention efficace, l'instauration de procédures de gestion des incidents de fraudes permettant d'éviter des erreurs irréparables dues à l'impréparation et à l'improvisation sur un sujet aussi sensible sur les plans juridique, financier, social et réputationnel ;

- comprendre et évaluer son exposition aux risques de fraude. Il est alors important de se faire assister par des spécialistes antifraude pour effectuer de telles évaluations. L'évaluation des risques de fraude se doit d'être méthodique et sérieuse. Il s'agit de dégager les risques résiduels à traiter, ce qui implique des décisions stratégiques et budgétaires importantes. Notamment l'analyse bénéfice/coût des actions à engager doit être approfondie. Un exercice essentiellement administratif et cosmétique ne ferait que fragiliser davantage l'environnement de contrôle antifraude ;

- mettre en place quelques mesures fondamentales de prévention et de dissuasion et les actualiser régulièrement. À travers son « 2010 Report to the Nations on Occupational Fraud and Abuse », l'ACFE a confirmé, en plus des délégations de pouvoirs et des ségrégations de tâches adéquates, quinze dispositifs de contrôle qui ont démontré leur efficacité en termes de détection et de réduction des impacts financiers des incidents de fraude interne, le cas échéant. On dénombre :

  - les lignes d'alerte ;

  - les programmes d'aide aux employés ;

  - les audits-surprise ;

  - la sensibilisation et des formations sur la fraude pour les employés ;

  - la formation sur la fraude pour les cadres et les dirigeants ;

  - l'établissement et l'application de code d'éthique et de comportements professionnels ;

  - la rotation des postes et l'obligation d'exercice des droits de vacances échus ;

  - une politique antifraude pour l'organisation ;

  - des revues analytiques effectuées par le management et portant sur des indicateurs clés et des échelles de mesures de ceux-ci parfaitement calibrées ;

  - un comité d'audit indépendant/éclairé ;

  - des récompenses pour des donneurs d'alerte ;

  - l'audit des comptes par des auditeurs externes ;

  - la mise en place d'une fonction d'audit interne et/ou d'investigation de fraude ;

  - la certification des comptes par le management ;

  - la certification de dispositifs du contrôle interne par des auditeurs externes ;

- faire son due diligence avant des décisions économiques ou financières importantes: les acteurs économiques notamment ne doivent pas déléguer aux législateurs ou à des tiers éloignés les obligations de due diligence qui leur incombent dans les prises de décisions économiques. Rappelons que les nombreux scandales financiers ont été rendus possibles par le fait que les acteurs les plus sophistiqués de la chaîne de vérification et de décision (analystes financiers, auditeurs, avocats, inspecteurs, administrateurs, etc.) n'ont pas exercé les diligences qu'on attendait d'eux, entraînant les actionnaires, clients et fournisseurs dans des pertes colossales – sans compter les pertes d'emplois et les dégâts pour la société. Enfin, rester réalistes sur les objectifs de rentabilité: « Quand une offre paraît trop bonne pour être vraie, réfléchir encore et encore »;

- lorsqu'un incident de fraude est découvert, il est conseillé de ne pas agir dans la précipitation. Prendre le temps d'analyser la situation sur tous les plans: opérationnel, juridique, financier, organisationnel, social, image/réputation, réglementaire. Il faut s'appuyer, pour le traitement de ces incidents, sur une équipe compétente et qualifiée. L'amateurisme ne fait qu'amplifier les dégâts causés par la fraude.

Avec ce livre, nous souhaitons partager concrètement quelques mesures simples et pratiques nourries des retours d'expériences des spécialistes qui traitent ces problèmes afin de permettre à chacun de réduire son exposition à ces risques. Les cas présentés dans ce livre sont inspirés de faits réels. Toutefois, hormis pour le cas « Un loup déguisé en agneau », les noms des personnes et des sociétés utilisés dans les récits sont purement fictifs, afin de préserver l'anonymat et de focaliser l'attention sur les solutions préconisées.

Partie 1

Détournements d'actifs

Un talent mal récompensé

Défaillance du système de gestion des stocks

Récit

Pablo Perez a toujours nourri l'espoir de mener une grande carrière, d'avoir des responsabilités et de devenir « quelqu'un d'important ». Déjà au lycée, c'était un bon élève qui aimait la compétition et se distinguait par une maturité étonnante pour son âge. Le plus remarquable chez lui, c'était surtout son don particulier pour convaincre : même ses professeurs se laissaient influencer par ce jeune homme intelligent et persuasif !

Un employé modèle

Au Portugal, où il vit, ses bons résultats lui ont permis d'entrer à l'université où il commence des études d'ingénieur. C'est à cette période que Pablo Perez rencontre Arturo Moreno, le fils d'un des plus grands industriels portugais des années 1970. Les deux jeunes gens se lient d'amitié et se fréquentent souvent jusqu'à ce que Pablo Perez se voit forcé d'arrêter ses études. En raison du décès de son père, il doit devenir, à 20 ans seulement, l'homme de la maison et subvenir aux besoins d'une famille de cinq personnes.

Pablo Perez se met alors à la recherche d'un emploi et bien sûr, sans diplômes et sans contacts particuliers, il commence au bas de l'échelle. Le premier emploi qu'il trouve est celui de magasinier dans un entrepôt de textiles. Le travail est ardu et les horaires longs, mais Pablo Perez s'accroche et travaille dur pour joindre les deux bouts.

Les années passent et Pablo Perez se fait remarquer par ses superviseurs et notamment par l'un des responsables de la logistique au sein de l'entreprise. Il devient chef d'équipe et assiste son supérieur dans l'organisation des plannings, dans les inventaires physiques et dans la production de certains rapports d'activité. Il est doué, il a des facilités pour comprendre le système de gestion des stocks et il a l'énergie et l'enthousiasme nécessaires. Au bout de sept années, son dur labeur lui permet de devenir le responsable logistique pour huit entrepôts, avec environ cent personnes à gérer.

Bien que le parcours de Pablo Perez soit honorable, il est insatisfait et a envie de progresser encore. Une opportunité en or se présente lorsqu'il revoit par hasard Arturo Moreno. Ce dernier lui parle de l'entreprise de son père et de ses énormes possibilités d'expansion liées au rachat de l'entreprise par la fameuse marque française La Marquise. Cet empire du textile et des accessoires de luxe est venu installer des sites de production et conquérir le marché portugais. Le père d'Arturo Moreno est l'heureux industriel local qui a réussi à établir un partenariat fructueux, tout en gardant une participation dans son entreprise et un poste de direction.

Pablo Perez rejoint La Marquise en tant que superviseur du plus grand entrepôt de matières premières. Ce nouveau poste le met à l'épreuve : il ne s'agit plus d'une entreprise locale, mais de la filiale d'un grand groupe international. Malgré ses efforts, il peine à obtenir la reconnaissance dont il a tant besoin. Certes, il est très apprécié et on lui fait confiance. Mais il est seulement considéré comme un responsable de second rang : il n'est jamais invité aux réunions du siège, il est tenu à l'écart des négociations avec les fournisseurs importants, etc. Il se sent peu valorisé, et en éprouve un sentiment d'injustice. Après tout, il a un poste clé car c'est grâce à lui que le transport des matériaux se fait en temps et en heure pour la fabrication. C'est aussi grâce à lui que l'on a évité plus d'une fois des retards dans la fabrication des collections automne-hiver considérées comme stratégiques.

Au bout de quelques années à ce même poste, il postule auprès de sa hiérarchie pour une promotion. Tout ce qu'il obtient, en réalité, c'est un poste en dessous de ses capacités et encore moins reconnu : responsable des entrepôts outlets. Une fois l'enthousiasme de la nouveauté passé, il se sent totalement « trahi ». Il n'est plus lié ni de près ni de loin aux nouvelles collections, qui sont au cœur des préoccupations de la direction, il a été relégué à la gestion des entrepôts des vieilleries… des articles à solder ! La motivation ou en tout cas la justification de la fraude est née : Pablo Perez se sent victime d'une injustice. Il a le sentiment de mériter plus que ce qui lui a été accordé et veut prendre sa revanche.

Une fraude bien organisée

Pablo Perez a de bonnes relations avec ses employés et avec sa hiérarchie, qui est désormais l'équipe commerciale. Le directeur commercial du groupe au Portugal n'est autre que Francisco Moreno, le cousin d'Arturo, son ami d'enfance. Pablo Perez a fait ses preuves, son superviseur direct le considère comme un responsable sérieux et compétent, et on lui laisse une grande liberté d'action. Il devient même le gérant de la boutique d'usine, où s'écoule une partie des stocks invendus.

Comme les résultats de sa boutique sont bons et qu'il sait gérer les entrepôts, il n'est pas contrôlé par son superviseur. Sporadiquement, on lui demande de faire le point sur les stocks et de fournir quelques analyses pour le siège, à Lisbonne, mais globalement, il est tranquille. Il jouit d'une telle confiance que souvent c'est de manière informelle, lors de rencontres amicales avec les Moreno, que Pablo Perez fait ses comptes rendus. Il n'a pas perdu ses talents d'orateur et rassure vite ses interlocuteurs.

Avec l'expérience et avec le temps, Pablo Perez devient seul maître à bord. Il commence par faire de petits « cadeaux » à ses amis, qui se présentent à la boutique. Il fait des remises importantes et fait même livrer des marchandises à des clients « spéciaux » pour les facturer « en central » comme il l'explique à ses collaborateurs. Les opportunités pour se servir dans les stocks et pour abuser de ses responsabilités ne manquent pas, et, comme il se sait apprécié et se croit protégé, il n'hésite pas.

Le groupe La Marquise étant présent dans le monde entier, Pablo Perez doit aussi faire des envois de marchandises des collections précédentes vers d'autres filiales situées au Brésil, en Algérie, à Singapour et au Japon où la marque est connue et où les magasins en propre ont plus de chance de vendre les collections invendues qu'au Portugal et qu'en Europe occidentale.

Pablo Perez connaît bien le système informatique de gestion des stocks, et il possède même des droits d'accès bien plus étendus qu'il serait souhaitable. Il a, par exemple, la possibilité de mettre des stocks en transit dans plusieurs régions du monde, il peut recevoir des stocks électroniquement, et échanger des articles entre plusieurs entrepôts outlets. À cela s'ajoute le fait qu'il connaît bien les profils utilisateurs et qu'il peut, en tant que responsable, autoriser la création ou la suppression d'utilisateurs dans le système.

La grande autonomie de Pablo Perez lui permet également de prélever des marchandises dans les entrepôts, de les faire livrer dans le van de l'entreprise chez des « clients » et ensuite de passer ces stocks en « ajustements » ou de les mettre tout simplement « en transit ». Pour continuer à mener ses affaires sans contraintes, Pablo Perez met dans la confidence son chef magasinier, Carlos Suarez, qui devient ainsi son bras droit dans ses manœuvres frauduleuses. Les deux hommes se couvrent mutuellement et Carlos Suarez alerte Pablo Perez quand des employés sont trop curieux sur leurs activités.

Les livraisons occasionnelles chez des « clients spéciaux » deviennent de plus en plus fréquentes au cours des quinze années que Pablo Perez passe en tant que responsable des entrepôts outlets. Les visites de ses amis au magasin se multiplient aussi. En dépit des bonnes relations avec ses équipes et du soutien de Carlos Suarez, des rumeurs commencent à circuler. Roberto Seara, un des superviseurs du magasin principal, pose même des questions sur les livraisons du van et aussi sur les écarts d'inventaire. Pablo Perez répond qu'il va étudier les différences et que les ventes réalisées en plus pour le compte de La Marquise, grâce à ses contacts personnels, sont tout bénéfice pour l'entreprise. Roberto Seara se sent certes peu satisfait de ces réponses, mais n'ayant aucune preuve tangible, il ne juge pas nécessaire d'ébruiter ses doutes.

La situation bascule pour Pablo Perez lorsqu'en son absence, une livraison importante doit être préparée d'urgence pour un client local à la demande de la direction commerciale. Carlos Suarez est en convalescence. L'assistante commerciale du siège s'adresse directement à Roberto et lui transmet la commande. Ils se sont entretenus au téléphone et Roberto Seara lui a expliqué ses préoccupations concernant ces livraisons « spéciales » pour les clients de Pablo Perez. L'assistante, intriguée, essaye de trouver ces clients dans la base de données et la facturation correspondante, sans succès…

Roberto Seara est alors convoqué par le superviseur des outlets au siège, qui veut en savoir plus sur cette affaire. De retour de ses courtes vacances, Pablo Perez est informé des conversations entre Roberto Seara et l'une des assistantes commerciales. Il commence alors à comprendre que ses combines vont être découvertes.

Mise au jour des malversations

Dans le souci de mener une enquête complète et pour ne pas ébruiter l'affaire avant d'en connaître l'ampleur, la direction commerciale de La Marquise à Lisbonne contacte l'équipe d'audit interne située au siège du groupe à Paris. Sous l'influence de la famille Moreno, amis intimes de Pablo Perez, la direction souhaite mener une enquête discrète avant de prendre des mesures.

C'est sous le prétexte d'une simple formation aux techniques de vente et de gestion que les auditeurs internes se rendent au Sud du Portugal pour enquêter.

La mission d'audit commence par des entretiens avec certains employés de la boutique outlets et de l'entrepôt. Les entretiens sont conduits dans des endroits neutres comme des restaurants à l'heure du déjeuner ou dans des cafés après les horaires de travail. L'objectif est de ne pas alerter Pablo Perez sur la nature réelle du travail des auditeurs.

Les différents interlocuteurs rencontrés parlent alors de leur travail et de leurs relations avec Pablo Perez. Ils ont tous remarqué des agissements suspects mais, dans le doute et surtout sans savoir vers qui se tourner, ils n'ont pas fait part des agissements de Pablo Perez à l'extérieur de l'entrepôt ou de la boutique.

Le portrait qu'ils dressent de Pablo Perez est celui d'un homme travailleur, qui ne prend presque pas de vacances et surtout qui s'occupe de tout et qui veut tout contrôler. Il intervient dans la préparation des livraisons, dans la gestion de la paye des employés, dans le suivi de la caisse de la boutique, dans le planning des équipes et s'occupe même du personnel d'entretien et des heures de ménage. Il veut que tout passe par lui et interdit pratiquement tout contact avec le siège, prétextant que c'est de sa responsabilité et qu'il veut être sûr de donner les informations exactes.

Les employés ont aussi fait référence à ses relations « de confiance » avec la famille Moreno, et au fait que Pablo Perez n'a pas souvent de contrôle et gère les outlets comme s'ils étaient les siens.

Grâce aux entretiens, les auditeurs internes ont pu faire l'inventaire de tous les clients « privilégiés » auxquels Pablo Perez faisait des livraisons. Certains étaient vraiment des clients dans les comptes de La Marquise, mais pour d'autres, il n'y avait aucune trace de facture, aucune adresse et aucun nom dans les livres comptables. De plus, comme les livraisons à ces clients avaient été faites par le van de la société, et sans bordereau de livraison, la valeur des marchandises livrées ne pouvait pas être déterminée de manière précise. Carlos Suarez et Pablo Perez se gardaient bien de conserver un registre à jour des tournées de livraison effectuées par le van.

L'examen du système de gestion des stocks fait à partir du siège a permis de mettre en évidence des éléments concrets liant Pablo Perez à certaines transactions. En effet, en l'espace de quatre années, il avait mis « en transit » l'équivalent de 144 000 euros de marchandises, dont seulement une partie a été effectivement acheminée vers d'autres boutiques La Marquise.

La liste des utilisateurs du système a également permis d'identifier plusieurs profils utilisateurs « génériques » utilisés fréquemment pour faire des ajustements dans les stocks et aussi certains transferts. Par ailleurs, des employés, ayant travaillé dans les outlets et ayant quitté la société, sont maintenus actifs dans le système et des transactions ont également été réalisées avec leur login et leur mot de passe. Au total, les logins des personnes ayant quitté la société ont ainsi enregistré des ajustements de stock pour plusieurs milliers d'euros. Mais le lien avec Pablo Perez ne pouvant pas être établi avec certitude, d'autres angles d'investigation ont dû être explorés.

En prétextant une demande expresse de la direction de La Marquise à Paris, un inventaire physique de tous les entrepôts outlets a été entrepris. Les comptages ont été effectués – pour la première fois en quinze ans – par des équipes de l'entrepôt en présence d'intervenants indépendants. Le résultat a été sans appel: au total, à la fin de l'inventaire, la valeur de stock des marchandises manquantes était de 160 000 euros. La Marquise étant une marque de luxe reconnue au niveau international, la valeur marchande de ces articles pouvait être estimée a environ 210 000 euros, même pour des articles de collections passées.

Au terme de l'enquête, la perte constatée au niveau des stocks a été estimée à 250 000 euros, dont une partie directement liée à des transferts ou ajustements « fictifs » et l'autre à des articles manquant purement et simplement dans les entrepôts.

La direction de La Marquise au Portugal a licencié Pablo Perez après vingt années de service sans indemnités et s'est abstenue de faire appel aux autorités pour ne pas ternir la réputation de l'entreprise. Le contrat de Carlos Suarez a lui aussi été révoqué.

Leçons

L'organisation de La Marquise au Portugal présentait une fragilité extrême; les responsables d'unités de production, de boutiques et d'entrepôts avaient des responsabilités considérables et les mécanismes de contrôle étaient insuffisants.

En particulier, lors de l'investigation menée par l'équipe d'audit interne, on a noté les éléments suivants :

- Une concentration de fonctions excessive entre les mains du responsable : c'est, en effet, un des éléments clés qui a permis à Pablo Perez d'agir sans être inquiété pendant des années. Il n'avait pas de comptes à rendre du point de vue opérationnel et pouvait à la fois organiser des livraisons, transmettre les rapports à la comptabilité, créer des transferts d'actifs, et contrôler lui-même ses stocks au travers d'inventaires physiques qu'il pouvait manipuler à volonté.

  Par ailleurs, son pouvoir au sein de l'organisation l'autorisait à empêcher la communication entre ses collaborateurs et le siège pour éviter toute indiscrétion qui aurait pu compromettre ses activités.

- Une maintenance des accès informatiques défaillante : la facilité avec laquelle Pablo Perez a pu se servir du système de gestion des stocks pour manipuler les données et « couvrir » ses activités pendant des années est surprenante. La gestion des accès informatique aux systèmes était pratiquement inexistante au sein de la société. Il suffisait à un responsable de demander la création d'un compte pour que celui-ci soit activé. Parallèlement, il n'y avait quasiment pas de maintenance des utilisateurs actifs puisque la désactivation des individus ayant quitté la société n'avait lieu que de manière sporadique et, de plus, ce processus était laissé à l'initiative des responsables de site.

- Des contrôles de base inexistants au niveau de la comptabilité : l'absence de rapprochements et de routines comptables a, elle aussi, ouvert la porte à des abus. En effet, parmi les contrôles classiques à effectuer en fin d'année (si ce n'est plus souvent) on peut citer la revue des listings de stocks en transit, la revue des rapports de stocks par ancienneté, et bien évidement le recoupement des comptes de stock avec les listings informatiques de marchandises présentes dans chaque entrepôt, après correction des éléments manquants.

  Il est vrai que le système informatique était fragmenté (non-intégration de l'outil de facturation et de gestion des stocks avec la comptabilité générale) et cela rendait plus difficile l'identification des anomalies. Cependant la vulnérabilité même des systèmes informatiques aurait dû inciter l'équipe comptable à être plus vigilante et surtout plus exigeante concernant l'analyse des comptes.

Recommandations

Au vu des différentes leçons apprises par l'étude de ce cas, un certain nombre de recommandations peuvent être faites pour éviter la survenance de tels schémas de fraude.

Mettre en place un système de reporting opérationnel mensuel

Les signaux ou les indicateurs clés sont un moyen de mettre en évidence des anomalies ou des transactions inhabituelles. Il est impossible d'examiner et d'analyser toutes les opérations effectuées par une filiale, par une unité de production ou tout simplement par un département ; en revanche, le management peut, en mettant en place des outils de reporting efficaces, identifier des éléments qui semblent sortir de la norme : par exemple, un listing des marchandises en transit avec leur ancienneté. Les éléments étant en transit durant une durée plus longue que la durée acceptable peuvent donner lieu à des examens ou à des analyses. On peut aussi penser à des statistiques sur les ajustements de stocks, leur fréquence, leur valeur et effectuer des analyses comparatives par mois, par site, par année, etc.

Les signaux et les indicateurs à suivre doivent bien entendu être définis en fonction des anomalies recherchées, et il est important de bien cadrer les valeurs « attendues » ou « normales » pour mieux discerner les transactions ou les tendances effectivement suspectes.

Établir des routines comptables fiables

Les routines et cadrages comptables effectués régulièrement sont eux aussi des outils contre des comportements frauduleux étendus dans le temps. Bien entendu, les vérifications comptables sont des contrôles de détection plutôt que des contrôles de prévention, mais en détectant rapidement des comportements déviants, on peut décourager les fraudeurs et éviter des pertes importantes pour l'entreprise.

Développer un système de remontée d'informations confidentielles

Lors des entretiens avec les collaborateurs travaillant avec Pablo Perez, les personnes interrogées ont bien indiqué qu'ils étaient mal à l'aise en observant certains comportements et qu'ils auraient bien aimé pouvoir en parler à quelqu'un. La peur des représailles et la perspective de perdre leur emploi ont probablement été deux freins importants.

L'existence d'une ligne téléphonique ou d'un contact confidentiel et indépendant peut encourager des employés dans des situations similaires à rompre le silence et à faire part de leurs suspicions.

Établir une politique de vacances obligatoires et encourager la rotation de postes

Une politique de vacances obligatoires et la rotation des responsables sont deux éléments qui facilitent la mise au jour des schémas de fraude et qui ainsi découragent des fraudeurs potentiels. Lorsqu'un individu cherche par tous les moyens à cacher ses activités illicites, la perspective de laisser accès à ses dossiers et à son travail à quelqu'un d'autre est effrayante. Le travail nécessaire pour maquiller une fraude est lourd et requiert à la fois de l'énergie et de l'imagination.

Bien entendu, la rotation du personnel doit être faite à une cadence raisonnable. Il faut éviter les phénomènes de démotivation des responsables ou que ceux-ci perdent leur expertise et la connaissance des procédures à cause de rotations trop rapides.

Les fraudeurs se suivent et se ressemblent

Abus de confiance et détournements de fonds

Récit

L'action se déroule dans un pays africain, dans la filiale commerciale de SouthPhones, une multinationale du secteur des hautes technologies. Olivier Lanakh, directeur général (country manager) de cette filiale, a choisi de quitter l'entreprise au printemps de l'année 2005, suite à un signalement effectué par un fournisseur: une société de marketing/communication, utilisée (malgré elle) comme intermédiaire dans un schéma de détournement de fonds. En effet, après le rejet de ses livres par son commissaire aux comptes, et sur conseil de son avocat, la société de marketing avait décidé d'alerter la *ethics hotline* de SouthPhones.

SouthPhones dépêche sur place René Lequint, directeur de l'audit interne, pour évaluer les dommages et pour s'assurer que les failles dans les contrôles ont été colmatées. Son rapport établit clairement le schéma du détournement de fonds: un « discount » supplémentaire de 5 % était accordé à un distributeur local, sans autre autorisation que celle d'Olivier Lanakh. Le distributeur, complice, en gardait la moitié et reversait l'autre moitié à la société de marketing (sans aucune pièce comptable). Olivier Lanakh instruisait ensuite cette société quant à l'usage des fonds, qui était (naturellement) contraire aux directives et aux intérêts du groupe SouthPhones. Il s'agissait en l'occurrence de paiements à un consultant précédemment interdit par SouthPhones car fortement suspecté de corruption, d'achats de matériel de luxe retrouvé au domicile d'Olivier Lanakh, d'événements marketing relevant davantage du voyage d'agrément que de l'action commerciale… Le total des sommes détournées en utilisant ces montages a été estimé à 435 000 dollars sur un an.

L'enquête par l'audit interne est basée pour l'essentiel sur des entretiens : avec l'assistante de l'ex-country manager, avec la responsable de la société de marketing/communication, avec les chefs de ventes, avec le contrôle de gestion. Certains tests complémentaires sont effectués auprès du service facturation de l'entreprise, basé en Irlande, afin de déterminer l'ampleur de la fraude. En particulier, il est établi que les factures aux clients (émises depuis l'Irlande) comportent des prix nets, et que les contrôleurs de gestion n'ont pas les moyens d'identifier des discounts abusifs.

Le profil d'Olivier Lanakh correspond à celui que SouthPhones privilégie pour les petites filiales : c'est avant tout un commercial, chargé de gagner des parts de marché et de la clientèle pérenne, qui se soucie fort peu des aspects administratifs de sa fonction – et ce avec la bénédiction de ses supérieurs. En conséquence, sa hiérarchie ne le considère qu'en fonction de son chiffre d'affaires et de ses marges, et non en fonction de la gestion de la filiale. Et pourtant, en tant que country manager, l'intéressé jouit de pouvoirs statutaires étendus : pouvoirs bancaires, autorité sur les prestataires comptables, pouvoir d'autorisation des transactions…

René Lequint prépare son rapport et fait part de ses conclusions détaillées au nouveau country manager, Marc Nosther, récemment embauché selon les critères habituels. Ce faisant, l'auditeur ne se doute pas qu'il est en train d'enseigner la méthode (et les pièges)… au fraudeur suivant ! En effet, quelques mois plus tard, la même société de marketing/communication rappelle la hotline de SouthPhones pour se plaindre qu'elle est de nouveau impliquée dans un schéma de détournement de fonds dirigé depuis la filiale locale.

René Lequint, accompagné du spécialiste sécurité de la région, retourne en Afrique en janvier 2006 et décortique les montages mis en place en quelques mois par Marc Nosther. C'est un véritable camp d'entraînement pour enquêteurs ! On y trouve en particulier :

- des détournements de fonds : la méthode des discounts étant sous surveillance, cette fois-ci il s'agit des fonds d'une campagne de comarketing, financée depuis l'Europe et planifiée avec les principaux clients du groupe dans le pays. Bizarrement, Marc Nosther avait choisi la même société de marketing/communication pour leur recyclage !
- des faux en écritures : trafic sur notes de frais (par exemple en passant les retraits en liquides en frais financiers pour leur montant total), falsification de documents relatifs à un séjour dans un resort de luxe… ;

- des abus de confiance : le supérieur direct du country manager a été délibérément trompé et manipulé sur certains sujets, en particulier par la mise en place de certaines initiatives commerciales pourtant expressément rejetées (achats de bons cadeaux pour certains clients…) ;

- de la corruption : achat de vacances de neige « tous frais payés » en Europe pour un banquier (important client potentiel) ; ce fait était particulièrement grave, car dans ce pays la législation anticorruption interdit expressément aux cadres du secteur bancaire de dériver un quelconque revenu de leurs activités, si ce n'est leur salaire ;

- des abus de pouvoir : en se basant sur son importante délégation de pouvoirs juridiques, M. Nosther a contraint la société tierce assurant la comptabilité de la filiale de lui consentir des avances de fonds significatives sans autre approbation. Ces avances étaient directement passées en frais de déplacement par les comptables.

Au terme des analyses menées par l'équipe d'audit interne, les conditions propices à des manœuvres frauduleuses ont été mises en lumière :

- Un manque de transparence et une concentration excessive de pouvoirs : l'ample délégation de pouvoirs dont jouissait le country manager, l'absence de mécanisme d'approbation sur les remises accordées aux distributeurs et la libre gestion des fonds de comarketing, ont permis à Marc Nosther de perpétrer ses abus sans être inquiété pendant des mois.

- Une personnalité prédisposée à la fraude : sans aller jusqu'à l'écueil d'une analyse déterministe, il est important de souligner le fait que Marc Nosther était sous pression pour maintenir son train de vie, un peu au-dessus de ses moyens. D'origine modeste, il était essentiel pour lui d'entretenir les apparences et en particuliers les signes extérieurs de richesse pour avoir de la reconnaissance. Ce trait de personnalité reflète partiellement la culture du pays, en plein essor, où les riches peuvent devenir très riches en relative impunité s'ils savent saisir les opportunités.

- La frustration, liée à la haute image que Marc Nosther avait de lui-même. Il était convaincu qu'il allait faire de grandes choses pour SouthPhones, bien plus grandes que ce que sa hiérarchie attendait. Mais de telles performances futures se reflétaient mal dans sa rémunération présente. Les sommes détournées étaient une sorte d'acompte sur les primes que SouthPhones ne manquerait pas de lui accorder une fois sa vraie valeur reconnue. De plus Marc Nosther était convaincu que sa connaissance du marché et ses relations avec les grands comptes locaux le rendaient intouchable. Cet état d'esprit était partiellement motivé par la culture d'entreprise de SouthPhones, qui privilégie la performance commerciale à la gouvernance – et ce à divers échelons.

Suite à cette deuxième enquête, Marc Nosther a été remercié *sine die*. Cette fois, l'intervention rapide des fonctions de tutelle avait limité les dommages à 45 000 dollars. Ce nouveau train de fraudes s'était mis en place en quelques mois, et non en quelques années comme dans le cas précédent. Vérification faite, la seule « enquête de moralité » effectuée lors de l'embauche du nouveau country manager avait été fournie… par le cabinet de recrutement qui proposait sa candidature. Une seconde vérification par une source indépendante a révélé que Marc Nosther avait eu un parcours professionnel tourmenté (plusieurs emplois de courte durée dans différents pays africains), ce qui laisserait penser qu'il n'en était pas à son coup d'essai.

Leçons

SouthPhones ne tarda pas à prendre différentes initiatives pour éviter que ce genre de déconvenue ne se reproduise à l'avenir, pour la même filiale ou ailleurs :

- le prestataire de services comptables local a été remplacé. Les responsables de la nouvelle société de comptabilité ont été informés de façon claire et explicite des règles du groupe en matière d'approbation et de ségrégation des tâches ; en particulier, la délégation de pouvoirs statutaires concédée au country manager a été restreinte afin d'éviter qu'il puisse les contraindre à agir à sa guise ;

- la hiérarchie du country manager a été appelée à une plus grande vigilance et doit désormais effectuer des visites de contrôle régulières (au moins semestrielles) dans toutes les filiales et tous les établissements éloignés. Son approbation est désormais nécessaire pour tout programme de discounts spéciaux à l'intention des distributeurs ;

- le service marketing de la région Europe/Moyen-Orient/Afrique a établi de nouvelles procédures d'approbation et de contrôle, pour tout engagement de dépenses à partir des fonds budgétés pour les initiatives de co-marketing avec les partenaires locaux ;

- la filiale a été réintégrée au plan d'audit interne, avec un facteur de risque élevé, ce qui justifie une mission sur place au moins tous les trois ans.

Ces remèdes tardifs n'ont pas tout résolu. Depuis lors, il règne dans cette filiale un sentiment de suspicion mutuelle très enraciné (avec d'autres signalements à la hotline qui se sont révélés pour la plupart infondés). La société de marketing/communication qui a alerté SouthPhones dans les deux cas refuse désormais toute collaboration. La mise en place de contrôles particulièrement contraignants a effectivement diminué la souplesse et la capacité d'initiative commerciale de cette filiale. La leçon la plus difficile à accepter, c'est que SouthPhones n'a pas fini de payer pour la faiblesse initiale de ses systèmes de contrôle interne…

Recommandations

Les mêmes causes sont à la base des deux schémas de fraudes identiques: absence de contrôle de la filiale, absence de contrôle sur les initiatives commerciales, ample délégation de pouvoirs.

Créer un moyen de signalement: hotline, etc.

Les deux fraudes ont été détectées suite à des signalements à la hotline éthique du groupe SouthPhones. On retrouve ici un élément corroboré par diverses études de l'ACFE – à savoir que les structures de signalement restent la méthode la plus fréquente d'identification des fraudes. De plus, la hotline de ce groupe est également ouverte aux tiers: fournisseurs, prestataires, clients… ce qui a facilité l'identification de la fraude. En Europe, où ces hotlines sont souvent considérées avec beaucoup de réserves (de la part des autorités, des syndicats, de la société civile…), elles sont très bien tolérées lorsqu'il s'agit de dénoncer des malversations comptables.

Ce qui a motivé la responsable de la société de marketing/communication à effectuer le signalement, c'était la crainte de voir ses comptes rejetés – avec à la clé le risque d'un redressement fiscal, voire de poursuites pour complicité de détournement de fonds. Un commissaire aux comptes scrupuleux peut jouer un rôle capital dans la détection de cas de fraude ou de corruption; il peut également motiver leur signalement à une hotline ou aux autorités.

Mieux contrôler les filiales

Les filiales lointaines voient le risque de fraude interne décupler. Cette filiale-ci n'avait jamais été contrôlée par l'audit interne car « trop petite », et le country manager jouissait d'une délégation de pouvoirs très étendue, tant d'un point de vue formel (délégation juridique lui donnant pratiquement tous pouvoirs) que hiérarchique (la direction des ventes Europe/Moyen-Orient/Afrique lui laissait trop de liberté). Lors d'une analyse de risque (par exemple pour élaborer un plan d'audit interne), l'isolement et le manque de visibilité de ces filiales lointaines doivent être vus comme un facteur de risque significatif.

La taille relativement petite de la filiale locale et son éloignement géographique compliquaient de façon significative la mise en place d'une ségrégation des tâches efficace. Une supervision plus « serrée », ainsi qu'une plus grande prudence de la part de cette hiérarchie, auraient été nécessaires.

Éviter les délégations trop importantes

La tentation pour les multinationales est de conférer d'importants pouvoirs statutaires aux dirigeants locaux « pour simplifier la gestion ». Elles feraient mieux d'y réfléchir à deux fois. Une ample délégation sans contrôle est à double tranchant : le délégataire peut en faire usage au détriment de l'entreprise, même si pour ce faire il doit y contraindre d'autres agents locaux (sociétés de comptabilité, banques, fournisseurs…).

Commanditer des enquêtes d'antécédents

Même si elles ne constituent pas une assurance antifraudeurs absolue, les enquêtes d'antécédents (background checks) par des organismes indépendants permettent *a priori* d'écarter les candidats au passé incertain ou aux références fantaisistes, surtout pour des postes à responsabilité.

Mettre en place des indicateurs

On peut mettre en place des indicateurs de type marge par projet/par facture, etc. Ceci pourrait permettre de relever des discounts non soumis à l'approbation en raison de marges « hors normes »…

L'affaire du serpent qui se mord la queue ou la société qui finance son propre rachat

Détournement d'actifs et abus de biens sociaux

Récit

En juin 2008, la SA Médica est assignée par l'URSSAF et par plusieurs de ses fournisseurs pour non-règlement de créances devant le tribunal de commerce d'Évry (91). Le tribunal désigne un administrateur-judiciaire afin de connaître la situation exacte de cette société.

Celui-ci transmet son rapport peu de temps après dans lequel il retrace l'historique de la SA Médica et souligne une insuffisance d'actif rendant la poursuite de l'activité de la société impossible.

À la suite de ce rapport, le tribunal de commerce prononce la liquidation judiciaire de la société et le procureur de la République près le tribunal de grande instance d'Évry, au vu de l'importance du passif, charge la division des affaires économiques et financières de la direction régionale de police judiciaire de Versailles de procéder à une enquête.

Historique de cette société

La société Médica est une clinique réputée de la région parisienne spécialisée dans la dialyse et la greffe de reins. Elle exerce son activité sous la forme d'une société anonyme, créée il y a une quinzaine d'années et dont le capital social se répartit entre les principaux praticiens de l'établissement. Le docteur Serge Dias est le président-directeur général de cette société depuis trois exercices et souhaite prendre sa retraite tandis que ses confrères actionnaires veulent se débarrasser du suivi de la gestion et vendre leurs actions. La société est florissante, étant à la pointe de son secteur, et dégage des résultats comptables conséquents avec distributions régulières de dividendes.

C'est dans ces circonstances qu'au cours de l'année 2005 les actions de la SA Médica sont proposées à la vente dans des journaux spécialisés. Jean Brière et Paul Lefrant, qui se sont fait une réputation dans la reprise de cliniques situées dans le sud de la France, font des propositions de rachat sans discuter la valeur du prix de l'action, celle-ci se rapportant au dernier résultat social connu, soit celui du 31 décembre 2004.

Les repreneurs ne disposant pas des fonds nécessaires pour le rachat de la clinique, soit 3 500 000 euros, contactent l'agence du LCL, l'un des banquiers de la SA Médica, afin d'obtenir un prêt. La banque accepte après qu'un business plan lui a été présenté. Ce plan prévoit notamment la création d'une holding possédant les actions de Médica, soit la quasi-totalité du capital social et l'absorption d'une société-sœur, la SA Le Bonrepos, une clinique située dans les Alpes qui vient d'être rachetée par les susnommés. Cette société devrait voir relancer son activité par l'accueil des malades de Médica en convalescence. En contrepartie, des royalties calculées sur le nombre de malades recommandés seront reversées à la société-mère.

Jean Brière est nommé en qualité de P-DG de la SA Médica nouvellement acquise et Paul Lefrant, président de la SA TBS, la nouvelle société holding. Richard Vigisse est désigné en qualité de commissaire aux comptes de ces deux sociétés, ainsi que de la société-sœur, la SA Le Bonrepos.

Après trois exercices, la SA Médica a des difficultés pour honorer ses dettes sociales ainsi que celles de ses principaux fournisseurs et se trouve donc assignée devant le tribunal de commerce de son siège social. C'est dans ces conditions que la société est déclarée en liquidation judiciaire car en « état virtuel de cessation des paiements » selon les critères de la Cour de cassation, son actif immédiatement disponible ne pouvant faire face à son passif immédiatement exigible.

Les constatations des enquêteurs

Première constatation

La banque accepte de prêter les fonds nécessaires à une société, créée spécialement pour le rachat de l'activité, qui n'a aucune assise financière. Elle accepte ce prêt car elle est garantie par les actions de la SA Médica, société florissante.

Les repreneurs incluent dans l'opération la SA Le Bonrepos qu'ils ont rachetée récemment pour une somme modique, compte tenu de la mauvaise situation financière de cette société. Cependant l'argument avancé pour la redresser est péremptoire : l'arrivée de patients en convalescence de la région parisienne.

Le business plan prévoit également que Médica fera l'acquisition de 30 % des actions du Bonrepos pour le franc symbolique eu égard à la situation financière critique de cette société. Cette opération vise à impliquer indirectement Médica dans la gestion de ce qui devient sa société-sœur.

Si le LCL accepte ce business plan, c'est parce qu'il bénéficie de la garantie constituée par la caution des actions de Médica données en contrepartie de l'emprunt de 3 500 000 euros accordé sur une période de dix ans.

Deuxième constatation

Les constatations menées à partir d'une simple liasse fiscale relative au dernier exercice de la SA Médica, obtenue sur le site Infogreffe, permettent de mettre en évidence un compte courant débiteur. Le montant de ce compte courant qui figure à l'actif du bilan dans la rubrique « autres créances » (ligne BZ) est détaillé à la page 8 de la liasse fiscale dans le cadre A « état des créances », poste « groupe et associé » (ligne VC).

L'examen des trois dernières liasses fiscales indique que ce compte courant présente toujours un solde débiteur sur les trois derniers exercices et donc depuis le rachat de Médica par TBS. De plus, ce solde débiteur présente une croissance exponentielle.

L'examen des grands livres de Médica permet de déterminer que ce compte courant se rapporte à la société mère TBS. Il représente dès lors les sommes dues par cette société à sa filiale Médica.

Les registres des procès-verbaux du conseil d'administration et celui des assemblées générales des actionnaires de Médica font état de décisions accordant des avances de fonds à la société holding afin que celle-ci puisse être en mesure d'honorer les échéances trimestrielles de l'emprunt qui lui a été accordé par le LCL pour l'acquisition des sociétés Médica et Le Bonrepos.

Il apparaît ainsi que la SA TBS n'ayant aucune trésorerie a établi une convention de trésorerie avec sa filiale, la société Médica, pour des avances de fonds rémunérées sur la base du taux courant du marché et ce, sur une durée de dix ans, calquée sur la durée du remboursement de l'emprunt auprès de la banque.

Il faut régulièrement faire face aux échéances de cet emprunt et la société TBS utilise ainsi la trésorerie de sa filiale, toujours avec les autorisations des conseils d'administrations respectifs, qui comprennent d'ailleurs les mêmes individus.

L'examen du compte courant indique également qu'aucun remboursement de la société holding n'intervient même si les intérêts des avances sont régulièrement ajoutés aux sommes dues.

La convention de trésorerie précédemment évoquée prévoit des échéances de remboursement, mais il semble que le non-respect de celles-ci n'entraîne pas de courriers de réclamation au vu des consultations du registre des courriers départs et du dossier « avances de trésorerie ».

Troisième constatation

Richard Vigisse, le commissaire aux comptes, a accepté de certifier sans réserve les comptes des sociétés TBS et Médica selon l'examen de ses rapports généraux et spéciaux.

Il est évident que Richard Vigisse, commissaire aux comptes commun aux deux sociétés, ne pouvait méconnaître la situation de la trésorerie de la société TBS et par conséquent, aurait dû pour le moins exiger le provisionnement du compte courant. Or les trois dernières liasses fiscales ne font état d'aucune provision. Il suffit pour cela de constater cette absence dans la deuxième colonne « amortissements, provisions » à la ligne CA en regard du poste « autres créances ».

La holding TBS n'ayant pas de trésorerie, il est facile de démontrer qu'elle n'a pas les moyens financiers suffisants pour rembourser son compte courant dans sa filiale et de respecter les échéances prévues dans la convention de trésorerie. Dès lors, son compte courant aurait dû faire l'objet de provisions et les comptes sociaux auraient alors dégagé des résultats totalement différents, l'actif du bilan étant amputé du montant de ces provisions. Ainsi, la SA Médica n'aurait pas dégagé des bénéfices mais des pertes.

Quatrième constatation

L'examen des emprunts du dernier exercice va démontrer également, qu'alors que Médica acceptait les avances de fonds en faveur de sa société-mère à travers les conventions de trésorerie, elle était contrainte de procéder à des emprunts pour faire face à ses propres échéances vis-à-vis des cotisations sociales.

Cinquième constatation

Quant à la convention liant les deux sociétés sœurs, les sociétés Médica et Le Bonrepos, elle n'a jamais été appliquée. En effet, bien que la structure d'accueil de cette dernière soit remplie aux deux tiers grâce à la clientèle envoyée par Médica, elle utilise sa trésorerie pour le remboursement de ses dettes sans avoir la possibilité de verser les royalties dues pour ces apports à Médica.

De ce fait, le compte du Bonrepos figurant au poste « créances rattachées à des participations » de la liasse fiscale de Médica (ligne BB) accuse un accroissement important et le poste « autres participations » (ligne CU) abritant les actions du Bonrepos possédées par Médica n'est pas provisionné malgré des résultats constamment déficitaires.

Cette constatation se fait facilement à travers un simple examen de la liasse fiscale de la société-sœur.

Sixième constatation

Par ailleurs, l'examen des procès-verbaux du conseil d'administration de Médica a permis de constater que Jean Brière et Paul Lefrant se sont vu accorder des primes exceptionnelles de bilan. Ces primes sont octroyées en pourcentage du chiffre d'affaires, et ce, indépendamment du résultat comptable. Ainsi, les primes octroyées aux dirigeants ne faisaient qu'augmenter du fait de l'augmentation du chiffre d'affaires alors que la situation réelle de la société ne faisait qu'empirer du fait des avances de trésorerie susmentionnées.

Septième constatation

L'examen des déclarations annuelles d'honoraires (DAS 2) a permis de constater que maître Aliphant, avocat de la société, s'est vu régler des notes importantes au cours de l'avant-dernier exercice. Après recherche, les factures portent la mention suivante en objet « divorce de monsieur Brière »…

Huitième constatation

Enfin, l'examen des trois dernières balances fournisseurs fait apparaître des règlements préférentiels. En effet, il apparaît que la société Photomédic, spécialisée en matériel de radiologie, a été réglée de livraisons intervenues quelques semaines avant la mise en liquidation judiciaire, et ce, au détriment de la plupart des fournisseurs. L'intérêt des dirigeants de Médica est de garder des relations privilégiées avec ce fournisseur « spécialisé » dans le cadre de leur métier de « repreneurs de clinique ».

Leçons

L'enquête policière a permis la constatation d'infractions pénales avérées à partir de simples examens de pièces comptables ou extracomptables. Des faits relatés, on peut saisir l'importance des documents suivant dans la découverte de la fraude : liasse fiscale regroupant le bilan, le compte de résultat et l'annexe, les grands livres qui regroupent l'ensemble des comptes de la société, le registre des procès-verbaux d'assemblées générales, le registre des procès-verbaux du conseil d'administration, la déclaration annuelle des honoraires (DAS 2), les rapports généraux et spéciaux du commissaire aux comptes, la balance fournisseurs regroupant en quelques pages les mouvements débits et crédit avec l'ensemble des fournisseurs.

Les infractions suivantes ont été retenues et ont donné lieu à condamnation : approbation de comptes mensongers (absence de provisions conduisant à de faux bilans approuvés en assemblée générale), usage abusif de biens sociaux et du crédit (avances de fonds indus à la société mère, la société ne pouvant faire face à ses propres engagements, règlement des frais de divorce de Jean Brière, octroi de primes de bilan injustifiées en faveur des dirigeants), banqueroute par détournements d'actifs (utilisation de la trésorerie de Médica en faveur des sociétés TBS et Le Bonrepos ainsi que les faits d'ABS précédemment évoqués qui constituent un cumul idéal d'infraction) et non-révélation par le commissaire aux comptes de faits délictueux (Richard Vigisse, à la fois commissaire aux comptes de la société mère et des sociétés filiales, connaissait parfaitement la situation de trésorerie et aurait dû, pour le moins, exiger les provisionnement nécessaires).

La liquidation judiciaire a été étendue aux sociétés TBS et Le Bonrepos par le tribunal de commerce et une interdiction de gérer de cinq ans a été prononcée à l'encontre de Jean Brière et de Paul Lefrant, condamnés par ailleurs au pénal à deux ans d'emprisonnement dont douze mois ferme.

Le préjudice concerne aussi bien les créanciers de la SA Médica et ceux des sociétés TBS et Le Bonrepos, mais aussi l'État qui devra se substituer au non-paiement des derniers salaires. Le trouble à l'ordre public est donc important et il est facile de démontrer l'aspect intentionnel de Jean Brière et de Paul Lefrant.

Dans cette affaire on constate que, sans disposer des fonds nécessaires, il a été possible de procéder au rachat d'une société à travers un emprunt qui devait être remboursé par la trésorerie de la société rachetée, d'où le titre donné. Si les bénéfices de Médica avaient été suffisants pour supporter les remboursements liés à son propre rachat, les acquisitions du Bonrepos, les primes accordées aux dirigeants, et les frais de divorce de l'un d'entre eux, ces opérations auraient pu passer inaperçues du fait de la négligence du commissaire aux comptes.

De même, il ne suffit pas que des conventions de trésorerie soient établies ou des primes de bilan accordées, approuvées en assemblée pour qu'il n'y ait pas la place à des infractions pénales.

Recommandations

Cet exemple illustre des fraudes constituant des infractions pénales pratiquées au détriment de la société même et l'ayant conduite à la liquidation judiciaire. Les malversations ne se sont pas faites devant le manque de contrôle interne mais avec l'insuffisance de contrôle externe.

Les enquêteurs ont disposé de moyens coercitifs pour l'obtention de certains documents. Cependant il semblerait que, dans la plupart des cas, les fournisseurs d'une société ne consacrent pas suffisamment de temps à l'étude des éléments mis à la disposition du public.

Effectuer une due diligence, au moins à partir de sources de données publiques (ouvertes)

Il s'agit là de l'« information aux tiers » résultant de la communication obligatoire des résultats d'une société au greffe du tribunal de commerce de son siège social. Il est ainsi possible d'obtenir des renseignements sur les sociétés et leurs dirigeants à travers une simple demande faite par voie électronique.

En l'espèce, il aurait été possible pour un tiers de connaître le « passé » des repreneurs de la SA Médica. Il y a, en effet, des informations sur les personnes ayant ou ayant eu des responsabilités (en tant que président, gérant, administrateur ou commissaire aux comptes). Dès lors, il est possible de connaître la situation des sociétés dans lesquelles s'exercent ou se sont exercées ces responsabilités.

Il était également aisé de constater l'existence de comptes courants débiteurs devenant de plus en plus importants et significatifs sur les résultats.

Avant d'entamer ou de poursuivre des relations avec un client, il est bon de réaliser quelques constatations et de les actualiser régulièrement.

Sensibiliser les actionnaires et autre comité d'entreprise et conseil d'administration sur les cas de fraude

Les salariés et notamment les anciens actionnaires (docteurs et chirurgiens) auraient dû continuer à s'intéresser à la gestion de la clinique. Un représentant au conseil d'administration aurait permis d'alerter des dérives à l'encontre de la trésorerie de Médica.

Il est à souligner que les « hommes de l'art » sont souvent de mauvais gestionnaires qui délèguent inconsidérément une gestion dans laquelle ils n'ont pas le temps de s'impliquer.

Il semble que le comité d'entreprise (obligatoire pour les sociétés disposant de plus de cinquante salariés) n'ait pas été assez vigilant. Il lui était pourtant possible de désigner un auditeur chargé de se prononcer sur la gestion de la clinique.

Sensibiliser les commissaires aux comptes sur les cas de fraude

Dans une société de type familial ou lorsqu'un conseil d'administration – comme c'était le cas pour la nouvelle direction de Médica – ne présente pas « d'opposition », il convient pour le commissaire aux comptes de redoubler de prudence et de ne pas hésiter à contacter le procureur de la République au moindre doute.

C'est le commissaire aux comptes qui est alors le seul rempart contre les dérives de certains spécialistes, « repreneurs d'entreprise en difficulté » selon le terme consacré, d'où la sévérité qui s'applique à son encontre pour des faits non révélés.

Il aurait dû signaler au Parquet les conventions de trésorerie comme conventions indues car, en vertu du célèbre arrêt Rozenblum (arrêt de la Cour de cassation du 4 février 1985), les avances de fonds entre sociétés ne peuvent se faire que sous certaines conditions : elles interviennent dans une véritable structure de groupe, ce qui était le cas, elles agissent dans l'intérêt de ce groupe, ce qui n'était pas le cas pour certaines opérations telles que le rachat de Médica financé par sa propre trésorerie, et surtout les avances de fonds ne sont possibles qu'à partir du moment où la société qui consent les sacrifices ne le fasse pas sans contrepartie. En l'espèce, les contreparties étaient spécifiées mais ne pouvaient intervenir devant le manque initial de fonds de la société holding TBS.

On pourrait imaginer qu'une société dont les actions ne sont la propriété que d'un nombre limité d'actionnaires et ayant un chiffre d'affaires au-dessus d'un certain seuil soit obligée de produire des rapports de co-commissaires aux comptes.

Cet exemple ne se rapporte pas à un « traditionnel contrôle interne défectueux » mais constitue un cas de contrôle externe défaillant.

Le sens de l'observation

Collusion et détournement de marchandise

Récit

L'action se déroule en Europe, dans les années 1980, dans la raffinerie d'une multinationale du secteur pétrolier (BigOil Inc.). La direction de cette raffinerie est confrontée à des variations de rendement inexpliquées sur son unité Solvants et ne peut en répondre. BigOil Inc. déclenche une mission d'audit interne (appelée « audit des mouvements de produits »), espérant que les failles de contrôle correspondantes seront mises au jour.

Mise en situation

Les auditeurs se font rapidement expliquer les contraintes techniques propres à cette unité de solvants. Il s'agit d'un processus en continu, annexe au raffinage principal du pétrole brut. Les réservoirs de solvants reçoivent donc un flux entrant en permanence et doivent régulièrement livrer de la marchandise par chimiquier pour ne pas déborder. La conséquence de ce système, c'est que pour évaluer la quantité livrée, la mesure à quai est jugée non probante : le réservoir se vide et se remplit simultanément, ce qui rend la lecture de ses jauges peu fiables. Pour établir les quantités livrées (et, partant de là, le rendement de l'unité Solvants) on se fie donc aux mesures prises à bord des chimiquiers. Ces derniers sont des cargos d'une capacité variant entre 3 500 et 7 000 tonnes, avec trois ou quatre cargaisons par semaine.

Dans cette industrie le temps est précieux : toute heure passée à quai n'est pas passée à naviguer et rallonge donc le temps d'immobilisation de la marchandise en transit. La pratique veut que tandis que le chimiquier remplit ses cuves de solvant, une péniche de diesel maritime (bunker barge en jargon maritime) vient lui livrer le carburant nécessaire à sa propulsion. De la sorte, le temps passé à quai est réduit d'autant, et le navire peut appareiller plusieurs heures plus tôt.

Découverte de la fraude

Les auditeurs confirment rapidement le côté imprévisible des rendements de production : en effet, selon les flux de la raffinerie et la nature des procédés mis en jeu, le débit entrant est variable. Seules les mesures à bord sont effectivement probantes, sans que les raisons des variations de rendement puissent s'expliquer. Sur la base de leurs seules observations documentaires, les auditeurs ne peuvent résoudre l'énigme. Mais ils remarquent également une corrélation inattendue, comme si le rendement pouvait varier en fonction du chimiquier à quai. Plus précisément, sur les quatre ou cinq chimiquiers différents qui accostent régulièrement, l'un d'entre eux en particulier semble faire baisser le rendement de l'unité Solvants.

Une campagne de vérification des mesures à bord de ce chimiquier est alors entreprise – et ne donne rien. Les mesures effectuées par l'équipage, contre-vérifiées par le personnel à quai, et validées par un inspecteur indépendant, semblent correctes. Les auditeurs internes retombent sur les mêmes résultats, et les connaissements sont régulièrement validés.

La mission touche à sa fin et les auditeurs internes sont tout aussi perplexes qu'à son début. C'est alors qu'une auditrice junior pose « la question bête » : alors qu'elle observe la fin du cycle de chargement du chimiquier en question, elle demande comment il est possible que la bunker barge amarrée le long du navire semble plus basse sur l'eau après avoir rempli les réservoirs de carburant de ce dernier.

Les auditeurs alertent la capitainerie du port afin de faire vérifier la bunker barge. On découvre qu'elle possède plusieurs cuves (comme toutes les barges de ce type), mais que deux d'entre elles sont pleines… de solvant ! Après une session tendue au bureau des Affaires maritimes, le capitaine de la péniche finit par « se mettre à table » et révèle un important schéma de collusion, qui implique (outre lui-même) le capitaine du chimiquier, plusieurs opérateurs employés du groupe à quai, et même un des inspecteurs-vérificateurs indépendants chargés de valider les mesures à bord en temps ordinaire. En fait, le chimiquier avait déjà fait le plein de carburant avant d'accoster pour charger du solvant, et les conduites de la bunker barge étaient discrètement connectées à des pompes aspirantes (reliées aux cuves du cargo) et non refoulantes. La barge s'emplissait au lieu de se vider…

Reste alors à savoir ce que le capitaine de la barge peut bien faire de deux cuves de solvants pleines. Les auditeurs demandent au responsable du service logistique de la raffinerie de leur expliquer les possibilités. Il leur apprend qu'une fois la marchandise à bord, le plus dur est fait… En droit maritime, le capitaine d'un navire est légalement propriétaire de la marchandise en vertu du connaissement établi par l'expéditeur. Un connaissement « bidon » est assez facile à préparer dès lors qu'on a à son bord de la marchandise que personne ne réclame. Le capitaine peut revendre le solvant (en baissant un peu les prix) à des négociants peu regardants, et le tour est joué.

Conclusion

Dans cet exemple, les fraudeurs ont saisi l'opportunité de s'enrichir en détournant de la marchandise que personne ne réclamerait en raison de l'incertitude des mesures de quantité. Cette opacité les a confortés dans l'idée qu'ils pouvaient agir en toute impunité.

Dans le domaine des cargaisons maritimes détournées, les enquêtes peuvent se révéler ardues: les marchandises peuvent être vendues et revendues de multiples fois avant d'être finalement utilisées, elles peuvent être mélangées, fractionnées, modifiées… BigOil Inc. était dans l'incapacité d'établir formellement quelles quantités de solvants avaient été détournées. Le capitaine de la bunker barge avait « mystérieusement » omis de garder une copie des documents maritimes relatifs à ses différentes cargaisons – après tout, il n'était censé transporter que du carburant pour diesel marin. Toute tentative de retrouver la marchandise fut rapidement abandonnée…

Leçons

Les schémas de fraude complexes impliquent presque toujours une collusion, dès lors que de multiples acteurs doivent intervenir dans le processus affecté par cette fraude. Les schémas de collusion peuvent se prolonger dans le temps tant que la fraude satisfait tous les participants. Dans ce cas-là, on parlait de 500 tonnes détournées par semaine en moyenne, à 100 dollars la tonne… Le préjudice total fut évalué à 2 500 000 dollars, avec peu de chances de récupération de la marchandise ou des fonds. Et il y avait de quoi satisfaire tous les membres du « cercle »…

BigOil Inc. dut prendre des décisions lourdes de conséquences afin de mettre fin au trafic. Il n'était pas possible de reconstituer toutes les fraudes qui avaient eu lieu: tous les chimiquiers n'étaient pas dans le coup, les quantités détournées variaient, et le capitaine de la barge refusait de dire depuis quand cela durait. BigOil Inc. choisit de laisser les Affaires maritimes s'occuper du cas du capitaine. L'armateur du chimiquier en question fut notifié de la situation et fut invité à prendre les sanctions nécessaires vis-à-vis de son personnel. Il en fut de même pour la hiérarchie de l'inspecteur-vérificateur incriminé. Toute l'équipe de ce quai de chargement fut redéployée vers d'autres postes (à l'exception d'un petit nombre d'employés nommés par le capitaine de la barge, qui furent congédiés).

Une ségrégation des tâches plus systématique fut mise en place, et un observateur de BigOil Inc. externe à cette raffinerie devait désormais assister à toutes les mesures à bord, afin de cosigner les connaissements avec l'inspecteur-vérificateur.

Pour cette raffinerie, il fut décidé que tout chargement avec « mesure à bord probante » se ferait à l'exclusion de toute autre opération (plein de carburant, nettoyage de cuves, déballastage, etc.) sous peine de rejet motivé du chargement. Ceci eut pour effet de rallonger le temps passé à quai pour tous les chimiquiers, ce qui augmentait les coûts – tant directement (un cycle de transport rallongé se traduit par des paiements supplémentaires à l'armateur) qu'indirectement (le rallongement du cycle logistique implique une immobilisation prolongée des actifs circulants).

Six mois plus tard, toutefois, la question des rendements énigmatiques de l'unité Solvants de cette raffinerie ne se posait plus…

Recommandations

Investiguer sur le terrain

En matière de lutte contre la fraude, il n'y a pas de question bête. Il ne faut pas hésiter à sortir des sentiers battus et des plans de tests « préfabriqués » ; l'intuition, le flair ont leur rôle à jouer. C'est pourquoi les auditeurs internes (comme les enquêteurs de fraude) doivent aussi effectuer des tests « sur le terrain ». La tendance actuelle est à la réduction des coûts – missions écourtées, frais de déplacement mesurés, mais les outils d'investigation et de contrôle à distance ne peuvent se substituer à l'observation directe. C'est surtout vrai pour la détection des fraudes, qui correspondent à des transactions qui par définition s'inscrivent en dehors des schémas habituels – ceux qu'on peut se contenter de valider à distance.

Ne pas accepter l'inexplicable, surtout s'il vous est défavorable

Même si la fraude fut découverte de façon quasi accidentelle, c'est bien la mission d'audit qui a permis sa mise au jour. Et cette mission fut déclenchée en raison des variations inexpliquées des rendements. Il n'est pas rare pour les entreprises d'être confrontées à des écarts de gestion inexpliqués : variations de stock inattendues, écarts de rapprochement sur comptes bancaires, comptes de transit où s'accumulent les transactions à vérifier et qui à la longue deviennent quasiment impossibles à solder… Voilà autant d'opportunités qu'un fraudeur astucieux saura exploiter, surtout s'il découvre que ces écarts inexpliqués sont soit ignorés, soit discrètement contrepassés sans vérification, par le biais d'une écriture d'ajustement générique en fin de période.

Mieux vaut prévenir que guérir

Comme le dit le proverbe anglo-saxon, une once de prévention vaut une livre de remède. En cas de fraude avérée suite à une défaillance de contrôle, il n'est pas rare que les entreprises adoptent des contre-mesures et des procédés bien plus contraignants (et coûteux) par rapport à ce qu'aurait impliqué un système de contrôle fiable à l'origine. Sans aller jusqu'à dire que le remède est pire que le mal, on peut affirmer que bien souvent il est bien plus onéreux que la prévention… Ce fait est illustré par les contre-mesures que le groupe dut prendre une fois le la fraude découverte.

La tentation était trop grande

Détournement de fonds

Récit

Vincent Cambou, 42 ans, est un homme très impliqué dans la COTOAM, une société transrégionale de logement social basée en France dont la croissance a été très rapide ces dernières années, notamment grâce à une diversification et à la reprise d'activités. Les effectifs sont passés de 600 à 1 500 salariés. La COTOAM a de nombreux programmes de construction de nouveaux bâtiments en cours, et met l'accent sur la qualité des relations entre les gestionnaires de sites et les résidents. Elle détient la moitié de son parc immobilier significatif en pleine propriété, sa trésorerie est suffisante pour permettre de passer une, voire deux années difficiles. Néanmoins, l'esprit pionnier et dévoué des premiers temps est à présent moins partagé par tout le personnel qui cherche des repères entre un service de qualité et les impératifs de gestion de plus en plus prégnants. Le personnel se divise en plusieurs catégories. Pour simplifier, on distingue les gérants, les agents de maintenance, les agents de service, les contrôleurs de zone, les directeurs de zone, le personnel du siège et le comité de direction. Vincent Cambou a adhéré à l'un des syndicats, et a rapidement pris la tête d'une des sections régionales de la COTOAM. Il est écouté et respecté. Conformément à ses vœux et faisant excellente impression au directeur de zone, il passe de sa fonction d'agent de maintenance à celle de responsable d'un site de logement social, La Luciole, en juin 2002.

Mise en place de la fraude

Vincent Cambou connaît peu son nouveau métier, mais il sait gagner la confiance de ses interlocuteurs et les mettre à l'aise. Grâce à son réseau, il sait aussi trouver les astuces qui lui manquent pour bien utiliser les outils informatiques (quittancement des loyers, gestion des achats, gestion de la caisse locale et des dépôts bancaires) et pour appliquer les bonnes procédures. Vincent Cambou a un défaut qu'il a toujours réussi à maîtriser jusqu'à aujourd'hui: le plaisir de dépenser sans compter. Son changement de poste est une bénédiction financière pour amorcer son projet de devenir propriétaire, avec ses cousins étrangers, d'un petit immeuble dans la ville voisine de son village natal. Or, l'an dernier, en avance sur le plan initial échafaudé avec ses cousins, la construction du petit immeuble de locations de commerces et d'appartements a dû démarrer car l'expansion locale s'emballait. Ce projet nécessite un budget considérable que ses fins de mois ne lui permettront jamais d'honorer. C'est un dévoreur de cash. Et du cash, Vincent Cambou en voit pourtant passer, et beaucoup chaque mois. 60 % des résidents dont il s'occupe lui payent encore directement leurs loyers en billets de banque. Au XXIe siècle, la COTOAM n'a pas encore imposé à ses résidents des paiements électroniques ou par TIP. Pourquoi bousculer les traditions de règlement par une contrainte qui peut même conduire quelques individus à un rejet psychologique et à un refus de payer ?

Quelques semaines après son retour de ses longues vacances d'été, un appartement se libère presque du jour au lendemain: le 412. Un ami de l'ancien locataire se présente pour tenter sa chance. Vincent Cambou a la responsabilité de son taux d'occupation. Il vaut donc mieux qu'il trouve rapidement un nouveau locataire. Or ce nouveau locataire potentiel est pressé et semble avoir des moyens relativement importants. Comme souvent, les hébergés de Vincent Cambou manient très mal le français écrit ou n'ont pas fait beaucoup d'études. Pour certains cas extrêmes, il doit parfois leur parler lentement. C'était le cas de cet homme. Et là, en préparant le nouveau contrat puis en commençant à le saisir dans le logiciel de quittancement, Vincent a une illumination suivie très vite d'une autre encore plus folle et plus grandiose. Il fait un rapide calcul, dont le résultat tentateur le fait pencher du mauvais côté. Bon, se dit Vincent Cambou, on va d'abord essayer la première idée, le plan A. Le plan B attendra un peu, le temps d'en étudier les risques. Arrêtant sa saisie sur le logiciel, Vincent Cambou demande d'abord au futur nouveau locataire une caution équivalente à deux mois de loyer, et deux mois de loyer d'avance, en échange de quoi il aura un mois gratuit. Le ton est aimable et persuasif. Un peu osé, pense Vincent qui reste impavide attendant la réponse de son interlocuteur. Ce dernier accepte, trop content de gagner un mois de location. Il en oublie presque de demander un document d'acquittement, tant le poids de la confiance et des mots est à ses yeux suffisant. Prétextant un problème de communication avec le serveur central, Vincent lui remet avec un large sourire et une cordiale poignée de main le papier d'entrée qu'il rédige lui-même, daté et signé. Bien sûr, il l'accompagne jusqu'à sa nouvelle chambre, lui remet la clé, lui donne quelques indications précieuses sur le tableau électrique, l'arrivée d'eau, la laverie, les systèmes de sécurité et comment le prévenir en cas de difficultés. Et voilà se dit Vincent Cambou, j'ai un nouveau locataire depuis le 1er juillet.

Certes, mais ce n'est que le 1er octobre 2002 que la COTOAM se voit officiellement accueillir un nouveau locataire pour l'appartement 412. Une caution d'un mois de loyer et un premier loyer réglé par le locataire en début de mois sont déclarés dans le logiciel de quittancement. La somme correspondante est déposée en banque par Vincent Cambou avec les règlements des autres locataires. Vincent Cambou remet aussi le 1er octobre à son locataire le document officiel de son contrat COTOAM qu'il signe. Celui-ci revient plus tard lui demander pourquoi la date de démarrage était le 1er octobre. Vincent Cambou lui répond sans se démonter qu'il restait encore à l'époque des problèmes à régler par l'informatique centrale de COTOAM. C'était un bug sans importance, puisque le papier d'entrée qu'il lui avait remis (« le vrai ») était daté du 1er juillet.

Vincent a donc empoché l'équivalent de trois mois de loyer. Aucun agent de recouvrement mandaté par la COTOAM n'est passé durant cette période, et le contrôleur de zone est bien venu pour vérifier la caisse, mais comme d'habitude il n'a pas vérifié les appartements vides. Une chance.

Au cours de l'année suivante, Vincent Cambou recommence donc une douzaine de fois le même scénario. Mais il faut aller plus loin encore et engranger plus. Depuis que sa conscience s'est tue le 1er octobre, sa décision a été prise. Aussi a-t-il commencé à prélever une petite partie de tout l'argent recueilli pour les loyers sur les remises en banque. Mais il déclare quand même le paiement total dans le logiciel de quittancement, pour éviter la venue des agents du recouvrement. Ce ne sont pas de grosses sommes, mais malgré tout et bien entendu, la comptabilité s'en est aperçue. Comme le prévoit Vincent d'après ce que lui racontent ses collègues à propos des rapprochements bancaires, il leur faudra trois mois pour se manifester. Malgré leurs questions, il a réussi à leur tenir tête jusqu'à présent. Il ne s'agit que de quelques cas isolés. Ni le contrôleur de zone, ni le directeur de zone ne posent de questions embarrassantes et pressantes. Vincent tient un tel discours sur l'honnêteté, l'intégrité morale et l'éthique que l'on ne le suspecte pas. Les anomalies sont attribuées à des bugs informatiques ou à des erreurs d'identification du comptable. Le travail de rapprochements bancaires est souverainement méprisé de presque tous les directeurs de zone, qui estiment perdre inutilement leur temps sur des peccadilles avec leur gérant pour faire correspondre les chiffres. Celui de Vincent fait partie de cette majorité.

La comptabilité du siège de la COTOAM ne dispose pas de moyens informatiques automatiques assez puissants pour effecteur les rapprochements bancaires. Aussi, l'essentiel du travail est-il manuel. Tout le monde sait aussi que le directeur de zone reçoit avec quatre à six mois de retard les rapprochements bancaires sur les loyers d'une résidence, qui permettraient la détection des anomalies entre ce qui est reçu en banque et ce qui est déclaré comme payé par le logiciel de quittancement. Compte tenu des différents moyens de paiement et des aides dont bénéficient des locataires en déduction de leur loyer, le rapprochement bancaire est une tâche titanesque. Et très souvent, il y a aussi des erreurs informatiques du logiciel de quittancement ou des erreurs de saisie du responsable du site de logement social. Sans parler du texte libellé dans le relevé bancaire, qui ne permet pas toujours d'identifier quel locataire a payé. Par lassitude, les désaccords entre la comptabilité et un site donné finissent habituellement par constituer un petit montant inexpliqué en pertes et profits. Pendant l'année, le directeur ou le contrôleur de zone n'ont guère le temps de faire les vérifications demandées par la comptabilité sur tous les sites de la zone.

Vincent Cambou ne peut pas non plus faire grossir démesurément l'enveloppe des pertes et profits. Il faut donc arrêter le plan A, ce qui ne peut que le conduire à réaliser la dernière étape – le plan B. Avant d'en arriver là et de se couper définitivement du monde qu'il connaît, il utilise un dernier expédient.

Au cours du mois de novembre 2002, Vincent Cambou remet des reçus manuels de paiement de loyers à plusieurs résidents qu'il considère solvables. Il leur explique que l'informatique marche mal, et qu'il tapera les écritures de paiement dès que le système redeviendra disponible. Il fait de même en décembre et janvier. Il épuise ainsi peu à peu un carnet de cinquante souches qu'il détruit, et entame un nouveau carnet. Comme Vincent Cambou ne saisit pas ces règlements manuels en informatique et qu'il ne les remet pas non plus en banque, les impayés commencent à grossir en volume, mais les lettres de recouvrement ne partent qu'à partir de deux mois de loyer impayés.

Les dix mois qui suivent sont d'une tranquillité et d'une facilité déconcertante. Vincent Cambou a même une prime pour s'être bien approprié son nouveau métier. Un comble, qui malgré tout rend certaines de ses nuits courtes ou entrecoupées de cauchemars. Ceci dit, Vincent Cambou est prévoyant. Comme il ne faut pas qu'un gérant de remplacement découvre le pot aux roses, il réussit à faire reporter ses congés à décembre 2003, prétextant un projet de long voyage dans le Pacifique. Il ne tombe pas malade non plus, et lorsqu'il se foula sévèrement la cheville, on l'admire pour son application à continuer son travail sans demander d'arrêt.

Quand la machine se grippe…

Malheureusement, pendant l'été 2003, quelques résidents deviennent de mauvais payeurs. Malgré toute son application et sa conviction, Vincent Cambou n'est pas parvenu à obtenir le paiement d'avance du loyer pour tous les résidents qui partaient en vacances – et notamment de la part des quelques locataires qu'il a floués en ne portant pas les règlements en liquide de leurs loyers à la banque.

Les lettres de recouvrement partiront à la rentrée de septembre, et les services de recouvrement ne tarderaient pas à se déplacer – au plus tard fin octobre – si aucune amélioration n'apparaissait fin septembre. La fuite en avant – le fameux plan B – est donc l'étape suivante inéluctable. Vincent Cambou se rend compte qu'il a au plus deux mois pour l'exécuter avec un risque raisonnable. Le plan B est donc déclenché, d'autant plus que les cousins deviennent de plus en plus pressants pour réclamer sa part des fonds pour le financement de leur immeuble ; certains fournisseurs ont même cessé de venir sur le chantier. En septembre, Vincent Cambou détourne un montant égal au quart des loyers totaux perçus. En octobre, il détourne encore une bonne partie des règlements en liquide, soit à nouveau environ un quart des loyers totaux. Même si elle est lente dans ses travaux de rapprochements bancaires, la comptabilité a quand même un suivi général des encaissements au mois le mois. Elle a très vite posé des questions et alerté le directeur de zone. Le directeur de zone vient sur place, surprenant Vincent qui prépare discrètement sa fuite. Bien qu'il déploie la plus grande habilité dilatoire, l'entretien devient difficile. Le directeur commence à regarder des reçus de quittances, et compare les relevés bancaires qu'il a déjà en sa possession par la comptabilité. Un appel bienvenu sur son portable l'oblige à arrêter ses investigations. Il doit se rendre d'urgence sur une autre résidence où des inconnus ont pris à parti un des gérants en le délestant de ses effets. La police l'attend. L'histoire ne repassant pas deux fois les mêmes plats, Vincent réussit à se faire mettre en arrêt maladie le jour suivant, ne répond plus sur son portable d'entreprise et ne vient plus à son bureau. Une personne est dépêchée en urgence pour le remplacer, de même qu'un contrôleur du siège peu après.

Le contrôleur met très facilement en évidence qu'effectivement, la moitié des loyers d'un mois manque à l'appel. Il ne trouve aucune somme en liquide importante dans le bureau, à part l'habituelle caisse qui sert à faire la monnaie pour les jetons de machine à laver ou le rendu sur les loyers. En revanche, il découvre une belle pile de chèques non encaissés remontant au mois d'août. Ils sont libellés à l'ordre de la COTOAM, sauf trois qui sont même sans ordre. À part cela, le bureau est en désordre: des courriers épars sur le bureau, des pense-bêtes accrochés dans les coins les plus surprenants, des bons d'intervention de maintenance non classés, des reçus de quittance mélangés sur plusieurs mois, des factures, quelques courriers non ouverts, un carnet à souche de reçus manuels entamés. Un dépôt de plainte est déposé le lendemain par le directeur juridique.

Les recherches plus sérieuses commencent alors pour identifier s'il n'y a pas eu d'autres indélicatesses. À partir des relevés bancaires, et du logiciel de quittancement, le contrôleur désappointé constate que quasiment toutes les sommes incriminées par le comptable s'occupant des rapprochements bancaires n'ont pas été déclarées ou versées. Les véritables erreurs d'imputation sur le site ou sur le nom du bénéficiaire sont en fait l'exception. Puis le contrôleur s'attaque au contrôle classique des cautions. Il découvre que deux résidents ont curieusement leur caution à zéro. Le hasard fait que l'un de ces deux résidents vient le lendemain dire au gérant qu'il va partir. Le gérant de remplacement prépare la feuille de sortie et le rendez-vous pour l'état des lieux. Il lui indique que d'après son relevé il n'a pas payé sa caution. Le locataire commence alors à s'énerver. Grâce à la présence du contrôleur, le calme revint vite dans le bureau de gérance. Le résident monte furieux dans son logement pour en redescendre en exhibant un papier signé de Vincent Cambou où celui-ci indique avoir reçu deux mois de caution et deux mois de loyer. La terre semble s'ouvrir sous les pieds du contrôleur. Par quel mystère, l'ancien gérant a-t-il « oublié » de régulariser cette caution ? Quoi qu'il en soit, c'est une faute qui va mener le contrôleur à interroger la plupart des résidents en impayés ou en caution à zéro. Il sait qu'il en aura pour un mois et demi à lancer les rendez-vous, à écouter et à exploiter ce qu'on lui dira. C'est ainsi que le contrôleur découvre les autres astuces utilisées par Vincent: les faux reçus et les reçus manuels dont le montant n'est pas reporté dans le quittancement. À propos des reçus manuels, grâce aux ordres de ravitaillement du Siège, le contrôleur s'aperçoit qu'il manque un carnet à souche en plus de celui qu'il a retrouvé, partiellement utilisé: soit environ soixante-dix-sept reçus non identifiés en quittances.

Conclusion

Au moins 70 000 euros détournés, voici les conclusions du contrôleur après deux mois de recherches et d'entretiens. La police disposera d'un beau dossier complémentaire. Une fois le rapport remis aux directeurs, la réunion de clôture est houleuse. Le comité de direction avait pour objectif un développement de l'extension géographique de la COTOAM et une exploitation en harmonie avec le système qualité. L'événement de La Luciole est pour eux la preuve supplémentaire de l'inefficacité des signaux d'alerte de la direction financière. Le contrôleur, fin connaisseur des rouages de la COTOAM, était d'un avis très différent, étayé par ses constats sur le site et sa mesure du temps de travail exigé par les rapprochements bancaires. À la fin de sa prise de parole, il y a un long silence. Après deux bonnes heures d'échanges et de remise en cause des habitudes, il est décidé ce qui suit :

- passage obligatoire pour les nouveaux résidents à d'autres moyens de paiement (TIP, virement automatique, paiement par carte bleue) ;

- pour les anciens locataires, sensibilisation à d'autres instruments de paiement que le paiement en liquide ;

- la direction financière devait étudier la faisabilité sous quatre mois avec un site pilote, puis suivre le déploiement des nouveaux moyens de paiement des résidents ;

- recrutement de deux personnes supplémentaires affectées dans un premier temps aux rapprochements bancaires ;

- lancement du projet d'automatisation des rapprochements bancaires entre les fichiers xml envoyés par la banque et le logiciel spécifique de quittancement ;

- mise en place d'une procédure des contrôles obligatoires périodiques sur zone de la responsabilité d'un directeur de zone dont : contrôle des cautions à zéro, contrôle des logements inoccupés, contrôle des reçus manuels. Les résultats des contrôles seront envoyés mensuellement au directeur d'exploitation de la COTOAM et au directeur financier.

Après cet épisode, le contrôleur du siège prit un mois de vacances, pour tourner la page, et oublier la tension de la réunion du siège. La police n'avait rien trouvé, sauf un embarquement dans une gare maritime. Par la suite, l'avocat de la COTOAM fait une demande d'enquête à la juridiction du pays d'origine de Vincent Cambou, sans être sûr de sa présence. Effectivement, Vincent Cambou est de retour depuis plusieurs mois près de son village natal. Il a réclamé la protection de son clan en inventant une histoire où il est un témoin compromettant accusé injustement d'un vol qu'il n'a pas commis. L'esprit communautaire joue à plein d'autant plus que Vincent Cambou a toujours été apprécié. Les premiers temps, on le voit peu, il se déplace rarement, et ses cousins sont aux aguets de l'arrivée éventuelle de policiers de la capitale. L'immeuble avance bien, et les locations commerciales du rez-de-chaussée commencent fin 2004. Dans quelques mois, Vincent Cambou viendra y habiter pour suivre les loyers de « son » immeuble. Grâce à ces nouvelles rentrées d'argent locatif, il pourra ainsi discrètement dépenser le restant non utilisé de son « emprunt perpétuel » à la COTOAM. Cela évitera les soupçons de ses associés et cousins sur son train de vie. Pourtant quand il croise un Français, on remarque toujours chez lui un léger tressaillement, comme une crainte inexprimée, ou un remords enfoui.

Leçons

Ce cas montre qu'un fraudeur à autant besoin de chance que d'une situation de contrôle déficiente. Ici, on remarquera que les contrôles internes de la COTOAM sont peu développés ou entravés par des moyens automatiques et manuels insuffisants : le contrôleur de zone ne vient pas vérifier les logements déclarés inoccupés, le comptable en charge des rapprochements bancaires est débordé par son travail et a un retard d'alerte d'au moins trois mois, le comité de direction est peu sensible aux problèmes d'intendance de la direction financière.

Mais les victimes étaient aussi choisies pour leur faiblesse psychologique et leur manque d'attention à contrôler la régularité des écrits. Ici, le fraudeur avait ciblé un groupe relativement peu éduqué qui fonctionnait plus sur la confiance et l'oral que sur l'écrit. Les anomalies de dates sur les contrats de résidence, ou le fait que certains résidents payaient un mois de caution et d'autres deux, ne les alarmaient pas.

La personnalité du fraudeur est aussi importante. Son charisme a joué un rôle significatif pour détourner et différer les soupçons, tant du contrôleur de zone que du directeur de zone. Enfin, le défaut majeur du système était de laisser les flux financiers importants en liquide reposer sur une seule personne, sans que leur contrôle soit rapide, efficace et périodique.

Recommandations

Réduire les échanges en argent liquide

L'argent liquide étant le moyen de paiement dont la traçabilité est la plus réduite, il convient autant que faire se peut d'en réduire la circulation. D'ailleurs le législateur impose une limite aux paiements en espèce pour les particuliers (sous peine d'amende) comme pour les commerçants.

Réaliser des rapprochements bancaires systématiques

Ces rapprochements bancaires doivent être réalisés et analysés sans délai. De même, les soldes des comptes présentant des montants anormaux (ici, les cautions à zéro) doivent être investigués.

Suivre les indicateurs de performance

Le suivi régulier des indicateurs de performance (par exemple ici le taux de logements inoccupés) doit être mis en place. Toute dégradation dans une zone particulière alors que les autres secteurs comparables de l'entreprise ne suivent pas cette évolution peut être un indicateur de fraude qu'il convient d'analyser. De même, des discordances entre l'indicateur et la réalité contrôlée sur le terrain sont un indice de fraude.

Contrôler l'utilisation des procédures manuelles

Le degré d'utilisation des procédures manuelles (telles que les reçus manuels) doit également être contrôlé, en lien avec le département informatique. Ici, le nombre d'ordres de ravitaillement de carnet à souches du siège supérieur à celui des autres sites aurait dû être un indice, car il ne pouvait s'expliquer seulement par un dysfonctionnement réel des outils informatiques.

Être attentif aux attitudes inhabituelles

Enfin, ce cas illustre, comme tant d'autres, qu'un zèle sans faille peut dissimuler une fraude. L'absence de prise de congés ou le morcellement systématique des congés est souvent présent lorsqu'il y a fraude. Certaines entreprises ont donc instauré la prise obligatoire des congés et il est aisé grâce aux logiciels de paye ou de suivi des temps de repérer tout contrevenant.

Petit poisson deviendra grand

Manipulation de données informatiques

Récit

Le système du « tiers payant » concerne, en général, les pharmaciens, les opticiens, les laboratoires d'analyses médicales et les radiologues. Ce système permet aux assurés sociaux affiliés à une mutuelle de santé complémentaire de ne régler qu'une fraction très faible de la dépense, voire de ne rien régler du tout : les praticiens recevront leur dû, d'une part, directement de l'Organisme national de gestion des frais de santé (ONGFS) et, d'autre part, des sociétés mutualistes pour la part complémentaire leur incombant.

Chaque assuré mutualiste détient une carte de tiers payant qu'il présente lorsqu'il souhaite ne pas avancer d'argent, par exemple pour l'achat de ses médicaments. Cette carte comporte une bande magnétique stockant des informations concernant l'assuré : son matricule à l'ONGFS, sa date de naissance, ses nom et prénom, etc.

Les échanges entre l'ONGFS et les sociétés mutualistes respectent un protocole informatique (en France, le système dit « NOEMIE »). Ce protocole permet de gérer le complément de frais de santé, en l'ajoutant « mécaniquement » aux remboursements de base réalisés par l'organisme national. Toutefois, les opérations de gestion des informations en provenance des centres de traitement de l'ONGFS sont relativement complexes et coûteuses. Des sociétés de services informatiques (SSII) ont compris l'importance de l'intermédiation entre l'organisme national et les sociétés mutualistes ; c'est pour elles une source de chiffre d'affaires non négligeable. Elles ont donc développé des applications informatiques permettant de traiter les informations provenant de l'organisme national, dans leur totalité ou partiellement. Ces informations sont ensuite retransmises aux sociétés mutualistes qui n'ont plus qu'à procéder aux paiements complémentaires au bénéfice des tiers payants ayant fait l'avance de la dépense. Les SSII peuvent prendre en compte l'intégralité des opérations, c'est-à-dire jusqu'au règlement aux tiers payants.

La fraude trouve un défaut dans la cuirasse au niveau de ces échanges, par une manipulation des données auprès de la SSII intermédiaire – notamment des informations sensibles telles que les coordonnées bancaires des assurés ou des tiers payants.

L'affaire qui nous intéresse ici concerne la SSII PilferData. Plusieurs sociétés mutualistes (appelons-les SMA, SMB et SMC) lui ont confié la gestion des flux de données en provenance de l'ONGFS ; elle s'est spécialisée au fil du temps dans ce type d'opérations. Parmi les données traitées figurent les noms, adresses et les domiciliations bancaires des assurés – des données hautement sensibles.

L'ONGFS traite typiquement cinquante millions de lignes de remboursement de toute nature par jour, soit près d'un milliard de lignes par mois. Sur ce milliard, les trois sociétés mutualistes reçoivent mensuellement *via* le système NOEMIE le nombre de lignes suivant :

- SMA : 10 000 000 de lignes ;
- SMB : 12 000 000 de lignes ;
- SMC : 8 000 000 de lignes.

Mécanismes de la fraude

Le directeur général et fondateur de PilferData, Alain Bezel, partageait une passion avec son directeur des services informatiques (DSI), Marceau Triamo : la pêche sportive. C'est un loisir passionnant mais dispendieux, qui s'exprime bien mieux sous les tropiques qu'en région parisienne.

Ils échafaudaient ensemble des projets toujours plus enthousiasmants, qui restaient inexorablement des rêves de papier : PilferData était une PME qui tirait honorablement son épingle du jeu, mais qui n'allait pas transformer ses dirigeants en millionnaires avant bien longtemps. L'ONGFS et les mutuelles étaient très regardants à la dépense quand il s'agissait de sélectionner un sous-traitant, et la concurrence était rude.

Un beau matin, Marceau Triamo relatait à son patron ses « exploits » du dimanche précédent, se lamentant qu'en France il y avait de trop grands lacs et de trop petits poissons qui y passaient inaperçus. C'était le 2 mai 2007, et la remarque du DSI venait de faire germer une idée dans le cerveau d'Alain Bezel, idée qui allait faire son chemin jusqu'au 30 novembre 2008.

Le centre informatique de PilferData traitait chaque jour des milliers de lignes de données télématiques :

- « décodage » des informations reçues de l'ONGFS par paquets ;
- changement d'adresses et de coordonnées bancaires des assurés en fonction des éléments communiqués par les sociétés mutualistes ;
- modification des coordonnées et des relevés d'identité bancaire (RIB) des organismes tiers payant ;
- traitement des montants à adresser aux tiers payants ;
- transferts des règlements ;
- retour aux sociétés mutualistes des montants réglés journellement (pour régularisation des avances) en fin de mois ou d'année suivant les cas.

Pour faciliter la trésorerie des tiers payants, PilferData recevait de la part des sociétés mutualistes des avances de fonds ; la SSII était en mesure d'effectuer les virements aux pharmaciens, opticiens, orthodontistes, etc., concernés dès l'achèvement du traitement informatique quotidien. La moyenne de ces virements avoisinait les 73 000 euros par jour.

La combine imaginée par Alain Bezel consistait simplement à insérer une deuxième ligne de paiement au fichier des virements, du même montant que son total, à virer jour après jour sur divers comptes créés par nos compères. Ce fut un jeu d'enfant pour le DSI, puisque la SSII avait la possibilité de modifier toutes les données, et notamment les RIB et adresses des tiers payants.

Les sociétés mutualistes remboursaient donc chaque jour le double de la somme due, mais compte tenu des montants et volumes des transactions en cours au niveau national, et en raison de l'absence de contrôles efficaces, elles ne détectèrent aucune fraude avant paiement. Afin de varier les transactions, les deux fraudeurs s'arrangèrent pour que les montants dédoublés soient adressés à divers praticiens fictifs, qui avaient pour point commun de détenir des comptes bancaires au Luxembourg, à Monaco et aux îles Caymans.

Mécanismes de recherche et de découverte de la fraude

Au début de novembre 2008, suite à des réclamations d'assurés se plaignant de délais de remboursements trop longs, des analyses furent diligentées par les sociétés mutualistes, qui étudièrent toute la chaîne des paiements – de l'ONGFS aux assurés, en passant par les tiers payants. Elles finirent par remarquer les virements dédoublés auprès de PilferData, même si leur étude portait sur toute autre chose.

La fraude fut donc découverte par hasard, mais aussi grâce à la curiosité des auditeurs/contrôleurs : au lieu de ne se préoccuper que des délais, ils eurent la présence d'esprit d'analyser l'ensemble du circuit tiers payant avec une attention toute particulière pour les intermédiaires, et notamment les SSII. Malgré les réticences des sociétés mutualistes, l'un des auditeurs insista pour procéder à une analyse des paiements au jour le jour sur une période de trente-six mois, ce qui parut incongru à certains. La découverte d'une variation très importante d'un mois sur l'autre (en février 2007, toutes sociétés mutualistes confondues) motiva un audit plus approfondi. Les auditeurs furent alors mandatés par les sociétés mutualistes pour vérifier que les flux télématiques n'étaient pas en cause, ce qui les conduisit tout droit chez PilferData.

Les recherches élargies et affinées à partir d'un outil d'extraction et d'analyse de données établirent une perte totale de 47 116 801 euros, à « se partager », si l'on peut dire, entre les trois sociétés mutualistes clientes de PilferData.

Il était toutefois trop tard pour rattraper les deux fraudeurs : Alain Bezel et Marceau Triamo s'étaient réfugiés dans un paradis fiscal dès le pot aux roses découvert, alors que les preuves étaient rassemblées par les auditeurs/contrôleurs. Ils sont à ce jour introuvables.

Les actions entreprises par les sociétés mutualistes

Les sociétés mutualistes ont demandé à l'une des directions de l'audit interne de rechercher une solution permettant de sécuriser les échanges réalisés en tiers payant, afin d'éviter de nouvelles arnaques de ce genre.

Les premières préconisations de l'audit interne furent les suivantes :

- traiter directement, sans l'intermédiaire d'une SSII, les flux de données en provenance de l'ONGFS – et si cela n'est pas possible, inclure dans le contrat de sous-traitance une clause dite d'auditabilité (voir plus loin) ;
- prévoir la procédure suivante pour les traitements des informations clients :
    - séparation totale entre le secteur chargé du premier enregistrement des adresses et le secteur qui effectue les mises à jour de ces adresses ;

- séparation totale entre le secteur « adresses » et le secteur qui crée et met à jour les domiciliations bancaires ;
- accusé de réception automatique adressé à l'assuré et aux organismes de tiers payant pour toute modification effectuée au niveau des adresses et domiciliations bancaires ;

- vérifier systématiquement avant virement les montants globaux à payer, avec une analyse et l'explication des écarts par le contrôle de gestion et le secteur Trésorerie ;
- sécuriser des transactions au moyen d'un protocole plus élaboré (en France, échanges cryptés selon la norme ETEBAC 5) ;
- effectuer des échantillonnages, *a priori*, sur les lignes de virement aux tiers payants avec mise en suspens avant paiement pour vérification par le secteur contrôle interne (critères retenus : natures des actes, montants, périodes, etc.) ;
- effectuer des échantillonnages, *a posteriori*, sur les lignes de virements aux tiers payants pour analyse par l'audit interne (critères retenus : natures des actes, montants, périodes, etc.) ;
- mettre en place ces recommandations immédiatement, auprès de toutes les sociétés mutualistes, avec l'assistance de la direction de l'audit interne.

Les poursuites

Les trois organismes mutualistes lésés déposèrent plainte contre la SSII en tant que personne morale et contre les deux fraudeurs. Ils se sont rapprochés des organismes bancaires concernés par la fraude afin de tenter de recouvrer une partie des fonds détournés. Cette démarche a été partiellement fructueuse, puisque les organismes bancaires sont entrés en contact avec les banques situées dans les paradis fiscaux. Une partie des fonds a été récupérée grâce à un dépôt de plainte dans l'un de ces paradis fiscaux.

Leçons

Il convient de prêter attention aux plaintes des consommateurs que sont les assurés et d'enquêter systématiquement sur les cas les plus importantes par type (retards dans les remboursements, écarts de montant, fractionnements…). Dans le secteur de la santé, les réclamations des assurés sont une source importante de détection de fraude.

L'investigation doit traiter les données de façon exhaustive, en s'appuyant sur des outils d'extraction et d'analyse des données sur des périodes remontant bien avant les premières plaintes (ACL, IDEA, etc.).

Les analyses doivent être réalisées *a priori*, c'est-à-dire avant le déclenchement des remboursements, de façon exhaustive ou par sondage ciblé et *a posteriori*, de façon exhaustive en transmettant les résultats obtenus sous forme de synthèse à la direction générale.

Il convient également d'être très attentif aux mouvements de personnel et de se poser des questions sur les causes réelles de départ de salariés.

Recommandations

Renforcer les contrôles sur les données sensibles

Il est indispensable de ne jamais permettre à un sous-traitant de gérer sans contrôle les domiciliations bancaires et les adresses des assurés. En effet, la fraude décrite ci-dessus était relativement simple (dédoublement programmé de sommes traitées par échange télématique), mais les fraudeurs disposent par ailleurs d'un arsenal varié et sophistiqué.

Renforcer les contrôles sur les comptes bancaires sans mouvements ou à faibles mouvements

Citons notamment l'utilisation de la technique dite du « salami », qui consiste à prélever pour chaque assuré un montant assez faible (donc difficilement détectable) sur la somme qui lui est due. Cette somme est imputée à une autre domiciliation bancaire dormante ou créée de toutes pièces. Les banques connaissent bien cette technique et surveillent les comptes « sans mouvement ». Les assurés ne s'aperçoivent pas de ce prélèvement infime (le prélèvement peut porter sur les prestations sociales, mais aussi sur des retraites, des abonnements, etc.). La domiciliation bancaire dormante ou fictive est utilisée par le fraudeur, soit directement par retrait des montants portés sur le compte, soit par transfert systématique (automatisé) vers un autre compte.

Exiger, le cas échéant, des clauses contractuelles d'audit et les exercer

Devant la multiplicité des menaces, la clause d'auditabilité citée ci-dessus prend tout son sens. Il s'agit d'une clause contractuelle prévoyant la possibilité pour les clients (ici les sociétés mutualistes) de diligenter des audits auprès de l'organisme prestataire (ici une SSII). L'inscription au contrat ne suffit pas : il est nécessaire d'y donner suite, en faisant auditer régulièrement les intermédiaires à qui on a confié la gestion de tout ou partie du traitement d'opérations financières. Trop souvent en effet, les clauses d'audit restent lettre morte, et de nouvelles arnaques peuvent se mettre en place en toute impunité.

Un secret mal gardé

Fraude dans le cadre d'une fusion-acquisition

Récit

La multinationale Automotive Innovation Inc. (Aii) est un équipementier automobile de premier plan, leader mondial dans son domaine d'activités. Aii possède une trentaine de filiales sur les cinq continents. Elle est cotée à New York, Londres, Paris et Hong Kong. Son principal point fort est son département Recherche et Développement, qui génère chaque année un nombre important de produits innovants et de brevets. Malgré son environnement très concurrentiel, Aii reste à la pointe du secteur et compte des clients prestigieux parmi les principaux fabricants d'automobiles, de camions et de véhicules utilitaires. Son président est John Carter.

La croissance de la multinationale n'est pas uniquement organique mais également externe. Depuis plusieurs années son principal concurrent, la société Forsyth, est devenu une cible d'acquisition potentielle. Les directeurs financiers des deux sociétés sont restés en contact depuis l'université.

Les protagonistes

Tim Lewis, directeur financier d'Aii, a proposé à son président John Carter d'évaluer la possibilité d'un rapprochement avec Forsyth. En effet, il pense que la direction de Forsyth ne serait pas hostile à une fusion ou à une acquisition. De sa propre initiative, il a déjà réuni un dossier complet sur ce projet, avec des simulations assez avancées.

John Carter accepte d'évaluer cette possibilité, mais pour des raisons de confidentialité et dans le souci d'aborder d'éventuelles négociations sous les meilleurs auspices, il nomme Ian Turner comme directeur de projet. En effet ce dernier a travaillé plusieurs années chez Forsyth. Il connaît bien leur management, bien qu'il n'ait pas maintenu de contacts suivis avec eux.

Ian Turner est vice-président R & D chez Aii. Il connaît bien les problématiques des deux sociétés dans ce domaine ainsi que leur culture d'entreprise.
John Carter pense que les meilleures bases de discussions entre les deux
sociétés doivent d'abord s'établir sur le plan technique (phase 1) et Ian Turner
semble être la personne la plus appropriée pour aborder ce projet.

Il sera secondé dans un deuxième temps par Tim Lewis pour la partie financière (phase 2) avant la signature d'un accord final par les deux présidents et
l'annonce sur les places boursières (phase 3). En raison d'une réglementation
financière internationale très stricte, il est absolument nécessaire que ce
projet reste secret – et donc restreint à John Carter, Ian Turner et Tim Lewis
chez Aii.

Tim Lewis a 42 ans, il est divorcé et père de deux enfants. Passionné de belles
voitures, il a gardé un rôle actif parmi les anciens élèves de l'université de
Harvard, dont il est sorti major de promotion. De ce fait, il possède toute la
confiance de son président. Il décide d'appeler ce projet « Quantum ».

Une fusion qui tourne mal

Ian Turner lance la phase 1 en rentrant en contact avec la direction de
Forsyth. Les premières discussions sont amicales et se déroulent dans un
climat de confiance. Après quinze jours, il est décidé à présenter Tim Lewis à
Forsyth afin d'avancer sur les éléments financiers du projet.

Dès le début des négociations, Tim Lewis découvre que Forsyth possède un
grand nombre d'informations sur Aii. Aussi, pour établir un niveau de sécurité
accru, les directions des deux sociétés décident-elles de signer un accord de
confidentialité afin de garantir l'intégrité des futures transactions.

La phase 2 progresse sans problème particulier et Tim Lewis se réjouit de
l'avancement du projet. Il a pourtant subi un revers personnel: en effet, il a
été victime d'une agression physique et à cette occasion sa plus belle voiture
de collection lui a été volée.

Tim Lewis rend compte du statut du projet à son président John Carter. Ce
dernier décide d'accélérer le processus, tablant sur son aboutissement avant la
fin de l'année fiscale, ce qui garantirait aux actionnaires d'Aii une plus-value
substantielle: il est prévu que les places boursières réagiront très favorable-
ment à l'annonce de cette acquisition.

Toutefois un incident du côté d'Aii retarde la mise en forme du protocole
d'accord entre les deux sociétés: des intrusions ont affecté les systèmes infor-

matiques d'Aii, et des fuites d'informations en relation avec le projet Quantum ont été découvertes. Une société spécialisée, contactée pour l'occasion, confirme qu'une attaque organisée a ciblé les serveurs des départements R & D et Finances. Le projet Quantum, et plus généralement les données patrimoniales de l'entreprise, sont potentiellement compromis. Il faudrait procéder à une investigation plus minutieuse, car une fuite non contrôlée d'informations sur la place publique pourrait porter atteinte à la société Aii, à sa direction et à son prestige mondial auprès des places financières.

Pressé par le temps et les événements, John Carter, avec l'autorisation de ses actionnaires, fait alors rédiger un accord simplifié afin de sceller l'alliance entre Aii et Forsyth. Il convoque Ian Turner et Tim Lewis pour que l'affaire soit conclue sous quarante-huit heures ; la signature des présidents est prévue pour le lundi suivant. Secondée par ses conseillers juridiques, l'équipe termine la rédaction de l'accord final pendant la fin de semaine.

Rendez-vous est pris avec la direction de Forsyth pour le lundi après-midi. Deux heures avant son début, toutefois, la réunion est annulée et reportée au lendemain, mardi après-midi, par Forsyth.

Le mardi matin, coup de théâtre : un quotidien financier national annonce dans ses colonnes que des discussions privées ont lieu entre Aii et Forsyth en vue d'une acquisition du second par le premier. Le conseil d'administration d'Aii est réuni en urgence et décide d'ajourner les discussions entre les deux sociétés ; un communiqué de presse est rédigé dans la foulée pour démentir ces rumeurs.

Le mardi après-midi, Forsyth dément à son tour ces informations journalistiques et confirme par ailleurs à la direction d'Aii sa volonté de rompre les discussions en cours. L'action en bourse d'Aii perd 12 % de sa valeur et celle de Forsyth gagne 6 %.

Aii engage deux enquêteurs privés pour éclaircir les raisons de ce désistement soudain, et pour déterminer par quel biais ces informations se sont retrouvées dans la presse – avec pour conséquence la décision de Forsyth de rompre les négociations. Les premières constatations montrent que la source des journalistes ne semble pas liée à l'attaque informatique, les données ciblées étant très techniques et précises.

Cependant, quarante-huit heures plus tard, la société Business Parts, troisième acteur mondial dans le secteur de l'équipement automobile, annonce une OPA amicale sur la société Forsyth. Un communiqué de presse commun aux deux sociétés confirme cette décision sur les places boursières mondiales.

Le conseil d'administration de la société Aii se réunit alors de nouveau en urgence. La question qui hante tous les esprits est: « Que s'est-il donc passé ? »

Explication de la machination

Les deux enquêteurs ont tôt fait de démêler l'écheveau. Il faut comprendre que du fait même de sa situation de leader dans son domaine d'activité, Aii est une cible potentielle pour tous les autres acteurs du secteur. Voici les faits que l'enquête ne tarde pas à établir:

- l'analyse détaillée de l'attaque informatique sur les serveurs d'Aii met en évidence que le point d'entrée des intrus est une clé USB utilisée comme moyen de déverrouillage – plus précisément, celle de Tim Lewis;

- cette clé se trouvait accrochée au porte-clés de sa voiture de collection, volée suite à l'agression physique. En fait ce vol de voiture n'était qu'une couverture: c'étaient bien le porte-clés et sa clé USB qui étaient visés;

- l'enquête est alors transmise aux forces de l'ordre, qui élucident les faits et établissent formellement qui est à l'origine de cette fraude: le troisième larron, Business Parts. Les forces de l'ordre procéderont à l'arrestation de divers dirigeants de Business Parts, ce qui précipitera la démission de son conseil d'administration;

- la combinaison de la fuite dans les journaux et de l'intrusion informatique a, d'une part, amené Forsyth à rompre toute discussion avec Aii et, d'autre part, permis à Business Parts de faire une contre-proposition séduisante et bien construite en un minimum de temps;

- les forces de l'ordre saisiront les autorités financières compétentes, lesquelles feront suspendre immédiatement tout rapprochement entre Business Parts et Forsyth, sous la présomption d'actes de concurrence déloyale. La valeur de l'action de Business Parts chutera de 50 % dans les douze mois suivants;

- l'épilogue, c'est qu'Aii et Forsyth fusionneront – puis seront absorbés par Business Parts un an plus tard.

L'affaire ne s'arrêtera peut-être pas là: cette nouvelle entité ne sera-t-elle pas à son tour condamnée en vertu des lois antitrust américaines ? L'enquête lancée par la Federal Trade Commission sur d'éventuels abus de position dominante dans le domaine de l'équipement automobile confirmera peut-être l'adage suivant, attribué à George Santayana, philosophe américain né en Espagne (1863-1952) : « *Those who cannot remember the past are condemned to repeat it* » (Ceux qui ne peuvent se rappeler le passé sont condamnés à le répéter.)

Leçons

Ce cas de fraude illustre combien l'hypothèse d'une concurrence accrue peut susciter chez certains le passage à l'acte – plus précisément, à l'acte frauduleux. Le triangle de la fraude peut être caractérisé de la façon suivante :

- L'opportunité naît sans doute d'une fuite d'information au sein du secteur : lors d'un cocktail entre anciens de Harvard peut-être ? À un moment donné les dirigeants de Business Parts ont eu vent d'un projet de rapprochement entre Aii et Forsyth, et ils ont déterminé que c'était le moment d'agir. Puisque les actionnaires de Forsyth étaient disposés à un rapprochement, autant faire en sorte qu'ils choisissent un autre partenaire que Aii.

- La motivation de Business Parts était liée à leur position concurrentielle sur le secteur : laisser Aii et Forsyth fusionner, c'était ouvrir la voie à un monopole de fait, les autres acteurs du marché n'étant plus de taille à rivaliser. L'histoire leur a donné raison, mais au lieu d'empêcher l'émergence d'un acteur dominant, les dirigeants de Business Parts l'ont précipitée !

- La rationalisation qui amène les dirigeants de Business Parts à recourir à une fraude caractérisée, voire à des activités criminelles, est probablement liée à leur perception des conditions de rapprochement entre Aii et Forsyth : plutôt qu'une OPA vraiment publique et ouverte à une contre-offre éventuelle, on assistait là à des arrangements entre dirigeants, qui se connaissaient de longue date (employés dont le parcours professionnel passe par les deux sociétés, relations suivies entre les directeurs financiers…). Pour contrer les combines entre copains/entre coquins, on peut se permettre de recourir à des méthodes peu orthodoxes…

Ce cas rappelle utilement l'importance des mesures de sécurité nécessaires pour préserver la confidentialité des projets de fusion-acquisition. Même si dans un secteur donné de tels projets restent rarement secrets bien longtemps, la nature des négociations et les mécanismes détaillés du projet de rapprochement doivent rester confidentiels. Le risque est de voir un autre acteur du secteur s'en emparer et formuler une contre-offre adaptée et séduisante en un rien de temps.

Recommandations

Les règles qui gouvernent la mise en place de « chambres de données » (data-room) lors de projets de fusion-acquisition doivent prendre en compte les risques liés à la concurrence et aux moyens d'intrusion informatique. Comme on le voit ici, la presse économique est rarement à l'origine des fraudes liées à ces opérations. On n'a pas affaire à de simples paparazzis. Un concurrent malveillant ou un client soucieux de maintenir une certaine pression compétitive sur les prix d'achat auront des motivations autrement plus importantes que le tirage d'un hebdomadaire à un moment donné. On retiendra donc les recommandations suivantes

S'assurer de l'étanchéité physique et informatique de la data-room

Ce qui y est apporté ne doit pouvoir être vu que depuis la data-room elle-même, sans moyen de consultation (et donc d'intrusion) depuis l'extérieur.

Rappeler aux acteurs clés d'un tel projet les contraintes de sécurité associées

Par exemple, ici, le simple fait d'emporter hors de l'entreprise et sans précautions particulières une clé donnant l'accès aux données les plus critiques s'est révélé désastreux.

Établir un protocole d'exclusivité

Lorsque la fusion-acquisition est envisagée de gré à gré, les conseils des deux parties doivent établir un protocole d'exclusivité afin que chacun s'interdise formellement de poursuivre d'autres opportunités en cas d'échec sans l'accord écrit de l'autre partie – par exemple pour une période de six mois.

Prévoir une clause d'alerte

Les conseils pourront également prévoir une clause d'alerte dans le protocole de négociation. Ainsi, si l'une des parties découvre un fait de nature à influencer le processus de rapprochement (comme par exemple une fuite d'information, mais aussi la faillite prochaine d'un client important, l'arrivée d'un nouveau concurrent, le déclenchement d'une enquête officielle visant l'une ou l'autre des parties…), alors elle s'impose d'en informer aussitôt l'autre partie. Les deux parties s'engagent alors à travailler conjointement à la résolution ou à la prise en compte du problème, d'une façon telle que le projet initial soit préservé; en cas de raison impérieuse, voire de force majeure, l'accord commun de ne plus poursuivre ouvrira alors le délai de six mois d'attente.

Le pire n'est jamais sûr…

Actifs extracomptables et détournements de métaux précieux

Récit

Préliminaires

Le groupe EuroDice produit des puces électroniques et des circuits intégrés. Une de leurs usines d'assemblage de semi-conducteurs est située sur une île de la Méditerranée. Dans cette usine dite de back end, des galettes de silicium déjà gravées et reçues d'une autre usine (front end) sont découpées en « puces ». Ces puces sont fixées à des grilles d'alliage de cuivre qui, après soudure, encapsulation, pliage et découpage, deviendront des circuits intégrés.

La liaison entre la puce et les plots de connexion de sa grille se fait par des fils d'or extrêmement fins (environ 25 microns) dont la pose se fait par un système micro-mécanique automatisé. Les opérateurs de la ligne doivent veiller à la bonne circulation des composants : alimentation des machines en grilles (déjà munies de leurs puces) et en bobines de fil d'or, surveillance du bon déroulement des opérations, intervention en cas de blocage ou d'incident de production. Les bobines de fil d'or sont stockées dans un coffre qui se trouve lui-même dans un magasin sécurisé. Elles sont remises aux opérateurs de la ligne sur présentation d'un ordre de production, sujet à des règles très strictes, tant pour des raisons de sécurité que de production (il y a plusieurs diamètres de fil d'or selon les composants à produire). L'usine consomme entre 12 et 24 bobines de fil par jour – chaque bobine de 1 000 mètres comporte environ 35 grammes d'or.

Une autre étape de production comporte le « durcissement » (stress test) des composants assemblés avant marquage afin de s'assurer que seules les pièces les plus robustes seront mises en vente : certaines applications comme l'automobile supposent une bonne résistance aux vibrations, aux variations de température et aux vapeurs d'hydrocarbures. Certains de ces tests se font dans des étuves spéciales, qui recréent des conditions de milieu très précises (composition de l'atmosphère, température, pression). En particulier, les thermocouples de ces étuves (qui déclenchent l'allumage ou l'extinction de leurs éléments chauffants) sont régulièrement calibrés et doivent périodiquement être changés – tous les trois mois environ.

Un résultat d'audit inattendu

Un audit interne routinier (de fréquence triennale) s'intéresse aux « mouvements de produits » dans cette usine EuroDice, et parmi les tests il y a la validation des procédures et des pratiques relatives au contrôle et à la sécurité des métaux précieux. Les premiers tests n'indiquent aucune défaillance dans les contrôles principaux. Lors d'un comptage du stock de bobines au coffre, toutefois, l'auditeur, Vincent Joncaille, est témoin d'une scène inattendue : une opératrice rapporte une bobine qui s'est emmêlée et est donc devenue inutilisable. Le magasinier la range dans un compartiment du coffre tandis que l'opératrice se fait établir un ordre de production correctif pour prélever une nouvelle bobine. Aucun document, aucune saisie informatique n'accompagnent la réintégration de la bobine emmêlée.

Vincent Joncaille, l'auditeur, demande au magasinier si ce problème de bobine emmêlée est fréquent et s'entend dire qu'il y en a « trois ou quatre par semaine ». Tous les deux ou trois mois, ces bobines sont pesées et réexpédiées au fournisseur (par le même circuit de livraison) pour obtenir un « crédit métal ». Vérification faite, ce circuit est bien en place. Mais l'ensemble se fait sous le contrôle du seul magasinier, il n'y a aucun registre des bobines réintégrées. Elles n'apparaissent pas au stock (comptablement elles passent en variance de consommation) et personne d'autre n'intervient.

Vincent Joncaille établit une recommandation pour la mise en place d'une procédure détaillée pour la réintégration des bobines de fil d'or inutilisables. Après diverses vérifications, toutefois, il ne détecte pas de preuves tangibles qu'une fraude soit survenue : en comparant l'historique des consommations avec celui des retours au fournisseur, il ne remarque rien d'éminemment suspect (pas de surconsommation pour laquelle aucun retour fournisseur n'apparaît). Il conclut que le magasinier, qui est une personne de confiance compte tenu des responsabilités qui lui sont confiées, avait scrupuleusement stocké et réexpédié au cours des ans les bobines de fil d'or qui n'apparaissent nulle part en comptabilité et que personne ne réclame ni ne vérifie.

Vincent Joncaille effectue une estimation du risque correspondant : sur la base de trois bobines par semaine emmêlées à mi-usage, cela faisait à l'époque 700 dollars hebdomadaires (sur la base du cours de l'or – l'étirage en fil de 25 microns revenant nettement plus cher que le prix de la matière première).

Puis il poursuit ses tests en passant à la salle d'étuvage. Le chef d'atelier dispose également d'un coffre, où il stocke les thermocouples de ses étuves. Lorsqu'un thermocouple est hors d'usage (contaminé par des ions métalliques dénaturant sa dilatation, donc sa précision), il le remplace à partir de son stock et met l'ancien au coffre. De nouveau, il s'agit d'obtenir un « crédit métaux » de la part du fournisseur auquel les thermocouples contaminés sont restitués. De nouveau, il n'y a aucune trace comptable de la chose (les thermocouples sont comptabilisés en consommables). Vincent Joncaille peut examiner un de ces thermocouples usagés (on en compte une douzaine par an) : une boucle de métal gris, longue de 50 centimètres, d'un diamètre de 4 millimètres et pesant environ 230 grammes. Elle était... en platine rhodié et valait à l'époque 5 500 dollars (au cours du métal).

Aucun des tests effectués par Vincent Joncaille ne révèle de fraude. Les acteurs de ces manèges pour le moins insolites (puisqu'en somme ils mettent aux rebuts des métaux précieux de grandes valeurs) paraissent étonnés de ses questions insistantes : pour eux il s'agit de marchandise et de composants inutilisables, et rien dans leur démarche ne reflète leur valeur métal – à part peut-être le stockage dans des coffres. Sur la foi de ses tests et de son jugement (basé à son tour sur des entretiens avec ces personnes et leur hiérarchie), Vincent Joncaille conclut que selon toute vraisemblance aucune fraude n'a eu lieu. Pourtant, dans un tel contexte, un individu malhonnête aurait pu facilement tirer profit des défaillances du contrôle interne. En effet, l'opportunité de détourner tout ou partie des métaux précieux est facile à saisir. En raison de leur nature « inutilisable » et de l'absence de registres comptables adéquats il y a peu de risque de voir quelqu'un venir les réclamer.

Leçons

Le rapport d'audit fut relativement fourni, comme on peut s'y attendre – mais il ne comportait aucune indication de fraude manifeste et, finalement, témoignait de la probité et de l'honnêteté des personnes chargées de la garde et de la manipulation de métaux précieux pour des valeurs significatives.

Quelques améliorations ont néanmoins été apportées au système :

- deux registres distincts ont été créés, afin d'identifier et de comptabiliser les métaux précieux inutilisables (un pour les bobines de fil d'or et un pour les thermocouples) ;
- le système de comptage indépendant des bobines d'or a été étendu aux rebuts de production et aux thermocouples (neufs ou usagés). Ce système a été amélioré : il comportait notamment des feuilles de rebut prénumérotées, signées par le magasinier et l'opérateur (de salle d'assemblage ou de salle d'étuvage), que le vérificateur indépendant devait contresigner une fois la marchandise comptée, après s'être assuré que rien ne manquait (ni marchandise, ni feuille de rebut « escamotée ») ;
- les retours fournisseurs sont désormais contresignés par un superviseur indépendant, sur présentation des feuilles de rebut visées lors des comptages indépendants.

Malgré tout, et ce cas concret en fournit l'illustration, lorsque l'on combat la fraude, le succès dépend aussi des qualités morales des acteurs, qualités que l'on ne peut pas mettre en équation ou codifier par des procédures…

Recommandations

Dans le cas présent on pourrait croire qu'aucune action n'est nécessaire, puisqu'il n'y a eu aucune fraude. L'absence de prédisposition à la fraude ne peut toutefois être érigée en système de contrôle – autant croire en sa bonne étoile, le lendemain même une fraude significative peut être mise en place.

L'observation des systèmes de fraude potentiels peut se faire en bibliothèque ou à l'écran – mais dès lors que la fraude implique la manipulation d'objets physiques (chèques, espèces, produits de valeur, marchandises…), tôt ou tard l'observation sur le terrain devient nécessaire. Dans le cas présent aucun test à distance n'aurait pu détecter de déviation par rapport aux procédures, ni de détournement manifeste de marchandise.

Prévoir des procédures en cas de suspicion de fraude

À part le thème habituel de la ségrégation des tâches, on remarque ici une autre faiblesse récurrente des entreprises de toutes tailles : l'absence de procédures pour les cas où « ça cloche ». Dans le cas présent, on savait comment gérer les bobines « bonnes » mais personne n'avait prévu de procédure écrite pour les « rebuts emmêlés ». De même, on savait comment gérer les thermo-couples neufs mais nul ne s'était soucié des métaux contaminés. Il y a en fait une certaine réticence au sein des entreprises à admettre le fait que les méthodes les plus rodées connaissent aussi leurs défaillances, et en conséquence ces exceptions ne sont pas gérées de façon explicite: comment valider une transaction lancée sans autorisation ? Que faire lorsque l'auteur d'une note de frais semble être le seul habilité à l'approuver ? Comment autoriser les dépassements de devis ? Etc. Les entreprises doivent accepter qu'elles sont faillibles, et prévoir des procédures et des règles de contrôle spécifiques aux cas où la méthode standard n'a pas été respectée.

Prendre conscience de l'ensemble des valeurs dans l'entreprise

Parmi les fraudes les plus difficiles à détecter et à quantifier il y a celles qui portent sur des valeurs que personne ne réclame. On y trouve les « rompus » (effets d'arrondis faisant disparaître les fractions de centimes), les rebuts de production, les provisions pour règlement aux fournisseurs excédentaires, etc. Dans le cas présent, le détournement d'une ou de plusieurs bobines inutilisables serait passé inaperçu car personne ne les réclamait... Il est important que les entreprises prennent conscience de l'ensemble des valeurs qu'elles renferment, et qu'elles ne considèrent pas les risques associés en fonction de leur seule perception économique. Ce qui est immatériel, voire insignifiant, pour une entreprise peut être d'une grande valeur pour un fraudeur !

La valeur des articles qui peuvent faire l'objet d'une fraude n'est pas toujours manifeste, ce qui peut amener l'entreprise à sous-estimer les mesures de précaution nécessaires. Par exemple, le fait d'identifier des articles en magasin par leur seul numéro de référence, sans description ou valeur précise, aura pour conséquence un stockage « ordinaire » pour des marchandises qui devraient plutôt être mises en armoire blindée avec recomptage indépendant chaque semaine... Les entreprises doivent non seulement être conscientes des valeurs qu'elles renferment, mais également propager cette conscience auprès de leurs employés, afin que ces derniers comprennent le sens des contrôles associés et y collaborent de façon volontaire.

Partie 2

Corruption

« Le poisson pourrit toujours par la tête »

Corruption, conflit d'intérêts et enrichissement personnel

Récit

L'action se déroule en Europe de l'Ouest, dans une filiale commerciale du groupe multinational Canyon Inc., acteur majeur du secteur des hautes technologies. Canyon Inc. comporte plusieurs divisions, dont une dédiée à l'électronique grand public (télévision, systèmes hi-fi, réception satellite…). La filiale dont il est question est spécialisée dans la distribution, à l'échelle du pays, de ces produits. Elle comporte une cinquantaine d'employés, et s'appuie sur un réseau de cinquante agences, organisées par province, chargées de la commercialisation de deux marques. Son chiffre d'affaires annuel est de 60 millions de dollars, avec une marge opérationnelle d'environ 7 %.

Son directeur administratif et financier (DAF) a été remercié avec effet immédiat à la fin de l'année 1992 car sa hiérarchie avait des doutes quant à sa loyauté et à sa probité. Quelques mois plus tard, Robert Lafeuille, son remplaçant, prend la relève ; Canyon Inc. ayant choisi un ressortissant d'un autre pays, dans l'espoir qu'il ferait preuve de plus de loyauté et d'indépendance vis-à-vis des autres managers locaux.

Découverte de la corruption active

Le nouveau DAF, lors de sa prise de fonctions, décide de s'intéresser aux dossiers en cours et se rend compte que dans certaines provinces du pays, les efforts de vente portent davantage sur les propriétaires des magasins que sur les revendeurs. Il vérifie minutieusement le contenu des meubles de son bureau et découvre que son prédécesseur y a laissé des bijoux en or, des montres de marque, des parures avec des brillants, le tout pour une forte valeur, s'élevant à environ 10 000 dollars. Ces articles ne sont même pas au coffre et sont inventoriés comme « matériel promotionnel ». Ils ont du reste été acquis par l'intermédiaire d'une société spécialisée dans les articles de promotion commerciale, et non pas auprès d'un joaillier. Pour le nouveau DAF ces pratiques s'apparentent à de la corruption privée.

Robert Lafeuille décide d'échanger la « marchandise » auprès de la société de promotion contre des articles plus habituels tels des montres en plastique, stylos, calculatrices, etc., portant le logo de Canyon Inc. La société de promotion, consciente que les choses vont changer, accepte l'échange sans faire trop de difficultés (elle a déjà réalisé une marge coquette sur la bijouterie). En accord avec la direction commerciale de la filiale, la méthode de vente change : plutôt que de convaincre les propriétaires des boutiques par des cadeaux, il faut les convaincre par les marges qu'ils vont réaliser sur les produits du groupe Canyon Inc., grâce aux articles que leurs vendeurs vont pouvoir proposer en prime aux consommateurs. Et cela fonctionne, même si, pendant un an, certains revendeurs réclamèrent avec insistance les bijoux qui leur avaient été promis.

Il faut dire que la culture d'entreprise de la filiale connaît des changements radicaux. En interrogeant les comptables de son équipe, le DAF a en effet établi qu'une société écran du nom de BCD a été mise sur pied par plusieurs dirigeants de la filiale et a été utilisée à différentes fins : par exemple, c'est BCD qui a acheté les bijoux aux joailliers avant de les revendre (avec une première marge) à la société de promotion, qui ensuite les avait revendus à la filiale (avec une marge supplémentaire). BCD a fréquemment servi d'intermédiaire commercial pour l'achat de mobilier d'exposition, de matériel promotionnel (banderoles, affiches…) et d'études de marché.

Peu de temps après son arrivée, sous l'autorité de Canyon Inc., Robert Lafeuille assiste au départ du directeur général de la filiale et de son directeur marketing – tous deux piliers de BCD, de même que le DAF précédent. Le responsable des services généraux, chargé du convoyage de certaines marchandises pour le compte de BCD, y avait aussi trouvé son compte et fut également remercié.

Mécanisme du conflit d'intérêts

La mise en place d'une société écran à des fins d'enrichissement personnel est clairement une fraude – assimilable à un abus de confiance et à un conflit d'intérêts. Robert Lafeuille n'a jamais pu établir formellement à quel point le montage BCD avait enrichi les dirigeants déloyaux, ni combien cette structure pirate avait coûté à Canyon Inc. En se basant sur les achats de la filiale auprès de BCD et en estimant une marge supplémentaire de 15 %, il a estimé que ce montage avait permis d'écrémer 50 000 dollars par an sur trois ans.

Le « triangle de la fraude » pourrait s'identifier comme suit :

- l'opportunité naît de l'ample délégation de pouvoirs dont jouit l'équipe dirigeante locale, doublée d'une absence de contrôles indépendants : Canyon Inc. n'avait pas de structure d'audit interne suffisamment présente, et les auditeurs n'avaient aucune formation à la détection des fraudes ;

- la motivation se retrouve dans la volonté d'enrichissement personnel aux dépens d'un employeur étranger un peu naïf. Cet état d'esprit est en phase avec la culture du pays, où l'enrichissement personnel est monnaie courante, même si pour y arriver il faut recourir à des pratiques malhonnêtes, comme l'évasion fiscale, le trafic d'influences, voire l'extorsion ;

- la rationalisation se retrouve dans la conviction de la part des dirigeants locaux qu'ils sont « plus malins que leurs patrons ». Ces derniers étaient perçus comme des étrangers crédules et incapables de comprendre le potentiel économique et commercial du pays. Puisqu'ils étaient disposés à laisser tant d'argent sur la table, autant se l'approprier plutôt que de le laisser à la concurrence…

Un proverbe du pays dont il est question dans ce cas affirme que « le poisson pourrit toujours par la tête ». Une bonne partie des dirigeants de la filiale trempait dans l'affaire BCD. Cela avait eu un effet paralysant sur les employés, qui n'avaient pas osé dénoncer ces agissements à Canyon Inc. Ce groupe n'avait d'ailleurs pas pris la peine de mettre en place une hotline pour effectuer de tels signalements. Certains employés étaient convaincus que la chose avait pris de telles proportions, les opérations de BCD accaparant une part croissante du temps de travail de leurs dirigeants, qu'ils étaient nécessairement « couverts » par leur hiérarchie au niveau de Canyon Inc. De fait, ils refusaient de se confier à qui que ce soit, craignant de tomber sur un des membres du « cercle ».

Une affaire à rebondissements

Le directeur général est remplacé quelques mois durant par un ressortissant de la maison mère de Canyon Inc. Ce dernier, avec l'aide de M. Lafeuille, prend conscience de l'étendue des dégâts (dirigeants déloyaux,

personnel administratif se murant dans un silence craintif, force de vente
déboussolée par les changements de méthode) et se demande sérieuse-
ment s'il n'y a pas lieu de fermer la filiale. Canyon Inc. en décide autrement et recrute un nouveau directeur général, Paul Manzino – un
ressortissant du pays, qui se révèle beaucoup plus loyal et professionnel.
Ainsi, un an plus tard la filiale présente des résultats positifs et sa culture
d'entreprise est en bonne voie d'assainissement. Pourtant, M. Lafeuille
n'est pas au bout de ses surprises.

Un responsable commercial proche de l'équipe précédente, soupçonné
d'avoir trempé dans l'affaire BCD, est néanmoins resté en poste : aucune
preuve concluante n'a pu jusqu'alors être apportée. En archivant divers
documents, alors que le nouveau directeur général est en poste depuis six
mois, Robert Lafeuille tombe sur des pièces particulièrement
intéressantes : il s'agit de quatre garanties personnelles illimitées, consen-
ties par quatre dirigeants indélicats (y compris le responsable commercial
« survivant »), en faveur de la filiale locale d'un des concurrents de
Canyon Inc. Le groupe a depuis lors pris le contrôle de ce concurrent,
mais lors de la souscription de ces lettres de garantie ce n'était pas encore
le cas. Pour que ces lettres aient une valeur (afin d'obtenir des prêts
bancaires, pour établir un fonds de commerce…), elles doivent recevoir
un aval suffisamment convaincant : et de fait, chaque lettre a été avalisée
par une banque différente. Robert Lafeuille est stupéfait de reconnaître
non seulement les banques de la filiale locale de Canyon Inc., mais de
surcroît les signatures des directeurs des agences bancaires locales qui
suivent ses affaires ! Il voit certainement un conflit d'intérêts, et selon
toute vraisemblance un système de concurrence déloyale.

La direction de Canyon Inc., contactée dans la foulée, demande à
Paul Manzino et à Robert Lafeuille de mettre l'affaire entre les mains d'un
cabinet d'avocats très réputé sur la place où la filiale a son siège. Toute décision hâtive, comme le licenciement du responsable commercial sur le champ
ou la réclamation directe auprès des banques, est formellement déconseillée.
Après de nombreuses heures auprès de l'avocat délégué pour suivre cette
affaire, Robert Lafeuille déchante – et l'avocat aussi :

- Robert Lafeuille souhaitait s'en prendre aux banques. L'avocat, après des
  recherches détaillées en matière de droit bancaire et de jurisprudence,
  l'informe que dans le pays la déloyauté bancaire n'est pas un délit. Le DAF
  a toutes les raisons de cesser toute collaboration avec ces banques, mais il
  n'a pas matière à les poursuivre en justice ;

- l'avocat souhaitait plutôt s'en prendre au responsable commercial – et se servir de son cas comme « tremplin » pour emmener devant les tribunaux les trois autres dirigeants. Dans ce cas c'est Canyon Inc. qui le bloque, refusant de rendre l'affaire publique (les procès pour malversation étaient à l'époque très médiatisés dans le pays).

Le responsable commercial est congédié – mais sans poursuites, tout comme ses comparses. Robert Lafeuille apprit par la suite, de façon informelle, que ces derniers avaient eu connaissance des agissements condamnables dans le pays d'une autre filiale de Canyon Inc. – la corruption en marchés publics était monnaie courante dans ce pays à cette époque. Les anciens dirigeants s'étaient contentés d'envoyer copie de certaines coupures de journaux à la maison mère, qui relataient de forts soupçons sur la façon dont l'autre filiale du groupe avait remporté un marché de grande importance. Cela avait suffi pour convaincre Canyon Inc. de ne pas pousser l'affaire plus avant sur le plan judiciaire. Selon les estimations de Robert Lafeuille, les agissements des anciens dirigeants (en faveur de BCD, en faveur de la concurrence) ont coûté à Canyon Inc. environ 250 000 dollars, auxquels il convient d'ajouter 50 000 dollars en honoraires d'avocats.

Deux ans plus tard, Canyon Inc. vendit sa division électronique grand public à une entreprise chinoise, laquelle n'était intéressée que par les marques et le fonds de commerce, de sorte que la plupart des filiales commerciales d'Europe furent fermées. Cette fermeture mit fin aux investigations, et Robert Lafeuille, qui les avait révélées et enquêté sur leurs rouages, est allé exercer ses talents ailleurs.

Leçons

Canyon Inc. a pris une première initiative pour mettre fin aux fraudes dans sa filiale : la nomination d'un cadre dirigeant d'une origine et d'une culture différente. Sa hiérarchie entendait s'attaquer aux fraudes, mais en ignorait l'envergure ; et elle avait du mal à distinguer les initiatives très personnelles des dirigeants locaux de la culture d'entreprise de la filiale.

Canyon Inc. est finalement parvenue à mettre fin aux fraudes au sein de cette filiale, en renouvelant son équipe dirigeante pour les fonctions commerciales et administratives. La culture d'entreprise a été réformée, essentiellement par l'exemple au sommet (Tone at the Top). En revanche, le groupe a préféré abandonner tout espoir de sanctionner davantage les dirigeants précédents, et de récupérer ses pertes – par exemple en ne poursuivant pas ces anciens diri-geants et/ou la société BCD avec demande de dommages-intérêts.

Pour ce qui est des banques, une seule a continué de travailler avec l'entreprise : flairant une malversation, le directeur de l'agence locale avait révoqué sa lettre de garantie bien avant que le « pot aux roses » ne soit découvert. On notera que ce directeur d'agence n'avait pas la possibilité de faire remonter ses suspicions au niveau de Canyon Inc. : en effet, à l'époque, celui-ci n'avait mis en place aucun processus de signalement et ne disposait d'aucune ligne directe (hotline). Tous les autres comptes bancaires furent fermés à l'initiative du nouveau DAF, qui prit le soin d'en informer les DAF des autres filiales du groupe dans le pays.

Recommandations

L'abus de confiance implique d'ordinaire un schéma de collusion, car il est rare qu'une transaction donnée comporte un seul acteur. Dans le cadre des achats de marchandise et de services, le fournisseur, le comptable, le tréso-rier, le magasinier… sont soit complices soit témoins de ce qui se passe. Dans le cas présent, les comptables avaient vite fait de comprendre qui était vérita-blement derrière le fournisseur BCD. Cependant, en l'absence d'un individu ou d'une structure indépendante à qui se confier, ils n'ont pas ébruité leurs soupçons. Une fois une relation directe et de confiance établie, même avec de « simples » employés, ils n'ont pas tardé à parler. Il s'agissait d'une forme « localisée » de la hotline qui manquait au niveau du groupe.

Prendre en compte la réglementation locale

Le fait qu'un mécanisme de fraude paraisse particulièrement choquant ou écœurant ne signifie pas que la justice du pays le condamne. En matière de corruption, notamment, certains pays occidentaux ont fait preuve d'une complaisance coupable pour la corruption de fonctionnaires à l'étranger, et ce jusqu'à la fin des années 1990. Dans le cas présent, la déloyauté bancaire aurait fait l'objet de poursuites retentissantes aux États-Unis (concept de conspiracy) – mais dans le pays en question elle n'était pas illicite. Il est nécessaire, lorsque l'on analyse les risques inhérents aux différentes filiales d'un groupe, de prendre en compte la dimension « réglementation locale ». Ce qui est répréhensible dans le pays où réside la maison mère ne l'est pas forcément dans chacun des pays où le groupe opère. La direction risque de se reposer sur l'effet dissuasif d'une réglementation sans même se douter de son absence…

Privilégier l'autodénonciation

La crainte du scandale, et de fuites incontrôlées d'informations compromettantes, peut suffire à museler une puissante multinationale, déjà leader mondial sur plusieurs marchés des hautes technologies. Dans ce cas, l'information en question avait trait à un cas de corruption, qui de ce fait demeura pour l'essentiel dissimulé – c'est la partie immergée de l'iceberg. Compte tenu des récents scandales de corruption qui ont affecté les sociétés les plus prestigieuses, on peut recommander, dans certaines juridictions, une forme d'autodénonciation (self-disclosure), particulièrement pour les entreprises qui font appel à l'épargne publique sur le marché américain: en effet, les sanctions seront souvent plus mesurées dès lors que l'entreprise fautive collabore activement avec l'autorité judiciaire.

Insister sur l'exemplarité de la hiérarchie

Les risques liés à la fraude et à la corruption ne se limitent pas à leurs aspects notoires ou médiatisés (procès, amendes, condamnations, révocations de licences, perte de réputation…). On peut y ajouter des aspects tout aussi sombres tels que le chantage, le trafic d'influence et l'intimidation, qui ont pour effet de laisser certains crimes impunis – et les entreprises qui se trouvent mêlées à ce genre de situation doivent vivre avec cette contrainte pendant des années. Dans leur cas il n'y a pas de « rédemption » – contrairement aux entreprises qui, une fois leurs agissements mis au grand jour, en payent le prix (financièrement parlant) et démontrent de façon publique qu'elles se sont amendées et que l'on ne les y prendra plus. Ce triste état de fait renforce l'importance de « l'exemple au sommet de la hiérarchie » (Tone at the Top) dès lors qu'il s'agit de faire comprendre à tous ce qui est acceptable et ce qui ne l'est pas.

Collusion perdue

Entente postcontractuelle

Récit

Préliminaires

Lors d'une négociation, les acheteurs font preuve d'une extrême prudence. Rares sont ceux qui démontrent une parfaite transparence, même lorsqu'ils se trouvent dans une négociation à composantes coopératives, c'est-à-dire dans un esprit constructif et non pas de confrontation. Le risque de dérive augmente si l'acheteur entretient depuis de longues années une collaboration étroite avec son fournisseur. Le danger est que l'acheteur conserve son partenaire commercial dans un souci de « confort » et n'aille plus chercher la concurrence – ce qui supposerait de recommencer les démarches de validation du produit, l'enquête sur le nouveau fournisseur et les essais en situation réelle à partir d'un échantillon. Pire encore, on peut craindre que l'acheteur maintienne un fournisseur pour l'avantage personnel qu'il peut en retirer.

Cette dérive a des répercussions au-delà du fait de ne pas octroyer à l'entreprise le meilleur fournisseur possible. Cela impacte en théorie l'ensemble de la chaîne de production. En effet, le fournisseur retenu devant être l'aboutissement d'une chaîne de décisions, on peut en déduire *a priori* que cette chaîne, dont il est l'ultime maillon, réalise une meilleure allocation de facteurs de productions limités que les chaînes aboutissant aux fournisseurs non retenus. Par son action, l'acheteur effectue son travail correctement s'il crée un stimulus sur le marché en choisissant le fournisseur le plus performant. En revanche, tout dysfonctionnement dans l'attribution d'un marché, volontaire ou non, a des conséquences sur le marché dans son ensemble.

Il est fréquent d'accuser les acheteurs de tirer des avantages indus ou substantiels de leur fonction ou de leur position, voire de prélever une dîme sur ce qu'ils achètent. Pour autant cette image d'Épinal est dépassée, les acheteurs s'étant fixés depuis la fin de la Seconde Guerre mondiale des règles socioprofessionnelles comportant un code de l'honneur qui s'applique à leurs entreprises, mais aussi à la société dans son ensemble. Ainsi l'acheteur se doit d'exercer sa mission vis-à-vis de son employeur, de ses collègues et de ses fournisseurs dans la plus grande loyauté et dans le respect des règles de déontologie de la profession, telles que :

- respecter la législation en vigueur dans le ou les pays dans lesquels sa société est implantée et dans les pays de ses fournisseurs ;

- agir avec probité et faire preuve d'impartialité vis-à-vis de ses fournisseurs ;

- refuser de solliciter ou d'agréer, à tout moment, directement ou indirectement, des offres, des promesses, des dons, des présents ou des avantages quelconques, pour lui-même ou pour autrui, afin d'accomplir ou de s'abstenir d'accomplir un acte propre à sa fonction ou à sa mission, qui pourrait fausser le jeu de la concurrence ;

- respecter le caractère confidentiel des informations ou des biens immatériels de propriété industrielle et commerciale des fournisseurs, dont la divulgation serait de nature à porter atteinte à leurs intérêts ;

- respecter les règles générales d'honorabilité.

L'acheteur doit faire preuve d'honnêteté intellectuelle en plus de son habileté technique.

De nombreuses autres fonctions de l'entreprise relèvent de règles analogues, voire de lois spécifiques. Mais la mission de l'acheteur réside dans l'adéquation entre l'action encadrée par des normes professionnelles et les contraintes économiques de l'entreprise dans laquelle il intervient. Cette adéquation est donc d'autant plus difficile que les contraintes économiques sont lourdes.

Aussi est-il intéressant d'étudier combien, au-delà du risque de dérive personnelle, il existe une pression du système qui pèse sur les acheteurs pouvant, malgré leur code de déontologie, entraîner progressivement des dérives insidieuses. Prenons un exemple.

Mise en place de la collusion

Hermann Meister a suivi, après des études économiques, une spécialisation en achats lui donnant, en deux ans de formation à la fois théorique et professionnelle, un bagage solide. Aussitôt son diplôme en poche, en 1995, il obtient un emploi de responsable achats dans une entreprise dans l'Est de la France qui fabrique des composants en matière plastique.

Très vite, il se rend compte de l'écart entre les us et coutumes de la fonction, et ce qu'on lui a enseigné. Toutefois il s'adapte sans difficulté et commence sereinement sa carrière. Après deux années pendant lesquelles il perfectionne sa maîtrise de la pratique des achats, il décide d'élargir ses horizons et de changer d'employeur, pour devenir responsable achats dans une grande entreprise internationale. Dès son arrivée, il est informé du code d'intégrité et plus particulièrement de la politique de l'entreprise en matière de cadeaux. Cette politique est connue de l'ensemble des fournisseurs, qui en respectent d'ailleurs les règles établies. Hermann Meister est en charge de l'achat de plusieurs milliers de tonnes de matières plastiques, ce qui augmente la valeur de son portefeuille d'achats par rapport à son emploi précédent, mais il s'en sent capable. Il doit maintenant rédiger et conclure des contrats d'approvisionnement et bien entendu réduire au maximum les coûts relatifs à ce poste.

Dans les achats industriels, il arrive que la part des matières premières dans le prix de revient d'un produit soit significative. Le prix est dans ce cas essentiellement constitué du prix de la matière première, auquel s'ajoutent le coût de la transformation et les autres coûts pour calculer le prix de revient final. À ce titre, lorsque Hermann Meister effectue ses études de marché, il ne manque pas d'étudier la part des matières premières dans le coût de revient du produit acheté – à savoir du pétrole dans le cas d'un polyester. Il peut ainsi établir, dans le cadre d'un approvisionnement sous contrat et à long terme, quel est l'indice qui reflétera au mieux le cours de la matière première entrant dans le produit acheté. En 2001, après deux ans de relations professionnelles qualifiées d'excellentes avec le fournisseur principal, ce dernier annonce à Hermann Meister que le cours des matières premières du plastique, tributaire du cours du pétrole, va augmenter de manière exponentielle.

L'idée d'un partenariat équilibré avec un fournisseur ne déplaît pas à Hermann Meister; cela permettrait de sceller les bonnes pratiques entre les deux sociétés signataires du contrat. De plus, inscrire ses achats dans la durée avec quelques partenaires, peut générer un progrès technico-économique et se révéler plus avantageux, à moyen et à long terme, que ne le serait une séquence d'achats traités indépendamment les uns des autres. En général lorsqu'un contrat est signé, on enclenche, à la demande du fournisseur, un processus de coopération et d'échange d'information qui dépasse celui d'une transaction limitée au traitement d'une offre isolée. Hormis le fait que ce contrat et ce partenariat induisent des risques liés au partage d'informations confidentielles, ils permettent d'installer une certaine « complicité » entre les deux parties. C'est dans ce but que le fournisseur avait invité Hermann Meister à préparer son budget pour une future hausse éventuelle.

Or, durant les deux années suivantes, l'entreprise d'Hermann Meister subit des hausses erratiques des cours du pétrole, répercutées sur les prix des matières plastiques (polyester) dans des proportions qui dépassent les prévisions.

On pourrait s'imaginer qu'une fois un contrat d'approvisionnement signé, il ne reste qu'à l'exécuter et à en suivre les termes. Or il arrive qu'une fois les contrats signés, ils soient rangés dans un classeur et ne soient ressortis qu'à leurs termes. Certains contrats dont les tarifs sont basés sur une formule de révision de prix ne sont réévalués qu'une seule fois par an.

Les formules de révision de prix étant souvent très fastidieuses à vérifier, l'acheteur doit faire preuve d'acuité et de discernement… Malheureusement, ce contrôle laborieux, dans le sens noble du terme, est parfois négligé. Ainsi, si certaines clauses stipulent les fluctuations des cours des matières premières qui entrent dans le produit acheté, en cas de hausse de ces derniers, les prix d'achats doivent augmenter dans les mêmes proportions. Un fournisseur peu scrupuleux peut essayer d'appliquer une hausse plus élevée des tarifs, pour tester si l'acheteur vérifie la validité de cette hausse. Si l'acheteur ne vérifie pas la méthode de calcul du fournisseur, ce dernier risque de continuer à pratiquer des hausses tarifaires disproportionnées.

Dans le cas qui nous occupe, Hermann Meister fait preuve de vigilance et de professionnalisme. Lorsqu'il prend connaissance des futures estimations de prix de ses produits, il en informe à juste titre son responsable hiérarchique. Libellées en dollars, les matières premières peuvent faire courir un risque de change, sans compter la hausse probable des cours eux-mêmes. Hermann Meister propose alors la détention de la matière première, ce qui nécessite un stockage, donc un coût qui impacte directement la profitabilité finale. Il s'est vu refuser par son directeur et par le directeur de la supply chain de stocker ces matières premières, en l'occurrence des polyesters sous forme de granulés – la difficulté à adapter l'offre à la demande entraînant « une instabilité des prix qui peut être profitable ou pénalisante » pour l'investisseur.

Le cours des matières plastiques a suivi le cours du pétrole. Toutefois les producteurs de matières plastiques n'ont pas toujours répercuté l'augmentation du cours du pétrole. Ils ont dû en conséquence diminuer l'offre afin que leurs cours remontent.

C'est à cette période, alors que le cours du pétrole redescend, que tout concourt à ralentir la mise à disposition de certaines matières premières – ici le développement industriel des matières polyester. Certains fournisseurs vont susciter une pénurie, réduisant la production de ces matières en organisant un arrêt de maintenance de leurs outils industriels ou provoquant un incident « fortuit » sur l'un des rares vapocraqueurs qui se trouvent en Europe, dont la remise en fonctionnement est très fastidieuse et laborieuse. La demande sera alors supérieure à l'offre, et le cours des polyesters se maintiendra à la hausse.

Cet écart est suffisamment considérable, atteignant quelques centaines de milliers d'euros annuels, pour qu'il ait une répercussion significative sur le prix de revient des produits de l'entreprise de Hermann Meister. Son responsable hiérarchique prévient les plus hautes instances dirigeantes, qui convoquent aussitôt Hermann Meister, lui ordonnant de trouver un moyen d'endiguer cette hausse des polyesters, en lui expliquant qu'une telle hausse compromet la pérennité de l'entreprise. Hermann Meister à qui on a appris que les achats assurent le profit de l'entreprise et les ventes sa pérennité, se retrouve à assurer, incrédule, les deux à la fois.

Souvent, la hiérarchie d'une entreprise exerce une pression sur les acheteurs pour réduire les révisions de prix, même si un contrat est signé. La hiérarchie évoquera le partenariat établi, qui devrait prévoir un partage des risques de fluctuations entre l'entreprise et le fournisseur, mettant en opposition l'esprit et la lettre du contrat. À partir de là, les acheteurs sont acculés à exercer une pression sur les fournisseurs. Si les prix sont à la hausse, la pression sur les acheteurs sera proportionnelle à l'augmentation des cours des matières premières.

Hermann Meister reçoit un message écrit stipulant le danger d'une telle hausse pour l'entreprise. Un autre message plus explicite, oral cette fois, lui indique que cette situation pourrait avoir des conséquences sur son maintien dans l'entreprise en raison des mauvais résultats obtenus. Devant une telle menace, Hermann Meister s'accroche du mieux qu'il peut à son poste en espérant une baisse des cours du polyester. Ses relations avec sa hiérarchie deviennent de plus en plus tendues. Il sent une certaine défiance et constate que ses piètres performances sont présentées comme une explication à la crise traversée par l'entreprise. Il devient le « bouc émissaire » et son crédit parmi ses collègues et supérieurs se dégrade. C'est lui qui porte la responsabilité si le résultat escompté au budget n'est pas obtenu. Pourtant, une chose est sûre, la croisade contre les hausses des prix survivra à Hermann Meister.

Il ne peut plus se prévaloir de ses performances passées car il sait que leur légitimité ne serait pas reconnue. Il continue simplement son travail minutieusement, en s'inspirant de la démarche scientifique : recueil pertinent des cours, évaluation du coût de production, meilleure appréhension de la complexité du marché et du produit mais aussi débat et recherche du consensus. Il prend note de l'évolution inéluctable de la situation et souhaite être capable de démontrer la rationalité de la situation à ses pairs, restés sceptiques.

Déjà confronté à un double défi, celui de faire la preuve de ses capacités à négocier et celui de tirer profit de son action contre les hausses répétées, Hermann Meister doit aussi en affronter un autre, dans la perspective de conserver son poste : apporter de la valeur et de l'innovation.

Les raisons de la collusion

Hermann Meister tire les leçons de cette période, voyant qu'il est jugé avec peu d'équité et de reconnaissance sur les différents moyens qu'il a mis en œuvre pour limiter les conséquences de hausses importantes, par une approche collaborative et des partenariats mis en œuvre avec le fournisseur. C'est pour lui quelque chose d'irrationnel. La connivence, qu'il aurait dû avoir avec ses collaborateurs, s'est en fait créée avec le fournisseur, qui s'est finalement montré plus compréhensif et secourable. Hermann Meister avoue alors son désarroi à ce fournisseur, dont il s'est rapproché. Il lui propose un accord afin de ne pas revivre la même situation dans le futur. Cet accord portera ses fruits, quelques trimestres plus tard, lorsque les producteurs de matières plastiques ayant repris l'activité et reconstitué leurs stocks, les prix baisseront suivant la règle de l'offre et de la demande...

En effet, lorsque les cours des matières premières baissent, il est du devoir des acheteurs de faire baisser les prix d'achat. Hermann Meister, après de longs trimestres aux aguets, entrevoit ainsi une lueur d'espoir. La pression se fait moins forte dans un premier temps et disparaît au bout de deux trimestres. À cet instant, plus aucun contrôle sur ses actions ni sur son interprétation des cours n'a lieu. L'orage est passé, en attendant le prochain. Le fournisseur avec lequel il entretient une relation professionnelle privilégiée répercute la baisse avec un délai de compensation entre l'achat des matières pétrolières et la fabrication du polyester, qui est de l'ordre d'un mois ou deux, ce qui est un délai raisonnable et reconnu par les professionnels.

Légitimement, la baisse devrait être proportionnelle à celle du coût des matières premières. Certains fournisseurs appliquent même cette baisse sans attendre un quelconque rappel de la part des donneurs d'ordres. Mais parfois certains acheteurs, pour ne pas se retrouver à nouveau dans des situations de fortes variations, demandent une baisse des prix non proportionnelle à la baisse des cours des matières premières, afin de constituer un « matelas de réserve » à utiliser en cas de nouvelle hausse des cours. Ils pourront alors atténuer artificiellement les effets d'une nouvelle hausse. Ainsi la probable future hausse sera compensée par le « coussin de réserve » négocié entre l'acheteur et le vendeur lors de la baisse précédente du cours des matières premières et l'acheteur pourra présenter un résultat jugulé pendant la hausse.

Comme dans tout cas de collusion – car c'est de collusion dont il s'agit – l'accord négocié par Hermann Meister reste bien entendu tacite et sans preuve écrite ou enregistrée. Dans l'intérêt de leur entreprise, les acheteurs peuvent repousser au maximum la date d'application de la hausse, mais cela doit rester dans les limites dictées par les facteurs de production, de stockage et de politique de l'entreprise et dans le respect des clauses explicites des contrats. Un accord tacite reste très difficile à repérer tant que son application respecte ces limites.

Cette baisse se confirme pendant deux ans durant lesquels Hermann Meister retrouve toute sa légitimité au sein de l'entreprise. Affecté par la non-reconnaissance de son travail accompli lors des hausses, Hermann Meister suit alors le chemin emprunté par les quelques acheteurs qui limitent délibérément les baisses du prix d'achat afin d'enrayer les hausses à venir. Les prix des matières premières achetées ont en conséquence baissé, mais dans une moindre mesure par rapport à ce qu'ils devaient atteindre. Personne n'a à redire et aucun contrôle n'est effectué. L'écart de 2,3 % sur le prix des matières premières pendant près de deux ans a permis au fournisseur d'améliorer sa marge, ce qui s'est concrétisé par un gain de plusieurs milliers d'euros.

Le caractère cyclique des cours du pétrole fait qu'une année plus tard, l'annonce d'une hausse dans les prochaines semaines commence à circuler. Hermann Meister confiant, grâce à son accord tacite passé avec son fournisseur, aborde sereinement cette nouvelle période de hausse des cours du pétrole. Il reprend donc contact avec son fournisseur en vue de lui rappeler leur accord et pour lui demander d'éviter des hausses trop importantes.

Injoignable, le responsable commercial avec qui il avait conclu ce pacte est parti sans en informer Hermann Meister, et bien entendu sans laisser trace de son accord avec lui. Il est fort probable qu'il ait rejoint une autre branche de son groupe afin d'éviter à son employeur d'honorer l'engagement convenu avec Hermann Meister. Ce dernier ne pouvant pas expliquer sa collusion à ses collègues ou à son fournisseur, se retrouve dans une situation de victime là où il avait voulu être instigateur. Tenaillé par un sentiment diffus de culpabilité, il se jure de ne plus jamais tenter de telles opérations. À cette occasion, Hermann Meister apprend une leçon qui ne lui a pas été enseignée à l'école, tant elle était évidente en raison même du principe d'intégrité.

Cette histoire s'est passée à la fin des années 1990. Aujourd'hui pour un tel acte, Hermann Meister aurait été sévèrement sanctionné par l'entreprise dans laquelle il travaille.

Leçons

La contestation sournoise de Hermann Meister s'est nourrie du désir de préserver son emploi et de la blessure d'amour-propre ressentie. Comme le dit l'écrivain américaine Rita Mae Brown, « *Good judgment comes from experience, and often experience comes from bad judgment* » – ce qu'on peut traduire par : « Le bon jugement naît de l'expérience, et souvent l'expérience naît de mauvais jugements. » Une approche rationnelle des faits joue un rôle important dans le domaine des achats et il est indispensable de s'y tenir, même sous la pression incessante des dirigeants. Cette mésaventure nous rappelle que la collusion avec un fournisseur est le plus mauvais investissement qu'un acheteur puisse faire. C'est le paradoxe du soit disant « partenariat », qui ne tombe sous le sens que lorsqu'il est officiellement porté à la connaissance des différents responsables de l'entreprise concernée. Si un partenariat n'est pas « avouable », il ne doit pas être conclu. Un vrai partenariat peut se faire seulement à livre ouvert, avec une communication claire vers le client des prix de revient et des marges du fournisseur.

La découverte d'un tel type de fraude peut survenir, par exemple lorsque le remplaçant de l'acheteur indélicat appréhende le sujet, et analyse la situation *a posteriori*, en effectuant une étude sur l'évolution du prix d'achat des matières premières de l'usine. Une recherche sur deux-trois ans aurait permis au nouvel acheteur de reprendre le cours des matières premières et de déterminer l'indice de prix qui convenait le mieux afin d'enrayer les hausses. Les contrôles internes auraient également dû aisément déceler le délit – bien que l'acheteur aurait pu prétexter un nouvel adjuvant dans les polyesters ou un nouvel emballage pour expliquer l'écart.

On pourrait également décider d'adopter une procédure relative aux produits achetés et au calcul de leurs coûts en fonction des fluctuations des matières premières. Le service achats étant un des départements les plus contrôlés, après celui de la comptabilité et des finances, il pourrait asseoir sa légitimité en faisant preuve d'une totale transparence. Cela permettrait aussi, en cas d'absence ou de départ de l'acheteur, de poursuivre chaque contrat dans les meilleures conditions de suivi.

Ce cas se rencontre souvent dans des entreprises où les matières ou produits achetés sont en dépendance forte avec les matières premières. Par exemple pour des produits de grandes consommations comme l'emballage, mais aussi pour des produits comme le bois, l'aluminium, le fer, le cuivre, c'est-à-dire les produits ayant des cours à forte volatilité. Il faut donc augmenter la sensibilisation à ce risque dans les secteurs concernés.

Afin de vérifier le point précédent, il appartient au responsable financier de sensibiliser l'acheteur et d'imposer un reporting sous forme de graphique avec l'évolution du taux et en parallèle celui du prix facturé. Il lui appartient, en outre, de faire un contrôle périodique des clauses d'indexation par un audit interne ou externe.

Comme cela arrive très souvent dans un tel cas, l'acheteur n'a pas commis cet acte dans son intérêt personnel mais parce qu'il a une très forte pression de la part de sa hiérarchie lors de hausses brutales des prix. Il s'agit d'une « allocation de fonds détournés pour un futur incertain, aléatoire et antagoniste » :

• incertain car le marché fluctue et on ne sait jamais dans quel sens une baisse ou une hausse de matière première peut perdurer sur plusieurs années consécutives ;

• aléatoire parce que l'un des deux protagonistes peut quitter la société ou prendre une autre fonction dans celle-ci. L'accord tacite devient caduc ;

• antagoniste parce que l'acheteur comme le vendeur doivent impérativement œuvrer dans le sens de l'intérêt de leurs entreprises respectives.

Il n'est pas sûr, dans un monde où le turnover est important, que les protagonistes soient encore à la même place dans un an ou trois ans. Aujourd'hui afin de pallier au risque de « copinage » entre fournisseurs et acheteurs de nombreux grands groupes décident de faire une rotation de leurs acheteurs dans des secteurs différents. Cet exemple explique pourquoi les commerciaux se voient régulièrement changer leur portefeuille client malgré leur désapprobation. Les entreprises savent en effet qu'il y a danger lorsque la relation se fait trop proche car il y a risque d'entente ou de favoritisme avec le client voire de corruption privée.

Cette expérience est significative sur le plan de la gestion et de la sensibilisation des acheteurs au phénomène de fraude et de corruption. La question que l'on pourrait se poser, sans prendre parti, est la suivante: qui est fautif dans cette affaire ?

- en premier lieu, indiscutablement l'acheteur dans la mesure où il est l'instigateur de ce montage. Cet acte a été réalisé sciemment et s'il avait eu le moindre doute relatif à cet acte, il en aurait informé sa hiérarchie pour avoir un accord de principe;
- le fournisseur pour qui ce montage représente une aubaine et lui permet d'entretenir une certaine complicité, voire connivence avec l'acheteur. Dès lors, le contrat signé, il ne devrait pas revenir dessus sauf pour manquement grave à l'exécution du contrat ou pour des causes de force majeure. Le vendeur aurait pu refuser cet arrangement prétextant que les codes de conduite de la société ne permettaient pas de telle transaction sans accord préalable du plus haut sommet de la hiérarchie;
- la hiérarchie s'en prend à l'acheteur comme s'il était responsable des hausses de matières premières. Il arrive que des hiérarchies licencient leurs acheteurs pour ne pas avoir jugulé les hausses de matières premières. La hiérarchie aurait tort de nier sa responsabilité car il s'agit de données psychoaffectives qui peuvent être déstabilisantes pour les jeunes responsables achats.

L'entreprise de Hermann Meister est également responsable par le fait que l'acheteur n'a pas reçu de code de conduite en affaires et de formations appropriées à la prévention de la fraude et de la corruption mise en place au sein de l'entreprise. Trop fréquemment, c'est à la suite d'un incident que l'entreprise prend réellement des engagements forts dans le sens de l'intégrité avec des outils tels que des chartes éthiques ou des sessions d'e-learning sur les engagements de l'entreprise vis-à-vis de ses fournisseurs. L'éducation sur les recommandations à suivre dans ce genre de situation est à mettre en place avec des cas concrets sur plusieurs années. Cela pourrait être approfondi lors de session de travail auprès des apprentis acheteurs.

Recommandations

Former les jeunes acheteurs

Ce cas se produit en général chez les jeunes acheteurs; il est donc important de leur inculquer, dès qu'ils entrent dans cette activité, les expériences de leurs prédécesseurs dans le domaine, de leur expliquer les ingrédients d'une collusion et comment ne pas s'y soumettre malgré la forte pression qu'ils peuvent recevoir de leurs dirigeants.

Pour l'acheteur, ne pas servir son intérêt personnel au détriment de celui de l'entreprise relève des obligations à la fois explicites et implicites du contrat de travail en général. Même si l'acheteur ne fait pas cela dans son intérêt personnel, ce cas de collusion peut se transformer en corruption privée car le « coussin de réserve » ne peut être réintroduit comme un régulateur de hausse, et a bien entendu son corollaire en blanchiment d'argent, ou en cadeau de fin d'année. Le fournisseur ne pourra pas l'éviter car cela fera partie de ses objectifs d'augmenter son prix de vente.

Favoriser le travail d'équipe

Le travail en équipe est important dans ce type de prise de décision et de raisonnement. Avec de tels montants en jeu, de telles évolutions de prix s'étudient de concert avec d'autres acheteurs pour établir une transparence quant au choix du fournisseur mais aussi vis-à-vis des différents services de l'entreprise. Sans aller jusqu'au « tout transparent » – l'être humain ayant besoin d'une relation et d'intimité avec les différentes personnes qu'il côtoie dans le cadre de son activité – les chiffres et les résultats obtenus ont besoin d'une totale transparence afin d'être mieux appréhendés en équipe. Les résultats et la cohésion des décisions seront renforcés par le soutien d'un service ou département achats. Le travail d'un acheteur est un travail d'équipe lors de l'attribution de marché. Il aura besoin des responsables de différents départements pour évaluer les performances des prestataires, par exemple le responsable approvisionnement pour la conformité aux quantités livrées et délais engagés par rapport aux ordres donnés. L'application des conditions de sélections des fournisseurs doit impérativement passer par tous les services concernés. Une sélection visible, perçue et comprise par les principaux acteurs ayant à se prononcer sur le choix du fournisseur sera le meilleur gage d'une transparence du service achats.

Révéler son intuition

L'intuition est un atout vital chez les acheteurs mais ce n'est pas une science exacte à l'instar des fluctuations des matières premières. Néanmoins un acheteur a besoin de ce don d'intuition s'il veut réaliser correctement son travail. Cette intuition va permettre à l'acheteur de mesurer la qualité de la relation avec le fournisseur. Des phénomènes de compréhension et d'intolérance peuvent apparaître avec d'autant plus de force que l'acheteur est exigeant dans la traduction de son besoin.

L'insertion dans les procédures, ou mieux dans les modes opérationnels, du taux de matière première pour des composants stratégiques révèle une meilleure analyse, et un meilleur suivi et contrôle des pratiques.

Limiter et mesurer les risques

- En cas de hausses consécutives sur plusieurs années, l'acheteur ne pourra pas négocier quoi que ce soit avec le fournisseur.
- En cas de baisses consécutives sur plusieurs années, il sera de l'intérêt du fournisseur d'entrer dans cette configuration et peut-être d'affecter un nouveau responsable commercial à son client. Ce dernier aura alors perdu sa réserve, et le fournisseur pour montrer sa bonne volonté avec l'acheteur accordera une remise exceptionnelle pour « démarrer » de bonnes relations commerciales « bien comprises » avec son client. Ce dernier ne s'apercevra de rien, et bien entendu, l'année suivante le vendeur reprendra le cours normal et en conformité avec les engagements contractualisés et signés par les deux entreprises.

Il existe des parades pour remédier à de tels extrémismes par exemple la hardship, clause d'un contrat. Elle peut limiter, à faible proportion, les fluctuations des cours. L'acheteur peut également souscrire une assurance pour les hausses de prix, hedging, qui atténuera une trop forte variabilité de ces derniers.

Il est important que les acheteurs comme les vendeurs comprennent les risques encourus pour de tels actes. Quels sont les risques pour l'entreprise en tant que personne morale et pour eux-mêmes ? Principalement, le risque de réputation qui porte atteinte à la confiance de l'opinion publique et remet en question les valeurs internes de l'entreprise, le risque financier notamment avec le coût des enquêtes et des processus de mise en conformité, le risque de déstabilisation par un ancien collaborateur et enfin le risque d'allégation par un concurrent.

Le projet du millénaire

Dissimulation d'incidents de fraude par le management

Récit

Le musée le plus prestigieux de cette province espagnole, le musée Mabo, et le gouvernement ont pour projet la rénovation de l'entrée principale du musée et de sa cour intérieure, un projet ambitieux chiffré à près de 80 millions d'euros et qui servira de clé de voûte aux grands investissements prévus par l'État pour le nouveau millénaire. La construction fera appel à des techniques de construction pointues et à des matériaux de très grande qualité afin d'effectuer la rénovation dans le respect de l'architecture historique conçue par Jean Verbier au XVIIIe siècle.

Une occasion inespérée se présente lorsque plusieurs financiers, dont le Fonds de la Loterie nationale, confirment leur participation au projet en 1997. Le Fonds de la Loterie a promis de financer plus de 50 % du projet, un engagement considérable. Car le projet à accomplir est gigantesque : il s'agit d'identifier un architecte, une équipe d'ingénieurs, plusieurs dizaines de fournisseurs et de mettre en œuvre un calendrier de travail qui permettra au chantier d'être achevé à temps pour l'inauguration par le roi lui-même en décembre 2000. L'assistant spécial auprès du ministre de la Culture visitera régulièrement le chantier afin de s'assurer de la bonne conduite du projet et rendra des comptes directement à l'attaché culturel du roi.

Le parcours impressionnant de la doyenne du musée

Le musée Mabo a de la chance. Sa présidente-directrice générale, Célia Petersen, est une femme déterminée qui n'a jamais eu peur de relever de nouveaux défis. Pour financer ses études de management, déjà, elle a combiné plusieurs petits boulots tout en s'occupant de sa jeune sœur de dix ans sa cadette. Lorsque la prestigieuse école de commerce, l'IE de Valence, lui refusa l'accès à son programme, elle s'acharna au travail et l'année suivante, non seulement l'IE lui ouvre ses portes, mais elle est également admise dans plusieurs universités prestigieuses de l'est des États-Unis, où elle choisit finalement d'aller. Elle refuse l'échec et ne l'a jamais connu. Après ses études de management, elle rejoint le service financier du Boston Museum of Fine Arts où elle monte rapidement en grade. Sa ténacité, l'attention fine qu'elle porte aux détails et sa capacité à trouver des solutions innovantes aux contraintes budgétaires auxquelles fait face l'institution inspirent le respect et même parfois une certaine admiration chez ses collaborateurs. Après presque dix années passées aux États-Unis, Célia Petersen retourne au grand-duché où elle poursuit sa carrière au sein du ministère de l'Économie et des Finances pour finalement rejoindre le musée Mabo début 1997. Elle a été sélectionnée personnellement par le ministre de la Culture pour ses compétences de gestion et d'analyse financière, des compétences très demandées et qui s'inscrivent dans la politique gouvernementale d'une rentabilité accrue des musées du grand-duché. En trois années, elle a su gagner le respect de ses employés tout en engrangeant une augmentation de 20 % des admissions au musée.

Cependant depuis quelques semaines, ses collègues remarquent son comportement agité et sa mine assombrie. Il y a quelques jours de cela seulement, on l'a entendue se fâcher avec un des architectes venus inspecter le chantier.

Le choix du sous-traitant

En 1997, la Société Corebo SA est une entreprise de tailleurs de pierre bien implantée au grand-duché. Elle a travaillé plusieurs fois sur des chantiers de restauration de grande envergure pour le compte du gouvernement et ses revenus dans les dernières années n'ont fait qu'augmenter. Lorsque le projet de rénovation et de construction du musée Mabo est annoncé publiquement, c'est avec grand intérêt que le directeur de la société, Pierre Schmidt, se penche sur cette opportunité professionnelle. L'appel d'offres stipule l'utilisation d'une pierre calcaire oolitique, la pierre d'Arzvillers ou similaire – un type de pierre que le tailleur connaît bien puisqu'elle peut être extraite non loin de Valence. C'est donc en toute confiance qu'il remet une offre pour la livraison de pierres en décembre 1997 pour un montant de l'ordre de 2,3 millions d'euros.

Après une longue journée de travail ce 6 janvier 1998, Célia Petersen pousse un soupir de soulagement. Pour elle, ainsi que pour les autres membres du comité de sélection, le choix est clair. Parmi les cinq tailleurs de pierre ayant proposé leurs services, une entreprise se démarque nettement. L'entreprise en question a bonne réputation. Elle propose de livrer des matériaux en conformité avec les spécifications de l'architecte, c'est-à-dire une pierre calcaire oolitique, la pierre d'Arzvillers ou similaire. De plus, l'offre financière rentre dans le budget du grand projet de rénovation, se plaçant bien en deçà de celles de ses concurrents. Voilà que les choses commencent à rentrer dans l'ordre. Quatre jours plus tard, le 10 janvier 1998, Célia Petersen signe le contrat avec Pierre Schmidt qui s'est déplacé à Valence pour l'occasion. Après la signature, Célia Petersen et Pierre Schmidt parlent longuement du projet et de la pierre, cette fameuse pierre d'Arzvillers qui a contribué à bâtir tant de monuments célèbres du grand-duché. Après avoir revu les dessins du chantier avec Célia Petersen et les architectes, Pierre Schmidt reprend le train à la gare centrale de Valence, le sourire aux lèvres. Ce contrat devrait lui assurer des revenus significatifs tout au long de l'année.

La taille des pierres débute en mars 1998 et la livraison sur le site du chantier a lieu en mars 1999. Le calendrier des travaux à accomplir semble être respecté. L'assistant spécial auprès du ministre de la Culture est venu personnellement féliciter Célia Petersen en janvier 1998 au vu de ces avancées encourageantes.

La brèche

Près d'un an plus tard, ce vendredi de mars 1999, Célia Petersen s'affaire dans sa cuisine. Tournant nerveusement la cuillère dans le plat de poisson, elle s'emploie à retracer les événements de ces dernières semaines, essayant en vain de chasser de son esprit certaines pensées embarrassantes.

Six semaines auparavant, Piedras SA, une autre entreprise de tailleurs de pierre, concurrente de Corebo, s'est adressée à la firme d'architectes Pasters & Partners, les architectes principaux du projet de rénovation, demandant des précisions sur le type de pierre que le musée aurait commandé. Piedras SA n'a guère caché ses soupçons sur la nature de la pierre livrée par Corebo. Célia Petersen ainsi qu'André Vitali, l'architecte principal de Paster & Partners, ont alors décidé de faire tester la pierre pour en avoir le cœur net.

Les résultats étaient tombés dans l'après-midi. André Vitali était venu frapper à la porte de son bureau vers 15 heures. La mine déconfite, il avait tendu l'enveloppe à la directrice. Il s'attendait à une discussion longue et pénible mais à sa grande surprise, la directrice l'avait congédié aussitôt. Après la fin de

ses réunions de la journée, Célia Petersen s'était empressée de retourner chez
elle et d'ouvrir la lettre à l'abri des regards de ses collègues. Relisant la lettre
pour la quatrième fois, elle n'arrivait toujours pas à y croire : les analyses ne
pouvaient pas démontrer avec certitude qu'il s'agissait bien de la pierre
d'Arzvillers.

Alors que la cuillère tourne de plus en plus rapidement dans le plat de
poisson, Célia Petersen tente de chasser un sentiment de panique grandissant
et de faire la part des choses. S'il s'agit d'une autre pierre, la pierre Beauharnais par exemple, quelles seraient les conséquences sur le chantier ? Cette
autre pierre, bien que de bonne qualité, n'a pas tout à fait la même apparence
que celle d'Arzvillers. Un œil connaisseur saurait voir la différence de
couleur. De plus, la pierre d'Arzvillers et la pierre Beauharnais n'ont pas la
même durabilité. Elle se souvient en particulier d'une remarque d'André
Vitali au tout début du projet, il avait parlé des qualités de conservation
exceptionnelles de la pierre d'Arzvillers. Elle ne se décolorait pas au fil du
temps comme la pierre Beauharnais, avait-il également ajouté. S'il s'agissait
bien de cette dernière, cela voudrait dire que le tailleur de pierre aurait
commis une fraude d'un montant de l'ordre de 200 000 euros aux dépens du
musée Mabo. S'il fallait détruire ce qui avait déjà été achevé et remplacer le
tout avec de la pierre d'Arzvillers, cela coûterait des millions ! Elle fait un
calcul rapide… en tenant compte de la main-d'œuvre supplémentaire et de
l'achat de nouvelles pierres, les sommes deviennent rapidement vertigi-
neuses… près de 3,3 millions d'euros. Soudain, les mains de Célia Petersen
deviennent moites, sa gorge se serre et sa respiration s'accélère. Non ce n'est
pas possible !

Pourtant le projet se déroulait bien – il fallait se dire que 30 % des construc-
tions étaient à présent achevées. L'échéancier des travaux à accomplir était
respecté, ce qui en soi était un exploit. Même s'il s'avère que cette pierre
n'était pas exactement celle prévue dans la phase de conception, peut-être
ferait-elle l'affaire ? Après tout, les monuments historiques du pays doivent
également se plier aux contraintes économiques et cette pierre d'origine
française est moins chère. Voilà des économies dont pourra se targuer le
gouvernement. De plus, le projet doit être parachevé avant la fin 2000. Il n'y
a de toute manière plus assez de temps pour démonter la partie ouest de la
cour qui est déjà terminée. On ne pourrait simplement plus respecter la date
butoir de décembre 2000. Pour Mme Petersen, cela n'est tout simplement
pas sujet à débat. Quoi qu'en disent les résultats des tests, il va falloir continuer.

La faille dans le contrat

Le même soir, la directrice du musée n'arrive pas à trouver le sommeil. En vain, elle essaye de comprendre comment Pierre Schmidt aurait pu lui livrer une pierre de qualité inférieure. Si cela est vrai, quels moyens aurait-il pu déployer pour dissimuler sa supercherie ? Il fallait qu'elle jette un œil sur les documents, tous les documents. Un peu avant quatre heures du matin, elle s'habille, prend sa voiture et retourne au musée.

Il est quatre heures du matin ce dimanche 14 mars 1999 lorsque Célia Petersen s'installe derrière son bureau et commence à parcourir une pile de documents, ses doigts parcourant nerveusement les pages une à une ; les traits de son visage trahissent la panique qui l'envahit peu à peu. Elle n'a pas regardé ces documents depuis plusieurs semaines, voire des mois. Elle croyait ne jamais devoir les consulter à nouveau. Mais où peuvent-ils bien se trouver ? s'exclame-t-elle. Au bout de quelques minutes de recherche, elle retrouve le document d'une trentaine de pages, le fameux contrat avec Corebo pour la livraison des pierres. Elle inspire longuement, s'assoit, les mains toujours tremblantes, et se tourne vers la section V du contrat, celle qui concerne le type de matériaux que le sous-traitant se doit de livrer au musée pour la reconstruction partielle de la cour intérieure. « C'est bien ça », se dit-elle tout bas, le contrat stipule bien l'utilisation d'une pierre calcaire oolitique (d'Arzvillers ou similaire). Elle s'appesantit plusieurs instants sur le mot similaire, et n'arrive pas à s'en détacher. Se peut-il que Pierre Schmidt ait tiré parti des termes relativement vagues du contrat pour livrer un autre type de pierre ? Elle se souvient que les directives européennes en matière de concurrence n'ont pas permis de stipuler que seul l'usage de la pierre d'Arzvillers était permis. Pourtant, Célia Petersen, les architectes et les représentants de Corebo avaient discuté à plusieurs reprises du choix de la pierre d'Arzvillers et les dessins du chantier y faisaient une référence spécifique. Toute l'équipe, les architectes, les ingénieurs et la direction du musée pensaient bien que la pierre d'Arzvillers serait utilisée. Il n'y avait jamais eu la moindre ambiguïté sur ce point. Célia Petersen n'en revient pas. La panique qui l'a envahie quelques heures plus tôt laisse peu à peu place à la colère. Dans un geste d'impatience, elle jette les papiers à terre. Non, ce n'est pas possible, elle n'aurait pas pu être bernée de la sorte !

La décision de dissimuler

Le lundi suivant, de retour au bureau, Célia Petersen convoque André Vitali dans son bureau: «Voyons, dit-elle, je ne vois pas pourquoi vous me faites une tête pareille. »

Surpris de sa réaction, ne sachant comment répondre, il hasarde un timide: « Mais que voulez-vous dire Mme la directrice ?

– Je crois que nous savons tous les deux quoi faire. »

André Vitali demeure silencieux.

« Qui d'autre a pu voir ces résultats ? poursuit-elle.

– Personne, répond-il, à part le technicien qui a pris les échantillons et qui a dû avoir accès au dossier, ajoute-t-il doucement.

– Je pensais que vous aviez seul pris les dispositions nécessaires pour mener les tests ? renchérit Célia Petersen.

– Je ne pensais pas que cela aurait été crédible aux yeux du personnel », rétorque André Vitali.

Célia Petersen perd patience: « Non mais, M. Vitali de quel droit avez-vous fait cela ? Je pensais que nous avions un accord !

– Vous feriez mieux de vous calmer, Madame. Mais c'est un fait: les résultats sont clairs: la pierre qui nous a été fournie par ce fumiste de Schmidt n'est pas la pierre d'Arzvillers. Il nous a bien eus, c'est bien de la pierre Beauharnais. Nous sommes foutus !

– Ne dites pas n'importe quoi. Il y a d'autres solutions. Continuez votre travail, assurez-vous que le chantier se poursuive comme prévu et je me charge du reste.

– Et si on me pose des questions ? demande-t-il.

– Je me charge d'informer les autorités compétentes. Je vous remercie pour vos efforts, M. Vitali. Au revoir. »

André Vitali quitte le bureau, les épaules légèrement affaissées et le regard lointain.

Si l'agence de préservation du patrimoine et la municipalité lui posent des questions, Célia Petersen leur expliquera que des tests ont été faits et que la pierre livrée est conforme aux spécifications de l'architecte. C'est tout. De toute manière, ce n'est pas loin de la vérité. Elle a droit de regard sur toutes les communications officielles concernant le chantier de rénovation de la grande cour, donc il n'y a aucun risque que d'autres renseignements soient transmis aux autorités ou à la presse. Mais Célia Petersen est une femme sûre d'elle-même : André Vitali sera discret et elle parviendra à tenir les résultats des tests hors de portée des tailleurs de pierre concurrents, et aussi des représentants du conseil du grand-duché si jamais ils se préoccupent de l'origine de la pierre.

Elle n'a jamais échoué dans ses projets professionnels, et aujourd'hui ne sera pas la première fois ; rien ni personne ne ralentira le plus grand chantier de rénovation de monument du pays.

L'alerte donnée par le Fonds de la Loterie nationale

Quelques mois plus tard, en septembre 1999 à 23 heures, la sonnerie du téléphone de Célia Petersen retentit dans son grand appartement. Une voix masculine inconnue lui demande poliment s'il s'agit bien de Mme Petersen, directrice du musée Mabo. Déconcertée par l'heure relativement tardive de l'appel et par cette voix grave, presque sévère, Célia Petersen tarde à répondre :

« Oui, c'est bien Célia Petersen.

– J'ai une information de la plus grande importance à vous communiquer, Mme Petersen, dit l'homme.

– Je vous écoute, répond-elle.

– Je m'appelle Christian del Conto et je représente le Fonds de la Loterie nationale où je suis directeur de la conformité et de l'éthique. »

Silence.

« Nous avons reçu aujourd'hui une information concernant les matériaux livrés pour votre projet de rénovation du musée », poursuit-il.

Célia Petersen reste toujours sans voix.

« D'après cette source, les pierres qui vous auraient été livrées au musée ne correspondraient pas à celles pour lesquelles vous avez passé commande. Il s'agirait de pierre de type Beauharnais, provenant de France, et non de la pierre d'Arzvillers.

– Comment avez-vous reçu cette information ? s'enquit Célia Petersen.

– Par le biais d'une lettre.

– Mais à quel point ces renseignements sont-ils fiables ?

– Je peux vous assurer que nous avons toutes les raisons de croire que ces présomptions sont fondées. En tant que directeur de l'éthique et de la conformité, il est de mon devoir de vous informer. Mon rôle est dans un premier temps de tester la validité des renseignements qui me sont présentés, de mener une enquête, et enfin de prendre les mesures adéquates pour apporter une solution au problème noté. Je ne vous appellerais pas en ce moment si les renseignements ne provenaient pas de source sûre. Je vous appelle également pour que vous puissiez prendre les mesures nécessaires, comme une analyse approfondie de la pierre qui vous permettra de déterminer avec certitude quel type a été livré et utilisé pour la construction.

– Mais c'est absolument invraisemblable ce que vous me dites ! s'efforce-t-elle de lâcher avec surprise et colère.

– Je vais vous faire parvenir un courrier demain matin afin de vous informer par écrit de ces développements. Il sera de votre ressort de commanditer des enquêtes et analyses indépendantes. »

Les doigts de la main gauche crispée autour de son stylo favori, vestige de ses années étudiantes, Célia Petersen raccroche le téléphone, abasourdie par la nouvelle. Elle sait maintenant que la vérité ne pourra plus être cachée très longtemps.

Le lendemain, Célia Petersen appelle André Vitali dans son bureau: « Le Fonds de la Loterie nous demande de mener des analyses supplémentaires sur les pierres qui ont été livrées, dit-elle d'un ton détaché. Pouvez-vous faire tester un échantillon des pierres qui nous ont été livrées lundi dernier ? »

André Vitali la dévisage d'un regard incrédule.

« Vous m'avez bien entendue. Le Fonds de la Loterie veut des experts indépendants. Appelez les experts Pacibio. Ce sera tout. »

L'enquête

Lorsque les tests effectués par les experts de la société Pacibio sont communiqués au musée et à la société de préservation du patrimoine culturel du grand-duché fin septembre 1999, le verdict est clair: la pierre utilisée n'est pas de la pierre d'Arzvillers. Suite à cette expertise, le ministre de la Culture et la Société de préservation du patrimoine demandent au musée d'engager d'autres experts externes pour mener une enquête, qui est finalement confiée à un cabinet de conseil international expérimenté dans les enquêtes de fraude financière et autres types de fraudes. Des consultants arrivent sur place quelques jours plus tard pour faire toute la lumière sur les faits, notamment par des entretiens avec la direction, avec les architectes et certains employés du musée, ainsi que par une revue approfondie des documents afférents au projet de construction.

En quelques jours, l'enquêteur qui mène ces entretiens, Christian Astor, assemble petit à petit les morceaux de l'histoire. Au bout d'une semaine d'enquête, une question concernant les motivations du sous-traitant continue cependant de l'intriguer. Pourquoi donc Pierre Schmidt aurait-il décidé de fournir de la pierre d'origine française plutôt qu'une autre ? S'il allait essayer de duper les dirigeants du musée, pourquoi ne pas utiliser une pierre allemande ou même tchèque, qui était encore moins coûteuse ? Pierre Schmidt avait-il une relation privilégiée avec les propriétaires de la carrière qui lui aurait permis d'obtenir des prix avantageux ?

Plein de zèle et d'entrain face à ce nouveau défi, Christian Astor décide alors de prendre le téléphone et d'appeler les anciens collaborateurs et clients de Corebo. Le premier sur sa liste est la société d'architectes, Bilbao Arquitectos SA avec qui Corebo a collaboré sur un grand projet de construction au centre de Bilbao il y a à peine deux ans. Après avoir franchi un barrage d'assistants et de collaborateurs, il arrive enfin à joindre un des architectes qui a travaillé sur le projet. Malgré cet appel spontané, l'architecte ne semble pas très surpris du coup de fil. Il a, dit-il, lu en effet dans le *Journal contemporain* les présomptions d'escroquerie qui visent Corebo. Le jeune enquêteur lui pose alors plusieurs questions sur la nature de sa collaboration avec Corebo, la qualité du service et des matériaux fournis. L'architecte n'a aucun reproche à adresser à Corebo qu'il juge très professionnel. Hésitant, le jeune enquêteur marque une pause avant de reformuler sa question : « Donc vous n'avez rien trouvé d'anormal quant à la pierre que Corebo vous a fourni ? demande-t-il à nouveau.

– Non, rien à redire. Nous avons testé la pierre au début et à la fin du projet et il s'agissait bien d'une pierre Beauharnais de la plus grande qualité. »

L'enquêteur a du mal à croire à ce qu'il vient d'entendre…

« Vous avez bien dit Beauharnais ? Christian a du mal à cacher sa surprise.

– Oui.

– Combien en avez-vous commandé ?

– Environ 10 tonnes. À l'époque où nous construisions le centre culturel de Bilbao comme nous avons dû modifier les plans en cours de travaux et on s'est retrouvé avec un surplus de matériaux sur les bras… »

Christian Astor n'a pas besoin d'écouter la suite, il a tout compris.

En 2004, trois ans après l'achèvement du projet de rénovation du musée, l'entreprise Corebo n'existait plus : elle avait été exclue des appels d'offres publics dès la découverte de l'escroquerie, il ne lui restait plus qu'à mettre la clé sous la porte !

Le désastre des relations publiques

Les premiers échos publics d'un problème avec la pierre commencent en septembre 2000, date où la presse se saisit du sujet. Les critiques visent en priorité la direction du musée. Le scandale fait la une des journaux nationaux qui titrent : « Les administrateurs du musée ont trahi le musée en utilisant la mauvaise pierre », « Le musée Mabo ouvre sur une controverse » ou : « Les autorités crient à la fraude après avoir constaté les différences de couleur évidentes entre la pierre originale et la pierre utilisée pour les travaux récents » ou encore : « La rénovation du musée n'est qu'une grande escroquerie ». Les reproches portent invariablement sur le temps qui s'est écoulé entre la découverte de l'escroquerie et le moment où elle a été rendue publique.

Dans leurs conclusions, les consultants relèvent que le musée n'a pas réagi assez rapidement lorsque la fraude a été connue. L'enquête conclut également que la construction aurait pu être démolie puis rebâtie avec la pierre désirée, mais que cela n'aurait pas constitué une solution pragmatique. La justice du grand-duché saisie de l'affaire afin d'enquêter sur les présomptions d'actes de fraude concernant la violation des termes du contrat classera finalement le dossier sans suites.

Leçons

Trois leçons essentielles peuvent être tirées de ce cas.

* La réactivité vis-à-vis de la fraude est essentielle : il s'est écoulé plus d'une année entre la découverte des faits et l'admission publique de la fraude par les dirigeants du musée. Durant cette année de silence, consciente de l'usage d'un matériau inférieur, la direction du musée a néanmoins pour-

suivi le projet, décision qui fut vivement critiquée par la commission de protection du patrimoine culturel et par le public. La réputation de l'institution s'en est trouvée gravement endommagée. Ne pas réagir vite, dès que la fraude est détectée aggrave la situation.

Pour minimiser les conséquences de l'escroquerie sur sa réputation et celle de la personne morale affectée par la fraude (le musée), la directrice a fait le choix de ne pas exposer les faits aux autorités compétentes et de poursuivre le projet malgré l'utilisation de matériaux non conformes aux clauses du contrat, ou tout du moins non conformes aux accords passés entre le client et le fournisseur. Ce cas est très intéressant car il montre les conséquences néfastes d'une politique de passivité vis-à-vis de la fraude sur la réputation d'une organisation bien plus que sur celle de la direction. En effet, il est primordial pour l'organisation victime de la fraude de reconnaître dans un premier temps l'existence de la fraude ou de l'escroquerie et de lancer une enquête appropriée dès ce moment-là. Plus le temps passe, plus des répercussions désastreuses sur l'image de la personne morale victime de la fraude sont à craindre.

- L'importance de la *due diligence* : dans les faits exposés dans ce cas, le musée décide de choisir un sous-traitant (le tailleur de pierre) sur la base d'une offre financière beaucoup plus intéressante que celle de ses concurrents. Bien qu'il soit relativement aisé de justifier une décision sur la base d'une offre financière moins élevée, il est important d'envisager les risques de faire un tel choix s'il n'est pas assorti de garanties et d'une *due diligence* au préalable. Certes, le musée détenait des références générales sur le sous-traitant, qui avait participé avec succès à plusieurs autres projets de rénovation de monuments historiques du grand-duché. Cependant, la décision s'est prise très rapidement sous la pression d'un projet hautement médiatique et politique. Une enquête un peu plus approfondie sur l'entreprise aurait peut-être permis de révéler les failles dans l'offre soumise. L'enquête aurait pu consister simplement en des entretiens téléphoniques pour connaître les références du tailleur de pierre, ce qui ne s'est pas produit dans ce cas-ci.

- Compétence et réputation ne sont rien sans l'intégrité : une entreprise réputée peut disparaître par sa faute en quelques mois. Corebo jouissait d'une excellente réputation suite à des projets de construction dont le gouvernement du grand-duché était satisfait. Cependant, suite au scandale, l'entreprise, qui dépendait en grande partie des fonds publics s'est vue exclue des contrats publics du gouvernement du grand-duché. Par la suite l'entreprise a été forcée de mettre la clé sous la porte faute de clients. Une bonne réputation, faute de mécanismes internes assurant l'intégrité de son personnel, n'a pas réussi à survivre à la débâcle du musée Mabo.

Recommandations

Agir face à la menace de fraude

Si les membres de sa direction sont unis et engagés dans la lutte contre la fraude, une organisation se donne les meilleurs moyens de la combattre. Il est primordial de déceler les problèmes engendrés par les actes de fraude au sein d'une organisation. Sans cette détection, aucune action n'est possible. C'est ce qui s'est passé dans le cas du musée Mabo : on a fermé les yeux sur l'escroquerie. La passivité mène à la suspicion. Pour se protéger de tels actes de fraude, une entreprise peut mettre en place un système de protection contractuelle, par le biais duquel on demande à chaque sous-traitant, comme précondition à la signature d'un contrat, de signer une déclaration où il s'engage à conformer à certaines normes et mesures antifraude. À titre d'exemple, cette déclaration pourrait inclure :

• l'assurance écrite que l'entreprise (sous-traitant) a mené des enquêtes de personnalité sur ses employés ;

• l'assurance écrite que l'entreprise (sous-traitant) offre une formation à ses employés ayant pour objectif une conscience accrue des risques de fraude ;

• l'assurance que les dirigeants de l'entreprise (sous-traitant) n'ont pas fait l'objet de poursuites judiciaires dans le passé ou ne font pas l'objet de poursuites pour abus de biens sociaux, détournements de fonds, etc.

Cette procédure sous-entend néanmoins que le sous-traitant soit capable de repayer des avances sur travaux au cas où le contrat serait dénoncé suite à une fraude. Les problèmes liés à la stabilité financière sont normalement pris en compte dès l'étape de passation de marchés. Au sein du processus d'appel d'offres, il est notamment possible de filtrer les sous-traitants en fonction de critères financiers. Le bailleur peut, au sein de l'appel d'offres, demander la soumission de certaines pièces : notamment les documents de constitution de l'entreprise et les états financiers audités des deux ou trois dernières années. Ces renseignements permettent alors d'établir la capacité financière de l'entreprise et les risques associés au non-paiement dans le cas où le contrat est dénoncé suite à une fraude.

Mener une due diligence accrue sur les sous-traitants avant la signature du contrat

Lorsque le projet est d'envergure, et que par conséquent les sommes engagées sont élevées, il est essentiel de mener une *due diligence* approfondie sur
l'ensemble des partenaires et sous-traitants. Ces recherches peuvent prendre
la forme d'entretiens téléphoniques ou de questionnaires destinés à recueillir
des avis sur les références citées.

Renforcer les systèmes de contrôle interne

Au sein du musée : dans ce cas, une personne ayant le contrôle sur un
processus (la directrice) a eu la possibilité de dissimuler certains renseignements au public et aux investisseurs du projet (tel que le Fonds de la Loterie).
Il convient alors de mettre en place des systèmes de contrôle plus stricts.
Dans ce cas-ci par exemple, il y aurait lieu de renforcer le droit de supervision du conseil d'administration sur les opérations du musée, lorsque les
projets/investissements dépassent un certain seuil prédéfini. Par exemple,
pour tout projet dépassant 50 000 euros et impliquant des sous-traitants, un
protocole de reporting et de communication peut être mis en place
prévoyant les documents concernant le projet à transmettre au conseil
d'administration.

Au sein de l'entreprise Corebo : muni des compétences appropriées, Corebo
aurait également pu éviter une suite d'événements qui a finalement mené à
la disparition de l'entreprise. Dans un premier temps, Corebo aurait pu
mettre en place un système de suivi de projet qui aurait révélé la faille que le
dirigeant de l'entreprise a su exploiter. Le système de suivi pourrait notamment permettre, lorsqu'un projet touche à sa fin, un inventaire automatisé
des matériaux utilisés, mettant en valeur ceux qui n'ont pas été utilisés. Le
système de suivi serait également un moyen idéal de faire le bilan financier
du projet et de signaler toute perte ou bénéfice extraordinaire (ou tout du
moins tout événement qui n'aurait pas été prévu lors de l'appel d'offres). Ces
bilans de projet seraient alors mis à disposition d'un champ plus large
d'employés (ceux, par exemple, impliqués dans les fonctions ventes),
permettant ainsi un contrôle plus efficace.

Dans un second temps, un système de conformité aurait pu renforcer les
obligations de communication au sein même de l'entreprise, entre le P-DG
et son conseil d'administration d'une part, entre le P-DG et ses associés, et
enfin entre le P-DG et un département de la conformité. La prise de déci-

sion unilatérale dans le cas de Pierre Schmidt, comme cela a été le cas pour Célia Petersen, aura certainement contribué à la fraude. Par ailleurs, le département de conformité aurait eu la compétence, le cas échéant et muni des renseignements pertinents, de remettre en question certaines décisions jugées conformes à sa charte éthique.

Créer un département de la conformité

La fraude n'aurait certainement pas été rendue publique sans l'intervention du directeur de la conformité du Fonds de la Loterie nationale, d'où l'importance d'une telle fonction au sein de l'entreprise. Le musée pourrait également mettre en place un tel département à la mesure des risques et des moyens financiers à la disposition de l'institution. Avant de mettre en place un tel département, le musée pourrait tout d'abord établir une cartographie des risques de fraude propre à son environnement et à son fonctionnement quotidien, afin de définir avec plus de précision les ressources nécessaires au département. Ce département aurait un double rôle :

• celui de définir et de mettre en place une charte éthique, c'est-à-dire une politique précisant les grands axes de l'éthique et des comportements tolérés et non tolérés au sein de l'entreprise. Le département serait également responsable de la diffusion de cette politique auprès des employés de l'institution par le biais de formations internes. Une déclaration publique et un engagement fort des dirigeants sur ces principes apparaissent en effet indispensables au développement d'une culture éthique au sein de l'entreprise ;

• celui d'écouter les employés et autres partenaires de l'institution dans le cas de suspicions de fraude impliquant les projets ou activités du musée. Une méthode efficace de communication serait alors mise en place pour recueillir les renseignements émanant des employés ou autres partenaires. Un processus de suivi et d'enquête pourrait également être envisagé, afin, le cas échéant, d'effectuer un suivi sur les actes présumés de fraude jugés sérieux et fondés.

La courtière en assurances exige du sur-mesure

Fraude aux assurances

Récit

Un matin de décembre 2008, au beau milieu des vacances de fin d'année et à une époque d'ordinaire plutôt calme, le cabinet d'audit Gamma, installé à Paris, reçoit un appel du directeur de l'audit interne d'une société d'assurance. Son équipe parisienne vient de recevoir plusieurs signaux d'alertes convergents sur le comportement suspect de l'une de leurs courtiers en produits d'assurance vie, Sally Dupond. Une enquête interne préliminaire menée quelques jours auparavant avait fait apparaître de fortes présomptions de fraude sur un certain nombre de contrats d'assurance vie, par le moyen d'une collusion avec un employé de la société, M. Harry Durand. L'affaire est sérieuse et nécessite l'intervention rapide d'une équipe spécialisée dans les investigations financières, afin de confirmer le schéma frauduleux utilisé et déterminer le préjudice subi par la société.

Les protagonistes

Sally Dupond est courtière en produits d'assurance vie. Elle commence son activité au sein d'un cabinet de gestion du patrimoine et réussit rapidement à se constituer un patrimoine personnel important: appartements sur la Côte d'Azur, portefeuille d'actions, etc. Trentenaire, dotée d'une forte personnalité et mue par un esprit d'entreprenariat, elle décide de s'installer à son compte et, pour ce faire, crée sa propre société de courtage en 1999, qu'elle installe dans les beaux quartiers de Paris.

Elle propose ses services à la société d'assurance en 2002 et développe rapidement sa clientèle professionnelle, au point de devenir l'un des courtiers les plus performants et contributeurs au chiffre d'affaires de la société d'assurance. Les équipes de gestion de cette dernière sont séduites par son dynamisme tout autant qu'elles redoutent ses exigences en termes de qualité et de rapidité. Le moindre retard, avéré ou ressenti, la moindre erreur fait l'objet d'e-mails incendiaires au fautif et à sa hiérarchie. En dépit de toutes les marques d'attention dont elle est l'objet, estimant que le niveau de qualité qui lui est accordé par les équipes de gestion ne s'améliore pas assez rapidement au regard du développement de son activité, la courtière exige de pouvoir bénéficier d'un service personnalisé. À force de demandes insistantes, elle finit par obtenir une personne uniquement dédiée à son portefeuille de clients. On ne refuse rien à un tel personnage et c'est ainsi que Sally Dupond fait la connaissance de Harry Durand, son assistant de gestion dédié.

Harry Durand est entré dans la société d'assurance plus de vingt ans auparavant en tant qu'employé aux écritures, autrement dit employé de bureau. Initié à la gestion financière des contrats d'assurance vie, reconnu tant pour ses compétences professionnelles que pour son bon état d'esprit, Harry Durand a toujours su établir d'excellentes relations avec ses collègues et ses responsables. Il est promu au poste d'assistant commercial en 2002 et, à ce titre, assiste les chargés de clientèle et assure le suivi des relations commerciales. À ces fonctions s'ajoutent, quelque temps après et du fait de sa bonne connaissance des outils informatiques de gestion des contrats, la responsabilité de traiter les ordres de gestion de la courtière Mme Dupond.

Rappels sur l'assurance vie

L'assurance vie est un produit d'épargne souple, qui s'adapte à tous les aléas de l'existence et peut offrir au souscripteur, sous certaines conditions, une fiscalité avantageuse. Par ailleurs, les sommes versées produisent des intérêts qui sont capitalisés. Il n'est donc guère étonnant qu'il soit devenu le placement favori des Français, derrière l'indétrônable livret A. Ainsi, en 2008, les montants collectés se sont élevés à plus de 122 milliards d'euros.

Traditionnellement, les contrats d'assurance vie sont distribués *via* différents canaux: les réseaux de bancassurance, les employés des sociétés d'assurance eux-mêmes, les gestionnaires de patrimoine, les agents et les courtiers. Ces derniers sont un des principaux apporteurs d'affaires pour les sociétés d'assurance et prennent en charge l'intégralité de la relation commerciale avec les souscripteurs. En contrepartie, les courtiers sont rémunérés directement par la société d'assurance, en vertu d'une convention de rémunération qui détaille les pourcentages de commissionnement en fonction du volume d'affaires apporté.

De manière synthétique, l'épargne des détenteurs de contrats d'assurance vie est placée sur des fonds monétaires ou des fonds en unités de compte. En fonction de son appétence au risque ou de sa stratégie d'investissement, un épargnant peut décider, tout au long de la vie de son contrat, de modifier la répartition de son épargne entre fonds en euros et fonds en unités de compte, ceux-ci étant plus ou moins risqués. Le changement de répartition de l'épargne entre les fonds s'appelle une opération d'arbitrage.

En règle générale, seul l'épargnant décide ou non de procéder à des arbitrages sur son contrat d'assurance vie. Néanmoins, le foisonnement des fonds en unités de compte rend difficile pour l'épargnant de se repérer et de faire le choix judicieux entre toutes les opportunités qui existent sur le marché. Par conséquent, il s'en remet souvent aux conseils du courtier, qui lui indique les opportunités à saisir ou au contraire les valeurs desquelles il ferait mieux de retirer son épargne.

Une fois son choix effectué, le détenteur du contrat envoie à la société d'assurance, par l'intermédiaire de son courtier, un ordre d'arbitrage. En supposant que l'ordre soit reçu en jour J, la société d'assurance s'engage contractuellement à ce que le mouvement d'épargne soit inscrit sur le compte du client en J + 2 ouvrés (date de valeur), et ce, quelle que soit la date de saisie de l'arbitrage dans les systèmes informatiques. Une fois la saisie réalisée, l'ordre d'arbitrage est passé sur le marché généralement dans un délai moyen de trois à quatre jours.

En clair, cela signifie que si le client supporte l'aléa (gain ou perte) lié aux variations des marchés financiers entre sa date de demande (J) et la date de valeur (J + 2), c'est la société d'assurance qui prend à sa charge cet aléa à partir de la date de valeur (J + 2) et jusqu'à ce que l'arbitrage soit passé sur les marchés. L'aléa supporté par la société d'assurance se traduit par des pertes ou des gains financiers et s'appelle l'écart de valorisation.

En temps normal, les arbitrages sont traités rapidement et la date de saisie est alors antérieure à la date de valeur. Néanmoins, en cas de retard dans la saisie de la demande d'arbitrage, la date d'opération sur les marchés est décalée, sans pour autant que la date du mouvement sur le compte du client (date de valeur) soit changée, selon le principe de (J + 2 ouvrés). Il est même possible que la date de saisie soit postérieure à la date de valeur (J + 2 ouvrés), ce qui signifie concrètement qu'il existe un risque que l'arbitrage soit saisi alors même que l'évolution des fonds supports du contrat est connue.

D'où l'importance que revêt la fixation de la date de demande d'arbitrage, qui permet de faire courir le délai jusqu'au dénouement de l'opération pour le client en (J + 2 ouvrés).

Mise en place de la fraude

Et justement, tout a commencé, comme bien souvent, par un changement de processus apparemment anodin : pendant très longtemps, les ordres d'arbitrage envoyés par les courtiers étaient réceptionnés par le personnel de la société d'assurance et aussitôt insérés dans un horodateur mécanique. Par ce moyen, les documents étaient officiellement datés, sans possibilité de contestation puisque l'appareil fonctionnait sans aucune intervention humaine. Cependant, à l'heure de la dématérialisation des données, ce système est rapidement apparu comme obsolète et manquant singulièrement d'efficacité. C'est ainsi que la société d'assurance décida de mettre en place un système de numérisation du courrier. Le principe est simple : tout courrier entrant au siège de la société est scanné et envoyé à son destinataire par voie électronique. La date faisant foi est celle du système d'information au moment de la numérisation du document.

Néanmoins, certains courtiers préféraient, à ce système, remettre leurs documents en main propre à la société : les documents étaient alors simplement tamponnés avant d'être envoyés par navette interne au siège social, mais, et c'est là que résidait la faille, sans être numérisés. La date faisant foi est celle du tampon. Or, si l'horodateur avait l'inconvénient d'être lent et peu pratique d'usage, il avait pour lui cependant d'être totalement infalsifiable. Hélas, cet avantage précieux n'apparaîtra au grand jour que rétrospectivement !

Car, dès lors, rien de plus facile pour notre courtière parisienne que de déposer ses documents dans un des rares endroits où ils sont encore tamponnés. Le salarié Harry Durand n'avait plus qu'à réceptionner les documents et, sur ordre de la courtière, à les saisir dans le système tout en les antidatant d'une simple rotation de la mollette du tampon, pour donner l'illusion qu'ils avaient été reçus plusieurs jours auparavant.

Or, fin 2007-début 2008, les marchés deviennent extrêmement volatils et s'orientent massivement à la baisse, du fait de la crise financière et économique mondiale. Dans ce contexte, les investisseurs deviennent plus frileux et ont tendance à se replier sur des valeurs offrant une sécurité accrue. Les détenteurs de contrats d'assurance vie n'agissent pas autrement, qui en période difficile sont plus enclins à placer leur épargne sur les fonds en euros ou les fonds en unités de compte les moins risqués. Cette attitude prudente a pour corollaire naturel de limiter le nombre d'arbitrages. À la même période, Sally Dupond, qui avait placé l'épargne de ses clients sur des fonds en unités de compte, subit des pertes importantes du fait du retournement rapide des marchés.

Face à cette situation délicate, trois attitudes sont possibles, qui combinent à différents degrés l'audace et la perception du risque :

• la première est celle de l'investisseur prudent, qui préfère se retirer des fonds en unités de compte avant que la situation ne devienne catastrophique, quitte à réaliser les moins-values de son portefeuille. Il sera toujours temps pour lui de revenir vers des produits plus à risque, une fois que la tempête boursière se sera calmée ;

• la deuxième est celle de l'investisseur fataliste, qui pense que tout ce qui a baissé un jour remontera, sachant que tant qu'on n'a pas retiré son épargne d'un fonds, même en forte baisse, on n'a rien perdu. Il faut néanmoins des nerfs solides et une bonne dose de philosophie pour attendre le retour, hypothétique tant par son ampleur que par sa rapidité, de jours meilleurs ;

• la troisième, enfin, est celle de l'investisseur joueur, qui espère pouvoir se refaire sur des marchés financiers en débâcle, grâce à des opérations audacieuses. Qui dit audace, dit risque et celui-ci est grand d'aggraver ses pertes, à moins, comme au poker, d'avoir les reins suffisamment solides pour attendre que la roue tourne.

Mais de ces trois attitudes, notre courtière n'en choisira aucune, préférant une dernière, beaucoup plus originale car elle réconcilie deux termes bien souvent opposés dans le domaine financier : audace maximale et risque minimal.

Effectivement, afin de compenser les pertes subies, Sally Dupond va tout d'abord demander à ses clients de lui signer des demandes d'arbitrage en blanc, en leur expliquant qu'ils ont avantage à s'en remettre à elle, dans la mesure où elle a une stratégie d'investissement donnant des résultats probants. Puis, elle va commencer à placer l'épargne de ses clients sur des fonds risqués et multiplier les arbitrages gagnants. Pour ce faire, elle observe l'évolution des fonds en unités de compte, et, lorsqu'une opportunité d'arbitrage favorable se présente, elle envoie à Harry Durand les demandes d'arbitrage remplies par ses soins en lui demandant de les antidater de plusieurs jours, suffisamment pour que la saisie s'opère bien après la date de valeur (J + 2 ouvrés). Par ce biais, avant même que les arbitrages soient saisis dans le système, la courtière sait déjà quels fonds sont en hausse ou au contraire en baisse. À ce jeu-là, la probabilité de faire des pertes s'amenuise fortement…

En cas de contrôle de sa hiérarchie, il suffit à Harry Durand de montrer les demandes d'arbitrage, dont la date de demande correspond à celle du tampon et de plaider du retard dans le traitement des arbitrages.

Et de fait, ce système va perdurer jusqu'à la fin 2008. La courtière a trouvé là une martingale quasi parfaite, qui ne nécessite pas la mise en œuvre de techniques sophistiquées. Le risque, lorsque l'on trouve un schéma opératoire aussi efficace, est finalement d'abandonner toute prudence. Car ce qui aurait pu constituer une fraude dans le but de résorber les pertes initialement subies en début d'exercice, est devenu au fil des mois un système bien rodé, qui permet à la courtière de dégager des plus-values faramineuses sur les contrats dont elle a la charge. Elle a ainsi pu faire bénéficier de ses largesses toute sa famille proche, qui a souscrit des contrats par son intermédiaire.

Ces quelques mois n'ont pas été sans alertes, dont la plus importante se produit lorsque la société d'assurances propose en cours d'année à Sally Dupond d'intégrer son département de courtiers « premium ». Ce département, qui s'adresse uniquement aux courtiers les plus performants, est en fait un service de gestion dédié, distinct du service de gestion en relation avec les courtiers « normaux ». Il propose des services personnalisés pour les courtiers qui en font partie, et notamment une plus grande rapidité de traitement des ordres de gestion et l'assurance d'avoir une personne dédiée à ses affaires. En somme, il est proposé à Sally Dupond de réintégrer une organisation classique, qui lui propose en termes de services tout ce qu'elle avait réclamé si ardemment avant d'obtenir l'aide de Harry Durand. À la plus grande surprise de la société d'assurance, Sally Dupond refuse net ce qu'elle réclamait avec tant d'insistance quelques mois auparavant ! La société d'assurances se rend bien compte de l'incongruité qu'il y a à garder cette organisation pour le moins inhabituelle mais plusieurs rendez-vous et déjeuners d'affaires n'y feront rien : Sally Dupond tient coûte que coûte à sa collaboration directe avec Harry Durand. Et comme précédemment, sûre de son bon droit, elle sait éviter une réintégration forcée qui aurait sonné le glas de ses fructueuses affaires.

Le début de la fin

Est-ce cette trop grande confiance qui a provoqué sa chute ? On ne le saura jamais ; mais toujours est-il qu'en fin d'année 2008, Sally Dupond demande une avance partielle sur les contrats de ses ayants droit. Le service de gestion réalise à cette occasion des contrôles de routine, qui mettent en évidence que, pour chacun des contrats, le montant total du capital et des intérêts acquis est sans commune mesure avec les montants investis : le montant des plus-values dégagées sur ces contrats au cours de l'année 2008 est ainsi de plus de 200 %, dans un contexte de crise financière généralisée. En l'absence d'anomalie technique, le service de gestion ne peut qu'approuver les avances mais, surpris par ce résultat hors norme, il décide de contacter le département d'audit interne.

Parallèlement, dans le cadre des travaux de clôture des comptes, les équipes d'inventaire procèdent aux calculs d'écart de valorisation. Comme rappelé précédemment, l'écart de valorisation représente l'aléa supporté par la société d'assurance entre la date du mouvement d'épargne sur le compte du client (date de valeur J +2) et la date de l'opération réelle sur le marché. Sur un exercice donné, vu le nombre d'arbitrages opérés, la loi des grands nombres s'applique et par conséquent la somme des écarts est globalement proche de l'équilibre car pertes et gains se compensent. Dès lors, quelle n'est pas la surprise des équipes d'inventaire lorsqu'elles constatent que l'écart de valorisation est six fois plus important que l'année précédente. Intrigués par ce résultat, les équipes refont leurs calculs afin de s'assurer qu'elles n'ont commis aucune erreur. Aboutissant au même résultat, elles décident de raffiner leurs analyses et calculent l'écart de valorisation par courtier. Deuxième surprise lorsqu'ils constatent que la société de Sally Dupond contribue à près de 90 % de l'écart de valorisation total, alors qu'elle détient moins de 1 % des contrats d'assurance vie gérés par la société d'assurance ! Face à de telles anomalies, l'audit interne est également saisi.

Très rapidement, le département d'audit interne diligente une enquête sur les agissements de la courtière Dupond et bientôt les soupçons de fraude se font plus précis : le mode opératoire de la courtière avec Harry Durand est mis au jour. Ce dernier est convoqué à un entretien avec les équipes de l'audit interne afin de s'expliquer sur les dysfonctionnements relevés. Les explications obtenues, confuses et peu détaillées, ne font qu'augmenter les soupçons de l'audit interne. Néanmoins ce sera l'unique occasion de confronter Harry Durand à ses agissements car celui-ci tombe fortuitement malade le lendemain. Son arrêt de travail sera ensuite renouvelé les semaines suivantes. En parallèle, Harry Durand enverra un courrier à la direction de la société, se plaignant d'avoir été victime d'une fouille ainsi que du vol de documents personnels, de menaces, d'intimidation, de séquestration et d'accusations sans fondement.

Afin d'étayer les conclusions de son rapport, l'audit interne procède à l'analyse en détail d'un certain nombre de contrats: fonds utilisés, dates d'investissement ou de désinvestissement, montants en jeu sont ainsi passés au peigne fin. Cependant, très vite les auditeurs se rendent compte qu'ils ne pourront analyser l'ensemble des opérations de la courtière sans l'aide d'une équipe spécialisée dans les investigations, maîtrisant notamment les outils d'audit informatique. Par ailleurs, une investigation menée par des spécialistes externes pourra apporter un éclairage indépendant, précieux si d'aventure la société souhaitait entamer des poursuites judiciaires.

C'est dans ce contexte que la société d'assurance mandate le *cabinet d'audit* Gamma afin de l'aider à comprendre et à décrire le modus operandi de la fraude, à analyser les opérations d'arbitrage de la courtière Sally Dupond en les comparant à celles des autres courtiers, et à chiffrer le préjudice pour la société d'assurance.

Investigation

Début 2009, Gamma intervient dans les locaux de la société. À ce stade, il est utile de préciser que seul un nombre restreint de personnes est au courant de l'objectif premier de cette investigation. Pas seulement pour ne pas éveiller des craintes parmi certains salariés qui auraient été complices, mais surtout afin d'éviter la désorganisation des équipes en place et les inévitables rumeurs qui peuvent accompagner ce type d'investigation. Car, si Harry Durand est toujours en arrêt maladie et si Sally Dupond a été autoritairement rattachée à la cellule « premium » où ses opérations sont désormais sous contrôle, il n'en reste pas moins qu'à aucun moment la société d'assurance ne lui a fait part des soupçons de fraude envers elle ou Harry Durand. Il faut absolument ne rien dévoiler tant que des preuves suffisantes n'ont pas pu être accumulées. Car l'un des risques est que cette courtière se mette à réclamer, pour le compte de ses clients et de sa famille, tout ou partie des montants investis dans les contrats d'assurance vie dont elle a la charge.

Très rapidement, il apparaît aux équipes du cabinet d'audit que la meilleure façon de procéder est de récupérer l'ensemble des données informatiques des systèmes de gestion. En effet, l'audit interne n'a pu, faute de temps et de moyens, qu'analyser certains contrats et certaines opérations. Cet échantillon est insuffisant pour caractériser de manière certaine le comportement de la courtière Dupond et il semble, par conséquent, risqué d'analyser ces opérations au travers d'un prisme réduit.

En revanche, la réalisation d'une étude systématique de toutes les opérations offre plusieurs avantages. En premier lieu, elle permet d'éviter de prêter le flanc à la critique du manque éventuel d'exhaustivité. Par ailleurs, elle offre la possibilité de développer les analyses de Gamma selon deux axes : la comparaison des opérations de la courtière Dupond avec celles des autres courtiers, d'une part ; la comparaison des opérations de la courtière Dupond entre 2007 et 2008 d'autre part.

Le premier axe permet de déterminer si la courtière Dupond a réellement eu un comportement atypique au regard de celui de ses pairs ou si ses performances inhabituelles se retrouvent chez plusieurs autres courtiers, auquel cas elle n'a été qu'une courtière surperformante parmi d'autres.

Le second axe permet quant à lui de confirmer ou non les premières conclusions de l'audit interne quant à la chronologie des événements. Surtout, il offre la possibilité d'identifier ce qu'a été le comportement de la courtière Dupond avant le début de la crise et donc une référence de comparaison avec les opérations frauduleuses.

Pour ce faire, les auditeurs de Gamma demandent à effectuer une extraction de l'ensemble des données de l'outil de gestion des contrats d'assurance vie sur les exercices 2007-2008. Cet outil répertorie, par contrat et par client, l'ensemble des opérations enregistrées pour les clients détenteurs d'un contrat d'assurance vie, telles que : souscription, versement, opérations d'investissements et de désinvestissements.

Toute analyse de données, qui plus est sur une volumétrie importante d'informations, nécessite de vérifier la qualité et la cohérence des informations transmises par la société. À ce titre, les auditeurs procèdent à une série de trois vérifications préliminaires. En premier lieu, ils s'assurent que les arbitrages sont équilibrés : en effet, un arbitrage est l'enchaînement d'une opération de désinvestissement suivie par une opération d'investissement. Par conséquent, il s'agit d'un jeu à somme nulle dans lequel le montant de la somme désinvestie équivaut à celui de la somme investie.

La deuxième vérification consiste à s'assurer que les valeurs des fonds supports des unités de compte, qui sont au cœur de la notion d'arbitrage et de plus-value, telles qu'enregistrées dans les systèmes d'information de la société correspondent aux valeurs communiquées par les fournisseurs externes d'information financière. Les travaux mettent au jour un certain nombre d'exceptions qui devront être prises en compte par la suite lors des calculs de valorisation de fonds.

Enfin, le dernier contrôle préliminaire est de recalculer les plus- ou moins-values générées par chacune des opérations d'investissement ou de désinvestissement. Pour ce faire, les auditeurs ont tout d'abord calculé un prix moyen pondéré. En effet, lors du désinvestissement d'une ou de plusieurs parts d'un fonds donné, les gains et pertes sont constitués par la différence entre le prix d'achat des parts et leur prix de vente. Or le prix d'achat d'une part désinvestie d'un fonds donné n'est pas connu car les parts désinvesties peuvent avoir été achetées au cours d'un ou de plusieurs investissements (et donc à des prix d'achat différents) et, d'autre part, il n'est pas possible d'individualiser les parts pour lier spécifiquement un investissement et son désinvestissement. Pour valoriser le prix d'achat d'une part sur un fonds donné, ils ont en conséquence retenu une méthode de calcul basée sur un prix d'achat moyen pondéré.

Ce dernier calcul, simple en apparence, demandera plusieurs jours de travail intense. En effet, il nécessite la compréhension intime à la fois des règles de gestion des systèmes d'information (autrement dit: comment le système de gestion va traiter tel ou tel cas de figure qui pourrait survenir) et des processus opérationnels de la société. Ce qui implique notamment de réussir à faire communiquer deux mondes qui se parlent peu ou, lorsqu'ils le font, avec leur propre jargon, leurs propres définitions d'un même terme: la sphère des opérationnels avec celle des informaticiens. À force de tâtonnements, de recalculs et d'analyse des causes d'erreur, les efforts portent néanmoins leurs fruits. De plus, les calculs peuvent être fiabilisés en comparant, pour chaque contrat, les montants de plus- ou moins-values recalculés avec les récapitulatifs envoyés par courrier à l'assuré en fin d'année civile. Les informations de ce courrier servent d'ailleurs à établir la déclaration de revenus de l'assuré auprès de l'administration fiscale.

Une fois les données fiabilisées, le cabinet d'audit peut se lancer dans les analyses proprement dites, sans craindre de voir les résultats de ces dernières remis en question.

Le premier axe d'analyse est de présenter les indicateurs clés relatifs aux contrats d'assurance vie gérés par les courtiers sur la période 2007-2008. L'objectif est ici de comprendre l'importance relative des courtiers entre eux sur des critères aussi objectifs que le nombre de clients et de contrats par courtier, ainsi que le nombre d'arbitrages manuels opérés par les courtiers. Une première distinction est opérée entre les différentes catégories de courtiers: la courtière Dupond, les courtiers « normaux » et les courtiers « premium ». Il est rapidement apparu que la courtière Dupond, qui représente moins de 1 % des contrats d'assurance vie, contribue à elle seule à près du tiers des arbitrages manuels en 2008, contre 3 % l'exercice précédent. En volume aussi, la progression est impressionnante puisque cette même courtière Dupond multiplie le nombre de ses arbitrages manuels par plus de six entre 2007 et 2008.

Forts de ce constat, les auditeurs se penchent sur la stratégie des opérations d'arbitrages manuels de la courtière Dupond en 2008. Ce faisant, ils s'aperçoivent que la courtière Dupond a procédé par « séries » d'arbitrages (en réalisant simultanément un grand nombre d'opérations), puisque la majeure partie des montants investis et désinvestis l'ont été sur un nombre réduit de fonds et de dates d'opération. Par ailleurs, ils remarquent que les fonds les plus fréquemment et massivement utilisés par cette courtière ont tous connu une forte baisse sur 2008. Cela n'a rien d'étonnant car les fonds sur lesquels était investie l'épargne de ses clients étaient principalement des fonds extrêmement risqués. Cette appétence pour le risque est singulière comparée à l'exposition plus prudente de l'ensemble des autres courtiers sur des fonds jugés moins risqués.

Dès lors, comment expliquer ce comportement, pour le moins intrigant en période de crise financière ? Les auditeurs cherchent alors à identifier, pour les opérations d'arbitrages manuels, l'enchaînement chronologique entre la date de prise en compte des opérations pour le client (date de valeur) et la date de saisie dans le système de gestion. Plus précisément, ils comparent, pour chaque catégorie de courtiers, la date de saisie et la date de valeur des arbitrages enregistrés dans le système de gestion afin de déterminer les écarts entre ces deux dates et les présenter sous forme de stratification en intervalles (jours). À la vue des résultats, se confirment les analyses précédemment réalisées: si en 2007, un tiers des actes d'arbitrages manuels effectués par la courtière Dupond ont été saisis à une date postérieure ou égale à leur date de valeur (ce qui témoigne d'une gestion correcte, bien qu'en deçà de la performance des arbitrages présentés par les autres courtiers), ce pourcentage s'élevait à plus de 95 % en 2008. Alors que dans le même temps, moins de 15 % des arbitrages des autres courtiers étaient saisis postérieurement à leur date de valeur. En d'autres termes, en 2008, la quasi-totalité des arbitrages manuels ont été saisis une fois la cotation connue ! Ou l'art de réduire l'aléa des marchés financiers.

À qui attribuer le retard pris dans le traitement des arbitrages manuels ? Était-il réellement le fait de M. Durand ou bien d'autres employés de la société d'assurance pouvaient-ils être responsables d'une telle absence de diligence ? C'est ici que l'analyse des comptes utilisateurs employés pour les opérations de saisie dans le système de gestion va se révéler déterminante. En effet, il ressort de cette analyse que le compte utilisateur de Harry Durand est à l'origine de près de 99 % des saisies d'arbitrages manuels pour le compte de la courtière Dupond. Surtout, 100 % des arbitrages saisis tardivement en 2008 pour le compte de la courtière Dupond l'ont été par le compte utilisateur de M. Durand. À l'inverse, lorsque Harry Durand saisissait des arbitrages pour le compte d'autres courtiers, il ne se trouvait que très rarement en retard. On peut ici objecter que ce type de preuve électronique n'a pas grande valeur car n'importe quel employé aurait pu subtiliser l'identifiant et le mot de passe de Harry Durand et s'en servir à son insu. Pour prévenir cette critique, les opérations d'arbitrage saisies par le compte utilisateur de Sally Dupond sont croisées avec ses jours de congés sur l'année 2008. Le résultat confirme qu'aucune opération de la courtière Dupond n'a été saisie lors des absences de Harry Durand.

Conséquences financières de la fraude

Reste à déterminer quelles ont été les conséquences financières de tels agissements frauduleux. Conséquences financières pour la courtière, tout d'abord, par le niveau de plus-values générées sur son portefeuille de contrats. Le calcul de plus-values par catégorie de courtiers, selon la formule exposée précédemment, montre que le niveau de plus-values varie grandement selon la catégorie des courtiers : ainsi, en 2008, la courtière a réalisé plus de 15 millions d'euros de plus-values, lorsque les courtiers « classiques » et « premium » ont réalisé respectivement plus de 50 millions d'euros et plus de 15 millions d'euros de moins-values. Cette performance de la courtière Dupond est d'autant plus remarquable qu'en 2007, lorsque les marchés financiers étaient encore au beau fixe, elle n'avait dégagé « que » 700 000 euros de plus-values (contre 500 000 euros pour les courtiers « premium » et 12 millions d'euros pour les courtiers « normaux »). Ce niveau exceptionnel de plus-values en 2008 explique par ailleurs que plus de deux tiers des arbitrages manuels passés par la courtière Dupond ont dégagé une plus-value, quand cette proportion tombait à moins de 20 % pour les autres courtiers. De manière plus déterminante encore, l'étude des plus-values réalisées par fonds révèle que la courtière Dupond réalise ses plus fortes plus-values sur des fonds dont la note de risque est maximale.

Conséquences financières pour la société d'assurance, ensuite, par le niveau d'écart de valorisation engendré par les opérations d'arbitrage manuel de la courtière Dupond. Bien que les notions de plus-values et d'écart de valorisation soient en théorie indépendantes, en jouant sur les dates de valeur des arbitrages, la courtière augmente de manière artificielle les écarts de valorisation supportés par la société d'assurance. Ainsi, au cours de l'exercice 2008, les opérations d'arbitrages manuels de la courtière Dupond ont généré une perte de plus de 35 millions d'euros, près de 10 000 fois plus importante que l'année précédente. Certes, même si elle avait passé ses opérations en temps et en heure, la courtière Dupond aurait pu générer des pertes de valorisation pour la société d'assurance, et l'on pourra toujours argumenter que le préjudice réel de la société est moindre que le montant de l'écart de valorisation ainsi calculé. Cependant, par définition la fraude corrompt tout et nul recalcul, nulle simulation ne pourra jamais déterminer à quel moment précis les arbitrages auraient dû être passés par cette courtière redevenue honnête. Par conséquent, ces 35 millions d'euros représentent la meilleure approximation du préjudice subi par la société du fait des opérations frauduleuses de cette courtière.

Finalement, à qui profite la fraude ? À cette question classique, la reformulation la plus adéquate dans notre cas présent serait plutôt : qui sont les bénéficiaires des contrats ayant dégagé les plus fortes plus-values ? L'analyse des plus-values a déjà mis en évidence que plus de 60 % de la plus-value nette de la courtière Dupond se répartit sur quinze contrats uniquement. Une rapide analyse des titulaires de ces contrats permet de découvrir que sur ces quinze contrats, six sont détenus par la courtière Dupond et ses parents directs. Le mobile devient dès lors très clair : mettre son « expertise » très particulière au service des intérêts particuliers de son entourage.

Une investigation plus approfondie sur l'identité des autres titulaires des contrats gérés par la courtière Dupond, ainsi que leurs relations avec cette dernière aurait pu révéler d'autres connexions. En effet l'un des points resté sans réponse à ce jour est le niveau de connaissance qu'avaient les clients sans liens familiaux avec la courtière Dupond. Certains d'entre eux ont confié plusieurs centaines de milliers d'euros qui ont été investis sur des fonds spéculatifs dans une période extrêmement difficile. Il faut alors avoir grande foi dans les capacités de sa courtière pour lui confier de telles sommes d'argent ou alors, plus prosaïquement, avoir été informé de sa martingale. Cependant, déterminer l'implication ou non de certains clients nécessite des moyens que seule une enquête de police permettrait de mobiliser.

Suites de l'affaire

Dès le rapport de l'audit interne, et avant même que le cabinet Gamma ne commence ses travaux, la direction de la société a fait part de son intention d'aller en justice, si l'ampleur de la fraude était avérée. Une fois les conclusions rendues, le faisceau d'indices mis au jour a décidé la société à porter plainte. Une enquête de police a rapidement été diligentée.

Peu de temps après l'intervention des auditeurs, Harry Durand a été licencié de la société. Au cours de l'entretien préalable, il a déclaré qu'il se contentait d'enregistrer les arbitrages à la date à laquelle ils arrivaient. Il affirmera par ailleurs que le surcroît d'activité auquel il avait dû faire face a pu parfois lui faire prendre un peu de retard dans le traitement de ces arbitrages.

Leçons

Petite cause, grands effets. La cause première et ce qui a créé la possibilité de la fraude est un événement d'apparence insignifiante, à savoir la fin des horodateurs mécaniques, qui servaient à dater officiellement les documents reçus. La mise en place d'un nouveau processus, en l'occurrence la numérisation des documents, s'est accompagnée de dérogations qui ont rendu le contrôle interne inopérant. Avec le recul, il est sans doute aisé de voir rétrospectivement dans cet événement le battement d'aile du papillon qui a entraîné une fraude de plus de 35 millions d'euros. Néanmoins, l'expérience montre que, bien souvent, ce sont ces variations minimes qui, parce qu'elles n'attirent pas l'œil des personnes en charge du contrôle interne, sont exploitées par des personnes mal intentionnées.

« Ce n'est qu'à marée basse qu'on voit qui se baignait tout nu. » Cette citation de Warren Buffett pourrait être mise en exergue de ce cas, tant elle s'avère appropriée. En effet, dans un contexte autre que celui de la crise financière de 2008, la fraude aurait pu passer totalement inaperçue ou, à tout le moins, n'être découverte que beaucoup plus tardivement. Les opérations frauduleuses de la courtière n'ont attiré l'attention que parce qu'elles généraient des plus-values anormales en pleine crise financière. Ce qui n'est considéré que comme un signal faible en période de croissance et échappe ainsi aux dispositifs de contrôle interne prend un relief particulier en période de crise.

Recommandations

Réévaluer constamment le risque de fraude

Lors d'un changement d'organisation, il est crucial de procéder à une revue des procédures opérationnelles sous l'angle du contrôle interne et de la fraude afin d'évaluer leur possible vulnérabilité face à d'éventuels contournements. En effet, le lancement d'un nouveau produit, l'implantation sur de nouveaux marchés ou un changement d'organisation peuvent créer de nouvelles opportunités pour des personnes mal intentionnées ; et ce d'autant plus si la société ne s'est pas correctement préparée en amont. Il est également important de réévaluer les procédures existantes de manière périodique afin de s'assurer qu'elles sont toujours adaptées, malgré les changements d'environnement économique et l'émergence de nouveaux risques. Dans le cas présent, la fraude a découlé pour partie d'un changement mal contrôlé des procédures de traitements des ordres d'arbitrage. Une meilleure prise en compte des risques liés à ce changement aurait pu permettre d'éviter la collusion qui s'est ensuivie entre Harry et Sally.

Écouter les signaux « faibles »

Au-delà des faiblesses de contrôle interne qui peuvent être observées, il est également important de tenir compte des signaux d'alerte comportementaux qui précèdent souvent la perpétration d'une fraude. Ces signaux « faibles » (changement dans l'attitude d'un employé ou d'un partenaire) sont par nature difficiles à appréhender. Seule la vigilance de l'entreprise et des employés avertis peut permettre de les identifier et de les analyser de manière précoce. Ainsi, l'insistance de Sally Dupond à conserver Harry Durand pour le suivi de ses opérations, alors même que l'ensemble des autres courtiers suivaient un processus différent, ses exigences à la limite du caprice auraient dû susciter des interrogations et déclencher une mise sous surveillance de ses transactions, au moins pendant un temps.

Mettre en place des outils d'alerte spécifiques

Aucun dispositif de contrôle interne ne peut garantir une protection absolue contre le risque de fraude. Par ailleurs, ce dernier ne doit pas être prétexte à alourdir excessivement le nombre et la fréquence de contrôles effectués, sous peine de perdre en efficacité opérationnelle. Néanmoins, une bonne connaissance des risques auxquels l'entreprise est confrontée, l'identification d'indicateurs clés ainsi que l'utilisation d'outils informatiques permet de mettre en place des états d'alerte spécifiques, qui permettent de gagner en termes de réactivité et d'efficacité. Par exemple, l'analyse périodique de la rentabilité des contrats d'assurance vie (par client ou par courtier) aurait permis de mettre plus rapidement en exergue les performances inhabituelles de la courtière et d'alerter l'audit interne.

Choisir les bonnes compétences

Lors de la réalisation d'une investigation, il est crucial de choisir avec soin la composition de l'équipe. En effet, il s'agit de trouver le bon équilibre entre les personnes ayant une bonne connaissance du secteur d'activité de la société et celles possédant une expertise technique forte, notamment en matière d'IT. Quel que soit le niveau de difficulté d'une investigation, certaines compétences sont systématiquement requises, que ce soit la technique d'interview, les connaissances en collecte et analyse de données ainsi que la constitution de preuves. Ces compétences sont décisives pour mener l'investigation à bien et pouvoir rédiger un rapport qui sera, le cas échéant, présenté devant les autorités judiciaires ou de police. Il est donc recommandé aux entreprises de confier de tels travaux à une équipe compétente et expérimentée et, si besoin est, de faire appel à des spécialistes externes en complément.

Les étranges relations entre M. Alibert et son fournisseur de logiciel

Corruption privée

Récit

Au début de l'année 2009, la direction de l'audit interne d'un grand groupe français d'assurance a mis en évidence d'importantes malversations commises à son encontre. Le préjudice n'a pas encore été évalué définitivement, mais selon les dernières estimations, il pourrait s'élever à plusieurs millions d'euros (vraisemblablement entre 5 et 10 millions d'euros).

Les malversations constatées portaient principalement sur des faits de corruption privée et sont une excellente illustration de la loi du 4 juillet 2005 relative à la corruption privée dans le monde des entreprises.

Mise en situation

L'organisation victime projette à partir de l'année 2005 de se doter d'un logiciel performant gérant le remboursement des préjudices aux assurés. Le projet de mise en place du nouveau logiciel englobe évidemment l'acquisition des licences, la fourniture du matériel mais également la formation et la maintenance. Pour la mise en place de ce logiciel de gestion de sinistres, le groupe va s'adresser à la société Logiplus et signer avec elle un premier marché en 2006 d'un montant d'environ 500 000 euros. Pour les deux années suivantes les montants seront respectivement de 2 millions d'euros pour 2007 et 3 millions d'euros pour 2008. Il convient de noter que les perspectives pour 2009 se situent à hauteur de 5 millions d'euros.

En s'intéressant plus particulièrement à ce marché, la direction de l'audit interne est particulièrement interpellée par la croissance « exponentielle » de ce dernier entre 2006 et 2008 (chiffres figurant infra). Le gestionnaire de ce marché au sein de l'organisation se trouve être Patrick Alibert. On découvre assez rapidement que l'une des particularités de ce responsable est d'avoir été collaborateur au sein de la société Logiplus, c'est-à-dire la société sélectionnée pour la mise en place d'un logiciel représentant des sommes substantielles. Les vérifications entreprises auprès de la direction des ressources humaines du groupe et l'accès au dossier personnel de Patrick Alibert permettent d'établir que son recrutement date de 2004. Les auditeurs internes trouvent dans ce dossier une lettre de recommandation d'un certain M. Bonin, dirigeant de la société Logiplus.

L'étude des bilans de la société Logiplus sur les trois derniers exercices montre une forte dépendance clientèle par rapport à l'assureur ; la progression très importante de son chiffre d'affaires dans la période en cause est directement liée à l'augmentation de chiffre d'affaires avec l'assureur. La poursuite des investigations permettra de faire la démonstration que Patrick Alibert dispose d'une autonomie totale dans la gestion du marché informatique en cause, négociant seul avec le prestataire et maîtrisant le processus comptable qui en découle (bon de commande, facturation, etc.).

Certaines factures adressées par Logiplus à la société d'assurances portent même la mention « proposition du mail de… ». Il semble en conséquence que la société Logiplus ait disposé d'une « grande liberté » pour facturer ses services. Du côté de l'assureur, le soin de vérifier la cohérence entre la facturation et la valeur réelle de la prestation fournie était laissé à M. Alibert, l'ancien collaborateur de la société Logiplus.

En s'intéressant à la procédure d'attribution du marché informatique, les auditeurs internes mettent au jour un véritable système de « favoritisme » au profit de la société Logiplus. En effet, la mainmise de Patrick Alibert sur la sélection des prestataires est évidente. L'étude menée par l'équipe d'audit interne souligne le fait que malgré les volumes substantiels de ce marché sur plusieurs années, aucune mise en concurrence réelle, aucun appel d'offres n'a été organisé nonobstant l'offre abondante disponible dans ce secteur. Le choix de Logiplus s'est donc fait « en catimini », décidé par Patrick Alibert excluant de la négociation et de la décision le département informatique, soigneusement tenu à l'écart. Or le département informatique était en capacité d'apporter une expertise sur la valeur des candidats, mais aussi un avis très autorisé sur l'évaluation de la prestation. Ce département aurait même pu être consulté pour la rédaction du cahier des charges.

Les auditeurs internes relèvent l'absence de procédures d'achats, et le fait que ces contrats pourtant significatifs ne semblent pas soumis à une instance d'approbation adéquate. Il semble que M. Alibert n'a été soumis à aucun contrôle par ses superviseurs, en d'autres termes : il décidait seul de ces marchés. Aucun contrôle par la hiérarchie n'a pu être identifié. Patrick Alibert bénéficie donc d'un quasi-monopole dans les relations qu'il entretient avec le prestataire informatique.

L'extrême autonomie de Patrick Alibert, même en relation avec des projets de grande envergure, a amené les auditeurs internes à soulever le problème de la délégation de pouvoir. Patrick Alibert bénéficiait d'une délégation de signature de la part de son supérieur directeur, pour l'ensemble des contrats signés avec le prestataire informatique. Il a carte blanche sans limitation de montant. Le parcours de Patrick Alibert dans l'entreprise suscite également l'attention des auditeurs internes et fait apparaître qu'il a bénéficié d'une délégation de pouvoir de son supérieur un an seulement après sa prise de poste dans l'entreprise. Toutes ces circonstances amènent l'équipe d'audit interne à s'intéresser au rôle du directeur de Patrick Alibert et à son absence de contrôle et de surveillance à l'égard d'un marché de plusieurs millions d'euros. Au cours des investigations, ce directeur finira par démissionner.

Découverte de la fraude

Les suspicions étant devenues très fortes en raison de l'opacité qui entoure ce marché informatique pour les raisons précédemment évoquées, une analyse de tous les engagements de Patrick Alibert avec d'autres fournisseurs est alors conduite. C'est ainsi qu'un lot de quatre factures adressées par la société Infonet d'un montant global de 1 million d'euros (environ 250 000 euros chacune) a été mis en évidence. À l'instar du marché informatique, cette commande n'a fait l'objet d'aucune mise en concurrence spécifique malgré le montant important des sommes engagées.

Plusieurs semaines seront nécessaires pour que les auditeurs internes obtiennent la contrepartie de cette facturation à savoir quatre rapports ou documents PowerPoint d'une vingtaine de pages chacun. L'analyse de ces livrables montre immédiatement l'intérêt très relatif pour le client et en tout état de cause une inadéquation totale entre le contenu de la prestation et le montant de la facturation correspondante. Une expertise commanditée permettra d'évaluer cette prestation à 150 000 euros au maximum en précisant que celle-ci pouvait être la production d'une prestation déjà facturée à un autre client (doublette). Cette contrepartie apparaissant presque intégralement fictive (sans intérêt majeur pour le client et revêtant l'aspect d'un « habillage »), les auditeurs vont naturellement s'intéresser à la société Infonet, émettrice de l'ensemble des quatre factures. Les différentes recherches vont montrer que la société Infonet est une « coquille vide ».

Les recherches sur la société Infonet vont s'avérer très intéressantes puisque rapidement il va être établi que cette SARL à capital minimum est logée dans une société de domiciliation. Mais ce qui va paraître le plus pertinent est la découverte que l'associé principal (98 % des parts) n'est autre que Jean Bonin, patron de la société Logiplus fournisseur de l'assureur. En analysant les factures, les auditeurs observeront que la première facture est datée du jour de l'immatriculation de la société au registre du commerce et des sociétés (RCS), les trois autres factures étant comptabilisées en fin d'année. En outre, fait extrêmement intéressant et significatif, ces facturations font référence à une convention passée en février 2009 c'est-à-dire plusieurs mois avant la création de la société Infonet laquelle se révélera sans salarié ni sous-traitance…

La suite des investigations au plan judiciaire aura pour but de montrer que cette société fonctionne comme une société « taxi » (société émettrice de fausses factures) ayant eu pour unique objet d'accumuler un « trésor de guerre ».

L'enquête judiciaire apportera donc sur ce plan des éléments significatifs en rapport avec les agissements de Jean Bonin et de Patrick Alibert et corroborant le mécanisme corruptif.

Il sera notamment mis à jour de nombreuses opérations de retraits d'espèces (environ 230 000 euros) sur un des comptes personnels de Jean Bonin sur une période assez courte (18 mois). Par ailleurs durant cette période, Patrick Alibert est devenu propriétaire d'un véhicule de luxe d'une valeur de 97 000 euros réglé en partie en liquide (50 000 euros). L'examen des mouvements d'espèces sur le compte de Jean Bonin faisait apparaître un retrait de 50 000 euros quelques jours avant l'acquisition de ce véhicule. On ne peut que s'interroger sur la connexité des opérations et donc l'existence d'un « retour » de la part du corrupteur.

En outre, l'examen du compte de la société Infonet permettra d'établir aussi l'achat d'un appartement d'une valeur de 370 000 euros, le solde du compte de cette société étant ventilé en quatre comptes à terme, ces sommes n'apparaissant plus sur le compte principal peuvent constituer un véritable « magot » disponible ultérieurement pour payer une commission.

Enfin, il sera également découvert des facturations pour un montant de 500 000 euros adressées par Infonet à Logiplus, cette facturation s'ajoutant à celle adressée à l'assureur par Infonet et étant sans cause comme la précédente.

Leçons

Il semblerait que ces fraudes aient pu se développer en raison d'un environnement particulièrement favorable.

Certaines organisations (assurances, mutuelles…) ne sont pas encore totalement sensibilisées aux problématiques des fraudes internes ; si on compare l'évolution dans le domaine du blanchiment par exemple, on constate que les assurances et surtout le monde mutualiste ont réagi plus tardivement que le monde bancaire.

On observe également la défaillance du management notamment en raison de l'absence de délégations de pouvoir adéquates et par le manque de supervision. Les organisations deviennent de plus en plus complexes et il est important de mettre en place différents niveaux d'approbation et des mécanismes de supervision limitant une concentration des pouvoirs excessive.

Ce cas est une excellente illustration de l'application potentielle de la loi récente du 4 juillet 2005 relative à la répression de la corruption privée. Il convient de rappeler que cette disposition du Code pénal (art. 445.1 et 445.2) est encore relativement méconnue dans le monde de l'entreprise et n'a reçu que très peu d'applications jurisprudentielles à ce jour. Pourtant, elle a considérablement changé la donne en matière de répression concernant des faits de corruption commis au sein d'une entreprise. Jusqu'à l'entrée en vigueur de cette loi, il était fait application dans ce domaine de l'article 152-6 du Code du travail qui exigeait un lien de subordination. Avec ces nouvelles dispositions toute personne dans l'entreprise (dirigeant, salariés, associés…) ou en relation avec elle (prestataires extérieurs, intermédiaires) peut faire l'objet de poursuite sur le terrain de la corruption active ou bien passive.

Ici se pose à l'évidence le problème du conflit d'intérêt puisqu'un cadre « acheteur » signe un marché avec une entreprise dont il est issu peu de temps auparavant. Un débat pourrait avoir lieu sur le temps qui s'est écoulé depuis son arrivée dans la nouvelle organisation. On sait par exemple que s'agissant de la corruption des agents publics, une durée de trois ans est requise par un fonctionnaire avant que ce dernier puisse envisager des relations avec une entité jadis sous son contrôle (prise illégale d'intérêts). Dans la situation présente, cette proximité entre M. Alibert et son ancien employeur est un signal d'alerte très significatif et accentue indiscutablement la position de ce dernier dans la cartographie des risques.

L'analyse sur le terrain de la corruption se révèle pertinente dès lors que l'on constate que Patrick Alibert pourrait recevoir un « retour » de la part de la société Logiplus suite au marché accordé. Nous aurons alors les deux blocs de la corruption : le corrupteur (le dirigeant de la société Logiplus qui est attributaire du marché non transparent) et le corrompu, Patrick Alibert qui reçoit ou va recevoir le cadeau. Il est important de souligner ici que même la tentative est punissable, ce qui signifie que même si le cadeau n'a pas encore été distribué, le corrompu peut néanmoins faire l'objet de poursuites pénales. L'autre élément constitutif de la corruption privée est le pacte de corruption. On peut même imaginer ici que le pacte ait pu être scellé alors même que Patrick Alibert était encore le collaborateur de la société Logiplus.

Le conflit d'intérêt

• La prestation intellectuelle (informatique) est difficilement quantifiable dans certains cas et donc de ce fait particulièrement sensible dans une relation acheteur/fournisseur.

• Le conflit d'intérêt représente une situation dans laquelle une personne chargée d'un intérêt supérieur favorise au détriment de ce dernier, son intérêt personnel. Il s'agit ici d'une approche pénale du conflit d'intérêt version corruption privée loi du 4 juillet 2005.

• Certains secteurs de l'entreprise sont particulièrement exposés aux fraudes et en particulier à la corruption privée, ces montages reposent principalement sur des conflits d'intérêt entre le donneur d'ordre et le prestataire.

• Les montages de corruption privée sont souvent le fait de responsables des achats ou des ventes des sociétés fournisseurs ou clientes, même parfois à des niveaux intermédiaires comme dans ce cas, quand ces collaborateurs ont la possibilité d'engager des dépenses significatives.

L'absence de mise en concurrence

• Absence de référence à un code des marchés ou de procédure d'achat formalisée (utilisation de certains critères par exemple ceux des seuils, de validation de la direction informatique, de la direction des achats, etc.).

En règle générale, les prestations qui ne sont pas encadrées dans un processus d'attribution stricte (par exemple, Code des marchés) connaissent des surfacturations importantes pouvant générer ultérieurement du cash aux fins de rétribution des corrompus (ici l'acheteur pour l'organisation). Dans le cas présent, en dehors de toute surfacturation sur le contrat initial, le pot-de-vin sera versé par le biais de la deuxième prestation fictive facturée par la société Infonet (fausse facturation : prestation en grande partie fictive permettant de dégager des fonds pour payer la commission de Patrick Alibert).

• Pas de mise en concurrence réelle (attribution directe à un prestataire) sans l'évaluation d'autres entreprises candidates.

Les délégations de signature et de pouvoir

• Absence totale de surveillance et contrôle du supérieur hiérarchique à l'égard d'un marché de plusieurs millions d'euros.

• Pouvoir de décision monopolistique d'un cadre de l'entreprise.

Recommandations

Vérifier la contractualisation avec les fournisseurs

Tout d'abord, cette phase plus juridique passe par la validation et le contrôle des contrats par des juristes.

Il conviendra aussi de vérifier si les signataires du contrat ont été autorisés.

D'une manière plus générale, le suivi des montants d'achats par acheteur et fournisseur à l'aide d'un logiciel « ad hoc » pourra paraître pertinent et dans bien des cas indicateur d'une fraude.

Vérifier que toute commande est autorisée

La recherche de l'existence d'une politique d'achat au sein de l'entreprise permettra de vérifier que les autorisations sont bien formalisées en raison de la nature des dépenses, de leur montant et des niveaux hiérarchiques.

Il faudra éventuellement détecter qu'un salarié n'est pas à même de signer seul un contrat et que le contrôle de la hiérarchie s'exerce systématiquement (par le jeu des doubles ou triples signatures).

L'approfondissement des recherches dans ce domaine conduira à vérifier l'existence d'une liste des acheteurs autorisés avec mention de leur niveau d'engagement respectif.

Enfin, il ne faudra pas oublier de contrôler l'existence d'une séparation effective entre le demandeur de l'achat, l'approbateur et le service ou la personne recevant la prestation.

Vérifier que la procédure de sélection des fournisseurs existe

La vérification de l'existence d'une procédure de sélection des fournisseurs est fondamentale.

Dans cette phase, il conviendra de vérifier l'existence d'une procédure d'appel d'offres ou de consultation, d'un fichier fournisseur sans cesse actualisé.

Il faudra aussi s'assurer de l'application d'un code de conduite destiné aux fournisseurs et veiller à la normalité des taux de dépendance de ces derniers.

L'analyse devra aussi s'étendre à la prestation notamment en établissant des rapprochements entre contrat, facturation et prestation. Dans ce domaine de la prestation, il conviendra d'identifier toute modification dans les contrats : par exemple des prestation non prévues pouvant masquer des surfacturations ou bien identification de prestations complémentaires non supervisées.

Enfin pour compléter cette analyse il paraîtra opportun de vérifier la conformité entre la stratégie de management et la politique d'achat mise en œuvre au sein de l'organisation.

Mettre en place une méthodologie de contrôle adaptée à l'organisation

Une organisation doit se préoccuper de principes déontologiques : elle doit pour cela mettre en place certains dispositifs comme le *compliance officer*, un code de déontologie, une formation des acheteurs, l'élaboration d'un code des marchés ou des achats avec des règles bien définies adaptées à l'organisation.

Ce dispositif ne serait pas complet et efficace s'il n'était envisagé une cartographie des risques : de fait il convient de mettre en place une méthodologie de contrôle qui associe les indicateurs directs et indirects de la présence de risque de corruption et les solutions qui garantissent la qualité des procédures.

Enfin il convient de soumettre la liste des soumissionnaires approuvés à un examen indépendant (équivalent à la commission des marchés), et d'avoir une attention particulière en cas d'appel d'offres restreint, car il peut y avoir un conflit d'intérêt entre le responsable du dossier et un soumissionnaire.

L'art de servir ses intérêts

Conflit d'intérêts
au sein de la grande distribution

Récit

Préliminaires

Fin 2009, tous les professionnels de l'intelligence économique auraient pu tenir le même discours : en période de crise, il est primordial de sécuriser ses positions et ses nouveaux investissements. Pour cela, la *due diligence* et la validation de partenaires sont les outils idéaux. Ils permettent de compenser le risque supplémentaire de défaillance induit par la crise et d'identifier les partenaires les mieux à même d'accompagner la croissance d'une entreprise. La réalité de la demande a été différente et la lutte contre la fraude s'est avérée être une priorité pour de nombreuses entreprises. Différentes fraudes d'importance ont sans doute été des éléments déclencheurs de cette demande, tout comme une exigence de transparence de la part d'investisseurs toujours plus prudents. À une époque où l'économie vacille, où la moindre perte doit être justifiée, il est plus inconcevable que jamais de tolérer une fraude, *a fortiori* si elle est interne. Outre la perte nette qu'elle représente, la fraude interne est également une menace importante pour l'image de l'entreprise : les exemples de sociétés perdant en crédibilité pour n'avoir pas su repérer à temps un salarié indélicat ne manquent pas.

Une suspicion de fraude

Pourtant, ce n'est ni un argument financier, ni une préoccupation pour son image qui motive l'un des principaux dirigeants d'un acteur majeur français du secteur de la grande distribution, nommée par souci de discrétion société IXXE SA, à consulter le département d'intelligence économique de GSG.

Son premier souci est d'un autre ordre : le respect de l'éthique. Alerté par des rumeurs insistantes sur certaines pratiques internes, son dirigeant, Paul Dupond, craint que ne se soient instaurées au sein de son service des achats des pratiques de fraude pouvant potentiellement représenter des milliers d'euros chaque mois. Ces rumeurs sont confortées par des faiblesses reconnues dans les procédures de contrôle ainsi que par la présence de longue date de collaborateurs aux postes clés du service des achats. Paul Dupond a déjà réalisé un premier constat et sa demande est parfaitement claire : « Notre système présente un risque, nous en sommes maintenant conscients, mais nous ne souhaitons pas ou plus faire l'autruche, nous voulons en avoir la certitude : y a-t-il des fraudeurs dans ce service ? »

Le choix de s'adresser à des professionnels de l'intelligence économique et non à des experts financiers est parfaitement justifié : ayant identifié ses faiblesses structurelles, la société IXXE SA a, avant tout, un besoin d'investigation et d'analyse de réseaux lui permettant de déterminer aussi bien les auteurs que leurs méthodes sans alerter ces derniers par une procédure plus visible. En effet, bien que le constat soit clair et honnête, il convient malgré tout de prendre certaines précautions : il n'est pas question pour IXXE SA de lancer le service de l'audit interne à l'assaut de celui des achats, dans un combat fratricide. Si finalement l'audit interne ne mettait pas de fraude en évidence, il est facile d'imaginer combien les conséquences seraient particulièrement délicates à gérer : l'audit pourrait mettre à mal l'ambiance de travail en interne, jetant la suspicion sur des salariés n'ayant potentiellement rien à se reprocher. « Nous mettrions des mois à réinstaurer un climat de confiance et une cohésion interne qui, bien que superficielle, est toutefois réelle », déclare alors Paul Dupond aux responsables de GSG. L'investigation externe, sur sources ouvertes, est la réponse idéale à son souci de discrétion. L'histoire prouvera d'ailleurs qu'il s'agit de la seule méthode permettant de mettre au jour les manquements qu'il dénonce ainsi : « Il ne s'agit pas que d'argent, notre première motivation est de voir une certaine éthique professionnelle perdurer dans notre maison ! » Fort de ces premiers constats, Paul Dupond décrit ainsi la situation : « Nous avons au sein du service des achats plusieurs personnes qui collaborent ensemble depuis plus de dix années et qui ont acquis au fil du temps une certaine autonomie vis-à-vis de la hiérarchie du groupe. D'autres salariés ont été recrutés plus récemment, sans intervention de la direction mais à la discrétion du responsable du secteur sans que nous y voyions à redire de prime abord. Aujourd'hui cependant, certains éléments nous troublent : nous avons à plusieurs reprises perçu des sous-entendus d'employés de structures de distribution évoquant des relations étroites entre certains fournisseurs et des responsables du service des achats. Nous avons nous-mêmes constaté que des articles faisaient l'objet d'achats en quantité importante avec une périodicité inhabituelle dans nos processus internes. Nos tentatives répétées d'obtenir une explication claire à ce sujet n'ont débouché à ce jour que sur une fin de non-recevoir des responsables, déclarant qu'il s'agissait là d'une ingérence inacceptable dans le fonctionnement d'un service intègre. Il convient d'ajouter à cela le fait que nous avons remarqué que certains de ces collaborateurs semblaient mener un grand train de vie : grosses berlines, vêtements de marque, vacances régulières à l'étranger, etc. Certes, les salaires de ces collaborateurs sont confortables mais, tout de même, le doute s'est installé. De surcroît, la direction générale du groupe ressent qu'un mauvais esprit général s'est installé dans le même service : revendication sur des objectifs soi-disant irréalistes ou salaires inférieurs à la concurrence ; voilà la situation… »

Investigation et processus d'audit

Les professionnels de l'intelligence économique ont pour habitude de traiter ce qu'ils nomment des « signaux faibles », des faits d'apparence mineure permettant d'anticiper et d'identifier un risque ou une opportunité. À l'énoncé de cette situation, il paraît évident aux auditeurs que ce stade est dépassé et que les faits exposés relèvent d'ores et déjà de « signaux forts ». Ils peuvent ainsi constater que les trois éléments formant le triangle de la fraude sont présents : l'opportunité, la motivation et l'attitude. L'opportunité se trouve naturellement dans un manque de contrôles internes sur l'attribution des marchés et sur le suivi des prestataires. L'opportunité réside également dans la présence d'une équipe soudée s'étant avec le temps éloignée de la hiérarchie du groupe et ayant la capacité de recruter en son sein de nouveaux collaborateurs sans contrôle externe. La motivation, comme souvent, est d'ordre financier : le niveau de vie apparemment élevé de certains collaborateurs peut cacher un besoin toujours grandissant de revenus. L'attitude enfin est sans équivoque et trouve son expression dans des revendications insatisfaites, des frustrations susceptibles aux yeux du fraudeur de rendre son acte illicite acceptable par rapport à son système de valeurs. Signaux faibles ou forts, ce faisceau de présomptions ne fait pas preuve et le rôle de conseil du cabinet d'audit l'oblige à ne tirer aucune conclusion hâtive.

Prenant en compte le fait que la discrétion la plus totale est de mise sur ce dossier, il est bien évidemment impossible, pour les responsables de GSG, de lancer un audit interne, même discret. Ils proposent alors à Paul Dupond de mener des recherches externes visant à identifier des signaux faibles ou forts et validant ou infirmant le fait qu'un ou plusieurs cadres du service des achats fraudaient l'entreprise. Conformément à ses procédures internes, GSS met en place, dans un premier temps, des entretiens avec quelques personnes informées de la direction générale du groupe. Cette étape est primordiale dans l'appréhension de ce type de dossier. Ces quelques entretiens individuels très ciblés, conduits de façon informelle, permettent alors de faire un point sur l'information détenue au sein de l'entreprise. Ils ont également donné lieu à la collecte des faits avérés, des doutes, voire des rumeurs qui aiderons par la suite les analystes de GSG à construire leur plan de recherches. La nature des relations entre certains collaborateurs est évoquée, soulevant la question de leur collaboration à l'extérieur de l'entreprise. De la même façon, les doutes quant au niveau de vie de certains responsables se précisent, avec l'évocation de possibles maisons secondaires en province. Si tous les faits évoqués sont loin d'être vérifiés, ce catalogue de suppositions et de rumeurs constitue un prérequis nécessaire pour l'évaluation de l'ampleur des recherches à mener.

Grâce au traitement des informations ainsi recueillies, le cabinet d'intelligence économique détermine que cinq personnes au sein de ce service ont un comportement et des méthodes de travail laissant quelques doutes quant à leur respect de l'éthique du groupe. Ces cinq personnes sont naturellement devenues les sujets principaux des investigations. Un plan de recherches est ainsi réalisé, tenant compte de la prédominance de ces personnages dans la fraude potentielle, en cohérence avec les différentes contraintes de cette mission. L'étape du plan de recherches est essentielle pour la réussite d'une mission d'intelligence économique. En effet, c'est par la mise en adéquation des moyens et des sources qu'apparaissent les axes de recherches permettant le succès des investigations.

Dans un premier temps, un profil de chaque personne ciblée est réalisé. Ce profil doit pouvoir mettre en évidence un éventuel décalage entre le salarié tel qu'il se présente, tel qu'il est perçu et tel qu'il est en réalité. Les sources utilisées par GSG pour la réalisation de ces profils sont variées : bases de données presse et commerciales, documents statutaires des entreprises, documents comptables publiés, recherches sur l'Internet et le Web invisible. Cela doit, entre autre, permettre aux auditeurs de déterminer si les intéressés ou leurs proches détiennent des mandats sociaux actuels ou passés, quels sont ou ont été leurs associés, quelle est leur réputation en dehors de l'entreprise, etc. Bien évidemment il convient également d'évaluer les actifs détenus par ces personnes afin de les comparer à leurs revenus perçus au sein de l'entreprise et ainsi d'en constater la cohérence ou non, ce qui représente un signal fort. Cette évaluation des actifs est facilement réalisable par le biais de recherches auprès des hypothèques au niveau national.

Cette étape indispensable est couronnée de succès et révèle le cœur de la manipulation orchestrée par les responsables indélicats. Plusieurs éléments sont mis au jour et une cartographie croisant les différentes participations et mandats des personnes incriminées, permet de révéler un large conflit d'intérêts. Dans un premier temps, plusieurs anciens mandats, terminés au jour de la recherche, sont identifiés en France. Creusant la moindre piste pendant près de deux mois, les équipes du cabinet d'audit découvrent plusieurs entreprises au Luxembourg, en Suisse ou en Belgique servant de sociétés écran à deux des responsables en question.

Ce constat, qui conforte la société IXXE SA dans sa crainte, est rendu possible grâce à l'obstination des analystes en charge des recherches et à la méthode appliquée. L'étude des statuts de ces sociétés permet à GSG d'obtenir le nom d'anciens associés. Une recherche systématique de mandats sociaux aux noms des anciens associés en France comme dans les zones appréciées des fraudeurs et citées ci-dessus permet alors au cabinet d'audit de déterminer que ces anciens associés apparaissent effectivement sur des holdings et autres sociétés écran dont l'objet social ramène étrangement à des métiers en lien avec l'activité du client, commerce de gros et intermédiation de commerce en particulier.

À cette première phase de recherche, s'ajoute une deuxième étape d'analyse. Convaincu de l'intérêt de la démarche d'audit, IXXE SA confie à GSG de nombreux éléments d'information sur les cadres suspects: notes de frais sur les trois derniers exercices, comptes rendus de rendez-vous commerciaux, historique des comptes clients et fournisseurs suivi par les intéressés, demandes de congés, etc. De cette deuxième étape, les auditeurs doivent pouvoir identifier des anomalies susceptibles de faire ressortir des signaux faibles, de petites entorses aux notes de frais ou plus simplement des habitudes de déplacements vers certaines régions, comme par exemple un déplacement en province en fin de semaine avec un retour le lundi ou le dimanche soir, qui sous le couvert d'un déplacement professionnel pourrait indiquer indirectement que l'intéressé y possède un bien. Ces mêmes données sont recoupées avec les informations, acquises lors des deux premières étapes, ainsi qu'avec le listing des clients et le listing des fournisseurs de l'entreprise. Cette étape nécessite une très grande méthodologie car il convient de croiser les noms, prénoms, numéros de téléphone, adresses, identifiants bancaires, dates. Il s'agit là de centaines de données et toutes sont importantes dans la mesure où elles peuvent permettre de mettre en évidence un rapprochement parfois inattendu, ce qui est la clé du système.

C'est à ce stade que la cartographie d'acteurs prend tout son sens : toutes les informations mises à plat permettent de constater des liens directs et indirects entre deux cadres et plusieurs fournisseurs d'IXXE SA. Cette confrontation est possible grâce à l'implication de la société de distribution et à la minutie des enquêteurs. En effet, une fois les investigations sur bases de données effectuées, un gros travail d'analyse et de recoupement est mis en place afin de déterminer s'il y a une ou plusieurs correspondances entre les sociétés identifiées et les fournisseurs d'IXXE SA.

Après d'âpres recherches, la lecture des statuts de ces sociétés parfois lointaines permet au cabinet GSG de constater que deux des cadres ciblés apparaissent bien dans l'actionnariat de ces structures et que ces dernières détiennent des parts dans diverses sociétés qui directement ou non apparaissent dans les listings fournisseurs du client. De même, certains associés des deux cadres fraudeurs sont eux-mêmes associés, au travers de sociétés civiles immobilières, à des dirigeants de sociétés présentes dans le listing des fournisseurs d'IXXE SA. Il y a donc plusieurs niveaux d'influence et/ou de conflit d'intérêts.

La dernière phase de recherches permet aux auditeurs, en croisant la liste des numéros de téléphone des structures écran et des fournisseurs sous leur contrôle avec les relevés d'appels des téléphones professionnels des fraudeurs sur les deux années précédentes, de mettre en évidence le lien direct entre ces derniers et les représentants commerciaux et autres responsables opérationnels. L'évaluation des actifs détenus par les fraudeurs et identifiés en France comme à l'étranger leur permet également de constater que la fraude dure probablement depuis plusieurs années et qu'elle doit représenter plusieurs centaines de milliers d'euros.

Le profil des deux fraudeurs est le suivant : cadres supérieurs, hommes 40/50 ans, mariés, pères de famille, ayant suivi des études supérieures commerciales et n'ayant pas d'antécédent criminel. Ils sont présents dans l'entreprise depuis cinq à dix ans et ont visiblement une ascendance forte sur leurs collaborateurs et collègues au sein de l'entreprise. Leurs actifs immobiliers sont manifestement incohérents avec leurs revenus ; à l'évidence, ils mènent un train de vie supérieur à ce que leurs revenus peuvent leur permettre. Ainsi, comme l'évoquent les rumeurs rapportées en début de la mission, des résidences secondaires sont identifiées. De nombreux allers-retours arrangés dans des villes proches de celles-ci, aux abords des week-ends permettent de confirmer l'ancienneté de l'achat. Les deux fraudeurs détiennent également de nombreux mandats sociaux et participations sans lien avec leur activité principale au sein de l'entreprise et ont par ailleurs effectué à ce sujet des déclarations incomplètes à leur employeur.

Dénouement

IXXE SA a, dès le début de la mission, évoqué la possibilité de poursuivre en justice ou non d'éventuels fraudeurs. Un cabinet d'intelligence économique n'ayant pas d'obligation légale de déclaration aux autorités compétentes, la direction du groupe prend la décision de ne pas ébruiter cette mésaventure. La perte financière directe reconnue par la société est jugée faible et il semblerait qu'aujourd'hui les deux fraudeurs aient quitté leurs fonctions. C'est un dénouement fréquent dans ce genre de cas de figure. La communication sur une fraude est souvent problématique pour les entreprises qui se trouvent souvent prises en défaut à cette occasion dans leurs méthodes de contrôle interne. Ici, les conséquences de la fraude ne remettent pas en cause la viabilité de l'entreprise. Si un enrichissement personnel des dirigeants du service des achats est bien constaté, il s'est avant tout fait aux dépens de fournisseurs concurrents des structures qu'ils ont créées, plutôt qu'à l'encontre d'IXXE SA. De plus, déterminer le préjudice réel pour l'entreprise afin de lancer une procédure judiciaire contre les cadres indélicats aurait constitué une démarche lourde et peu rentable.

Depuis, de nouveaux processus de contrôle sont mis en œuvre. Concernant les fournisseurs, ils incluent une *due diligence* ciblée sur chaque nouveau postulant, une surveillance technique en interne veillant sur la conformité des transactions réalisées et générant des alertes ciblées, ainsi qu'un contrôle systématique lors du renouvellement de chaque contrat fournisseur. Par ailleurs, fort de sa malheureuse expérience, IXXE SA n'hésite plus à faire part au cabinet GSG de ses doutes sur un partenaire potentiel ou sur l'un de ses collaborateurs, préférant ainsi prévenir que guérir. Si l'intelligence économique dispose d'outils pertinents pour identifier les tenants et aboutissants d'une fraude, c'est bien au niveau de la prévention, par la *due diligence* et la validation de partenaires, qu'elle demeure la plus pertinente.

Leçons

Comme la plupart des victimes de fraudes, la société de distribution a fait le constat qu'il aurait suffi de bien peu de choses pour éviter de voir une telle fraude se produire. La mise en place de procédures de vérification en amont de la sélection des fournisseurs, ainsi qu'un contrôle permanent sur la bonne application des diverses procédures internes auraient permis d'éviter l'instauration de telles pratiques. Dans ce dossier, la société IXXE SA a également constaté qu'il y avait une faille dans sa procédure de recrutement et de progression interne. Enfin, les signaux faibles tels qu'une ambiance qui se dégrade ou des revendications répétées auraient également dû alerter l'entreprise plus tôt. Plus généralement, on peut constater qu'outre la mise en place de contrôles en amont, de vérifications permanentes ou ponctuelles sur les opérations internes (achats, ventes, règlements, etc.), il convient également de rester vigilant sur les actions et sur l'attitude de l'encadrement intermédiaire. Comme nous avons pu le voir dans ce cas, de nombreuses attitudes peuvent être des signes de fraudes : rejet de la hiérarchie du groupe, large autonomie dans le recrutement, signes extérieurs de richesse incohérents avec les revenus de la personne. Ces différents points, même pris séparément, doivent attirer l'attention de la direction de l'entreprise. De même, les objectifs donnés au management intermédiaire doivent être non seulement réalistes mais aussi acceptés et compris. Enfin, bien que le client soit maître de son action dans ce domaine, il semble important d'insister sur la notion d'exemplarité et ainsi de donner systématiquement une suite judiciaire à tout acte de fraude dans l'entreprise. Dans le domaine de la fraude comme ailleurs, la prévention et la répression sont des alliées efficaces.

Ce cas a également mis en évidence trois points importants :

- le premier est qu'il est possible de mener des recherches visant à identifier une fraude dans la plus grande discrétion et depuis l'extérieur de la structure afin de permettre à une société de lever un doute sans mettre en péril une confiance et une ambiance interne qui ne tiennent parfois qu'à un fil ;
- le deuxième point important que ce cas permet de souligner est qu'une recherche de ce type nécessite du temps, qu'il est important de maîtriser une méthode et de l'appliquer avec précision et rigueur et que l'expérience est dans ce domaine une des clés de la réussite ;
- le dernier point est que les fraudes les plus classiques fonctionnent toujours, que les signaux faibles ou forts habituels sont toujours valables et que le profil des fraudeurs est souvent le même, ce cas en est l'exemple parfait.

Recommandations

Comment prévenir de tels cas ? Comme nous l'avons évoqué, il convient de mettre en place plusieurs actions: actions préventives, actions de contrôle permanent, actions de contrôle ponctuel, actions de répression, actions de communication interne, mais également contractualisation d'assurances couvrant la fraude et la malveillance.

Mener des actions préventives

Les actions de prévention sont primordiales. Le but de la prévention est de limiter autant que faire se peut qu'une fraude ne se produise. Cela passe par la mise en place d'une politique interne forte, intégrant la mise en œuvre d'une charte d'éthique, de procédures claires applicables, facilement comprises et acceptées de tous. Cela suppose également des formations internes adaptées, des opérations de communication dédiées et bien évidemment des procédures de recrutement et de gestion des ressources humaines intégrant pleinement le risque humain dans la fraude interne.

Procéder à des contrôles

Les actions de contrôle permanent sont très importantes, « la confiance n'exclut pas le contrôle ». Ces contrôles doivent être le fruit d'une analyse des risques liés à l'activité de l'entreprise. Outre l'aspect comptable qui est primordial, il convient de s'assurer que les process généraux mis en œuvre dans l'entreprise pour éviter les fraudes, ou plus généralement pour respecter le code d'éthique défini par l'entreprise, sont appliqués. Suivant la taille de l'entreprise il peut s'agir d'un contrôle de signature sur un document, de reporting, d'indicateurs, mais également de dispositifs d'alertes sous la forme d'un compte rendu informatisé hebdomadaire faisant apparaître un signal d'alerte sur une action identifiée par un logiciel dédié et mettant en œuvre un script spécifique fruit d'un audit interne poussé. Ce type de contrôle permet à l'entreprise d'identifier une multitude d'erreurs ou d'actions maladroites qui, faute d'être corrigées immédiatement, peuvent apparaître pour certains comme une faille et créer ainsi l'opportunité d'une fraude.

Les actions de contrôle ponctuel sont également très importantes car elles vont permettre à l'entreprise de traiter un aspect particulier et souvent très technique de son activité. En dehors de l'aspect recherche d'erreur volontaire ou non, il s'agit d'être physiquement présent et donc de communiquer sur la rigueur de l'entreprise. Cela renforce la dissuasion contre la fraude : en effet, lorsque l'éventuel fraudeur estime que le risque d'être identifié s'accroît, l'éventualité d'un passage à l'acte diminue.

Mener des actions de répression

Dans le domaine de la fraude, les actions de répression sont fondamentales pour une lutte efficace. La tentation est forte pour l'entreprise de garder confidentielle l'existence d'une fraude. Il se trouve que pour l'entreprise, les conséquences d'une fraude peuvent être plus importantes en termes d'image et même d'un point de vue financier que la fraude elle-même, surtout si cette entreprise est cotée en bourse. Cependant, une lutte interne efficace contre la fraude doit passer par une répression adaptée. Il convient toutefois d'aller vite car le dépôt de plainte au pénal s'inscrit en général dans un délai d'enregistrement de trois mois. Il est primordial de prendre en compte le délai de prescription en vigueur, ce délai peut parfois s'avérer problématique.

Développer une communication interne

Les actions de communication interne sont un atout réel dans la lutte contre la fraude. Certes il est plus compliqué à mettre en œuvre dans les grands groupes internationaux mais la communication est bien souvent la clé des problématiques humaines. Ces actions de communication, comme nous l'avons décrit plus avant, doivent faire adhérer les salariés de l'entreprise à la politique éthique de cette dernière, rappeler les droits et devoirs de chacun, mais également les informer des contrôles qui sont mis en œuvre et des sanctions encourues, en citant par exemple des affaires rencontrées par l'entreprise au cours de son histoire. La communication interne doit permettre un échange et une remontée d'informations *via* plusieurs types de vecteurs. En effet, dans la motivation, l'un des éléments constitutifs des fraudes (triangle de la fraude), une inadéquation entre les valeurs du salarié et les valeurs de l'entreprise est très fréquemment mise en évidence. Une communication pertinente veille précisément à faire adhérer l'employé aux valeurs de son employeur.

Établir un contrat d'assurance

Enfin, il convient de savoir qu'il existe un moyen de récupérer une partie des pertes subies par une entreprise en cas de fraude moyennant une assurance adaptée. La fraude est un risque assurable car sa réalisation est indépendante

© Groupe Eyrolles

de la volonté de l'assuré et son impact est mesurable et quantifiable. Bien évidemment, chaque contrat doit faire l'objet d'une étude initiale appropriée et la prise en compte par une assurance n'est naturellement possible que si la victime dépose une plainte. Cependant, certaines fraudes ne sont pas couvertes par les polices d'assurance : les fraudes commises par les dirigeants ou mandataires des entreprises, celles commises par un employé récidiviste ou celles dont le mécanisme ne peut pas être démontré. Il convient de savoir qu'il revient systématiquement à l'assuré de démontrer qu'il est victime d'un sinistre et qu'il a subi une perte. Dans cette optique les cabinets d'intelligence économique sont en mesure d'aider l'entreprise : soit en menant des actions préventives visant à vérifier le parcours des candidats à un poste jugé à risques, soit en effectuant des recherches *a posteriori* permettant de démontrer le mécanisme utilisé pour frauder.

Partie 3

Déclarations frauduleuses

La folie des grandeurs

Un cadre dirigeant hors supervision et hors contrôle

Récit

Le premier contact du cabinet d'audit TBS avec Energ'Heat a lieu dans le cadre d'une offre de rachat de cette société américaine par un acteur européen de premier plan sur le marché de l'énergie. Le cabinet TBS est mandaté par ce groupe pour effectuer une mission classique de *due diligence* comptable et financière sur Energ'Heat. En clair, le rôle du cabinet est d'analyser la profitabilité historique et le business plan de la cible afin de déterminer la performance moyenne de celle-ci, ainsi que d'identifier tout risque d'ordre financier auquel pourrait être exposé un acheteur potentiel.

Présentation de la société et des enjeux

Energ'Heat est une société américaine, basée en Californie mais présentant une couverture nationale et spécialisée dans la vente en porte à porte d'installations de chauffage central et d'accessoires afférents. Dans ce nouveau monde « vert », où économiser l'énergie et réduire son empreinte carbone sont devenus des vertus cardinales, d'immenses opportunités sont offertes à qui peut offrir la possibilité de remplir ces deux obligations. Ces raisons permettent à Energ'Heat d'afficher d'excellents résultats 2007, avec des ventes de près de 764 millions de dollars et une confortable marge d'EBITDA de 19 %. Cette performance fait suite à une croissance moyenne des ventes de 20 % par an sur les cinq dernières années, et positionne l'acquisition de Energ'Heat comme l'un des deals transatlantiques majeurs de l'année 2009.

Comme dans la plupart des processus d'acquisition de ce type, le cabinet conduit la majeure partie de ses analyses depuis l'Europe, *via* une data-room électronique, c'est-à-dire une base de données virtuelle reprenant l'intégralité des documents financiers, juridiques et internes mis à la disposition de tous les acquéreurs potentiels par le vendeur. L'intérêt du client pour cette opération se confirmant, l'opportunité de rencontrer le management de Energ'Heat au siège de la société à Los Angeles est bientôt offerte aux auditeurs de TBS. Une session de trois jours de réunions de travail, agrémentées de séances de questions/réponses, s'organise alors rapidement. Le processus se déroule efficacement et sans accroc majeur, et le cabinet est donc en mesure de présenter à son client européen un rapport complet de près de cent vingt pages, concluant trois semaines d'intense labeur. Ces travaux n'ont pas mis en évidence de « cadavres dans le placard » susceptibles de compromettre la transaction, mais contiennent néanmoins une série de points sur lesquels le cabinet attire l'attention de l'acquéreur. Ce travail permet finalement d'affiner son offre sur Energ'Heat, offre qui est acceptée par les vendeurs et permet de sceller la transaction.

Le corps du rapport inclut une analyse détaillée des coûts de la flotte automobile par zone géographique, celle-ci représentant l'un des principaux postes de dépenses dans une structure où chaque commercial dispose de son véhicule. Grâce à cette analyse, le cabinet attire l'attention du lecteur sur le fait que l'une des zones présentait un coût moyen par véhicule légèrement supérieur à celui des autres. Aucune explication n'ayant été obtenue sur cette déviation, le cabinet recommandait à son client de suivre ce point. À l'échelle de cette transaction majeure, cette incohérence somme toute mineure est considérée comme non significative et n'est pas investiguée plus en détail, mais elle se révélera *a posteriori* beaucoup moins anodine qu'il n'y paraissait au premier abord…

Personnalité

Barney Wilson, responsable de la flotte automobile de Energ'Heat, a toujours été un grand amateur de voitures. Fils d'un garagiste et d'une infirmière, il grandit dans les années 1960 à Springfield, Illinois, dans une banlieue typiquement américaine. La maison familiale étant située à proximité immédiate du garage paternel, le jeune Barney passe une enfance insouciante à gambader entre les piles de pneus, de radiateurs et de pots d'échappement, et il acquiert rapidement une connaissance encyclopédique sur tous les sujets relatifs à l'automobile, faisant ainsi la fierté de son père.

Rond de corps comme de caractère, Barney démontre également quelques années plus tard un véritable don pour la vente, qui, allié à sa science poussée de la chose automobile, lui permet de devenir dès sa sortie du lycée le vendeur star de la concession Chevrolet locale.

Au moment où Energ'Heat, confronté à une croissance historique de son activité, décide d'implanter à Springfield sa base technique couvrant tout le Midwest, c'est donc tout naturellement que Barney présente sa candidature au poste de responsable de la flotte automobile. Fort de son expérience dans le monde automobile et de son réseau local dans les concessions, qui mieux que Barney aurait pu endosser la responsabilité d'une flotte de plusieurs milliers de véhicules, cruciale pour la bonne marche des affaires d'Energ'Heat ?

Le périmètre des attributions de Barney englobe la sélection des véhicules, la négociation des contrats de leasing passés avec les concessions, ainsi que la supervision du nouvel atelier d'entretien et de réparation, doté du nec plus ultra en matière d'équipement et d'outillage.

À mesure qu'Energ'Heat continue d'afficher une croissance insolente, la flotte des véhicules de commerciaux augmente en proportion, ainsi que l'importance de Barney à Springfield. Ce dernier devient d'ailleurs rapidement un notable respecté, client numéro un de toutes les concessions alentours et principal sponsor de l'équipe de hockey locale.

Cette réussite professionnelle s'accompagne de changements dans la vie personnelle de Barney, dont le style de vie se modifie à mesure que son réseau d'influence grandit: il quitte en effet sa femme, qu'il a pourtant épousée à leur sortie du lycée, ainsi que leur modeste pavillon, et emménage à la place dans un manoir de type « McMansion » flambant neuf, avec sa jeune assistante, devenue entre-temps sa maîtresse.

Ces bouleversements s'accompagnent d'une diversification professionnelle couronnée de succès, puisque Barney est propriétaire de nombreux biens immobiliers (appartements et boutiques) et d'une petite société de nettoyage, et qu'il possède par ailleurs des intérêts dans l'un des restaurants les plus courus de la bourgeoisie de Springfield. L'un dans l'autre, Barney se trouve à la tête d'un confortable portefeuille d'investissements et envisage son avenir avec optimisme.

Profil de la société

Le succès d'Energ'Heat repose en grande partie sur la puissance de sa force de vente, et cette société a toujours su faire preuve de gratitude envers ses valeureux soldats : les commerciaux. Chacun d'eux se voit en conséquence récompensé à l'aide d'une série d'avantages financiers et en nature, dont le plus important et le plus statutaire est la sacro-sainte voiture de fonction. Celle-ci est en effet le reflet du rang, de l'ancienneté, de l'importance et de la performance de celui à qui elle a été attribuée, dans une organisation quasi militaire, ultra-compétitive et dopée à l'optimisme.

Forte d'un réseau national comptant près de 6 000 commerciaux, tous motorisés, et dotée par conséquent de véhicules de remplacement, Energ'Heat est à la tête d'une des plus importantes flottes automobiles américaines, à l'exclusion des loueurs nationaux. Le réseau de vente et la gestion des véhicules associés sont répartis en quatre zones géographiques couvrant l'ensemble du territoire national. La base de Springfield, qui couvre le Midwest ainsi que certains États du sud, assurait au moment de l'intervention la gestion de près de 2 500 véhicules.

L'organisation d'Energ'Heat est entièrement centrée sur la force de vente, dont la prédominance absolue réduit de facto les fonctions supports – dont la gestion du parc automobile – au rôle de parents pauvres de la société. En conséquence, Barney jouit d'une relative indépendance à condition d'assurer le bon fonctionnement de la flotte, tâche dont il s'acquitte à merveille. Il dirige donc son équipe d'une trentaine de collaborateurs en toute auto-nomie, avec une supervision et un contrôle du siège californien très légers (pour ne pas dire quasi absents). Sa capacité à fournir la bonne voiture au bon moment, à satisfaire toutes les demandes et à résoudre tous les problèmes automobiles en un rien de temps lui confère une grande popularité au sein des commerciaux, tandis que son personnage haut en couleur, ses frasques et sa qualité d'homme d'affaires respectable au sein de la communauté ne font qu'accroître ce prestige bien établi.

Étincelle

Plusieurs mois après la fin de sa mission de *due diligence*, le cabinet TBS est rappelé par le directeur financier du groupe européen d'Energ'Heat, qui requiert sa présence à une réunion urgente concernant sa dernière acqui-sition. Cette réunion s'avère être pour les membres du cabinet l'une des plus étranges auxquelles ils aient assisté : plutôt que de s'attarder sur les habituels états financiers ou indicateurs de performances, c'est en effet sur la rubrique « faits divers » de la presse de Springfield que se concentrent les débats…

Cinq semaines plus tôt, une rutilante Mercedes ML flambant neuve, conduite par l'un des éléments les plus prometteurs de l'équipe de hockey de Springfield, a en effet terminé sa course dans la devanture d'une librairie située sur l'artère principale de la ville. Bien qu'aucun dommage corporel n'ait été à déplorer, la Mercedes tout comme la librairie ont eu moins de chance et subi toutes deux des dommages considérables.

Malheureusement pour notre espoir du hockey, il s'avère que ce dernier sortait à peine d'un quatrième tiers-temps festif, et que son degré d'alcoolémie se situait bien au-delà des limites légales, voire du raisonnable. Là où l'affaire prend un tour encore plus sulfureux, c'est lorsque l'on découvre que le rutilant bolide de notre joueur fait partie de la flotte d'Energ'Heat, et est donc à ce titre couvert par la police d'assurance de la société…

De fil en aiguille, on découvre, par cet incident et par des conversations avec l'entraîneur et les autres membres de l'équipe, que la plupart des joueurs bénéficiaient de voitures de fonction, provenant de l'imposant parc d'Energ'Heat. Cet état de fait étant contractualisé par un contrat de sponsoring en bonne et due forme, signé de la main de Barney au titre de « responsable du parc automobile » d'Energ'Heat, la compagnie d'assurance du groupe se doit d'endosser les coûts de cet incident. La direction centrale d'Energ'Heat ignore tout de ce contrat de sponsoring ou de ces véhicules affectés à des joueurs, mais lorsque l'assureur s'étonne de l'incident et alerte le siège californien, Barney est immédiatement mis à pied et licencié. En parallèle, le management informe les autorités locales de ce départ et de la mise en route d'une enquête interne sur les agissements de Barney, cette dernière pouvant conduire à des conséquences judiciaires.

Lorsque l'actionnaire européen est mis au courant de cette histoire à l'occasion d'une revue trimestrielle des comptes d'Energ'Heat, le directeur financier se souvient que le coût du parc a été abordé lors de la phase de *due diligence*. Il relit donc avec attention le rapport du cabinet TBS, et s'intéresse de près à l'écart de coût relevé sur la zone Midwest.

Il demande donc au cabinet de conduire des analyses plus poussées aux États-Unis, afin de comprendre ce qui s'est passé et d'évaluer l'ampleur du préjudice.

Investigation

La première étape des travaux du cabinet consiste à déterminer le périmètre exact des budgets annuels placés sous la responsabilité de Barney. Il en ressort d'une part, que ce budget s'élevait à environ 40 millions de dollars, dont les loyers des automobiles en leasing mais également le carburant et les autres dépenses liées (pneumatiques, pièces…), et d'autre part que le niveau de contrôle sur ces coûts était minime.

Les enquêteurs se rendent rapidement compte qu'une analyse poussée de la flotte requiert avant tout une base de données fiable et solide incluant tous les véhicules gérés. Toutefois, le logiciel de gestion de la flotte, développé en interne, présente des lacunes évidentes : il apparaît clairement que ce dernier a été manipulé dans le but de cacher certaines entrées ou certaines informations (comme le type de véhicule ou les conditions contractuelles des locations). De plus, ce logiciel est géré localement à Springfield, accessible uniquement à Barney et à son équipe, sans interface avec le système de gestion central d'Energ'Heat, et par conséquent non contrôlé par le service informatique du groupe.

Le but du cabinet étant d'analyser la constitution de la flotte, il est nécessaire de créer une base fiable, permettant de réconcilier les informations comptables internes (coût mensuel et allocation analytique des loyers par voiture) avec les informations provenant de tiers extérieurs à la société (type de véhicules et termes du contrat fournis par les loueurs). La base de données ainsi constituée couvre une période de quatre ans, ce qui correspond à peu près au temps de présence de Barney dans la société et à la période sur laquelle il est susceptible d'avoir exercé des activités frauduleuses. En pratique, le portefeuille de contrats de locations d'Energ'Heat se répartit entre six sociétés de leasing, chacune d'entre elles émettant chaque mois une facture unique payée par virement par la comptabilité fournisseurs. Certaines de ces factures n'existent que sous format papier, ce qui alourdit encore le processus de construction de la base. Malgré tout, le cabinet parvint à créer une base exhaustive, qui s'avérera *in fine* précieuse et permit de mettre en évidence des éléments fort intéressants…

Malgré la multitude d'acteurs, les contrats de leasing sont en général extrêmement standardisés et sont en réalité toujours axés autour de deux clauses : la durée de location (généralement de six à trente-six mois) et le kilométrage annuel estimatif (jusqu'à 100 000 miles par an). Ces deux éléments permettent à la société de leasing de déterminer deux chiffres clés : d'une part le loyer mensuel et d'autre part la valeur de rachat en fin de contrat, qui correspond à une valeur de marché résiduelle. Le métier d'un gestionnaire de flotte consiste donc principalement à optimiser ces conditions de locations et à les faire coïncider avec les caractéristiques opérationnelles de la flotte, afin de minimiser les loyers mensuels et de maximiser les valeurs de revente.

En analysant la base de données, les enquêteurs sont rapidement confrontés à des découvertes plutôt étranges. Tout d'abord, un nombre inhabituellement élevé de véhicules est enregistré dans la catégorie « retours véhicules ». Ce segment analytique du système comptable est normalement utilisé pour allouer les loyers correspondant aux nouveaux véhicules non encore affectés à un commercial, ou les loyers correspondant aux anciens véhicules restitués par leur utilisateur mais non encore revendus. Cette catégorie devrait donc en théorie recueillir des loyers de façon temporaire et pour des montants somme toute mineurs.

De plus, plusieurs contrats présentent des conditions contractuelles qui sont manifestement pénalisantes et non conformes aux politiques d'Energ'Heat : la combinaison de durées de location courtes et de kilométrage élevés conduit mathématiquement à des loyers surestimés et à des valeurs de revente artificiellement basses. Enfin, les enquêteurs découvrent également que dans la plupart des cas, un seul et même repreneur (un garage local) rachète les véhicules en fin de contrat, à une valeur inférieure à celle du marché.

Barney utilise en effet une faille du système comptable : il a découvert que lorsque des véhicules sont affectés en « retours véhicules », les coûts correspondant s'imputent dans les dépenses générales d'Energ'Heat et non sur son propre budget. Ces dépenses incluent également les coûts associés à la flotte (réparations, entretien, pneumatiques…). Comme ces charges générales ne sont pas analysées de manière très précise, et du fait de la forte et constante croissance d'Energ'Heat, il est très difficile de déterminer le montant « normal » de ces dépenses. Barney utilise donc cette zone grise de la comptabilité pour cacher le coût d'un nombre significatif de véhicules, dont certains n'ont même jamais été livrés à Energ'Heat…

Barney a commencé à mettre en œuvre cette technique trois ans plus tôt, mais l'ampleur de la fraude augmente avec la croissance de la société. Au départ, Barney se contente de fournir des véhicules à sa famille et à ses amis aux frais d'Energ'Heat. Il ignore d'ailleurs totalement les règles du groupe concernant le choix de véhicule, et choisit de préférence des véhicules allemands haut de gamme. Personne en Californie ne semblant remarquer ses arrangements, il commence à fournir des véhicules à d'autres bénéficiaires, comme les joueurs de hockey ou encore les employés de ses propres sociétés. Enfin, le système prend une tout autre ampleur et la fraude s'industrialise lorsque Barney s'associe avec un concessionnaire local pour racheter les véhicules en fin de contrat : il commence alors à faire louer par Energ'Heat sur la base de contrats à court terme des lots entiers de véhicules, interrompt ces contrats après quelques mois, et dispose ainsi de véhicules quasi neufs à un prix artificiellement bas. Durant la période de location, les voitures neuves sont stockées dans un entrepôt appartenant à Barney, jamais utilisées, et leurs coûts imputés sur la fameuse ligne « retours véhicules ». Les associés de Barney peuvent alors reprendre ces véhicules neufs au prix de rachat et les revendre sur le marché avec une confortable plus-value ! Un système entier a ainsi été mis en place, dans lequel chacun trouve son compte (les loueurs, les concessionnaires locaux, les garages revendeurs et notre héros Barney), tandis que les coûts réels de ces surloyers se retrouvent à la charge d'Energ'Heat.

Confrontation et aspects judiciaires

Malgré sa confiance en lui et son célèbre bagout, la première confrontation entre Barney, les auditeurs du groupe et les représentants californiens des ressources humaines est plus que déchirante… En effet, Barney fond en larmes, et se défend en jurant qu'il a toujours cherché à servir au mieux les intérêts d'Energ'Heat grâce à son dévouement et à ses connexions dans le monde de l'automobile. Il explique également à ses supérieurs ébahis que ses succès personnels et professionnels ainsi que sa popularité sont sans doute à l'origine de ce sombre complot… Même s'il admet avoir outrepassé ses attributions en sponsorisant l'équipe locale ou en louant des véhicules hors gamme, il tente de démontrer que ce n'était que dans le but d'assurer la promotion et le rayonnement d'Energ'Heat et non pour servir ses intérêts personnels.

Dans la pratique, le cabinet entame ses travaux juste après cette réunion chargée d'émotion, et est tout de suite présenté à la police locale qui a été saisie après l'incident initial du joueur de hockey et de la librairie. Ce timing permet au cabinet d'être plus efficace, en travaillant en collaboration avec les autorités et en évitant les doubles travaux. Sa tâche consiste à évaluer le préjudice subi, tandis que les forces de l'ordre se concentrent sur la mise à jour du réseau qui a permis à Barney de récupérer une partie des plus-values encaissées sur les reventes de véhicules. Le champ d'investigation de la police inclut également le recensement des actifs détenus par Barney et la sécurisation de ceux-ci, dans le but d'assurer la recouvrabilité des dommages.

Au cours de l'exercice de quantification, le cabinet est confronté au fait que ce type de fraude est extrêmement difficile à évaluer et à mesurer, puisque les conditions anormales de location se situent à la frontière entre la fraude caractérisée et la mauvaise gestion. Barney est visiblement au courant de l'existence de cette zone grise et prêt à jouer cette carte afin de présenter comme des erreurs mineures ou non intentionnelles ce qui est en réalité une escroquerie totalement délibérée.

Par ailleurs, le schéma mis en place par Barney implique une décorrélation entre le préjudice subi par Energ'Heat (loyers surestimés) et les gains perçus *via* le commerce des véhicules d'occasion (plus-values en fin de contrat).

Le cabinet rationalise finalement son évaluation du préjudice sur une période de quatre ans en suivant trois étapes distinctes. Tout d'abord, les enquêteurs identifient 2,9 millions de dollars correspondant au coût de la location de véhicules de luxe au profit de l'entourage familial, professionnel et relationnel (joueurs de hockey) de Barney. Par ailleurs, ils mettent en évidence un total de 4,2 millions de dollars de loyers liés à des véhicules qui n'ont jamais été utilisés par Energ'Heat mais ont servi à nourrir le trafic de Barney. Enfin, ils évaluent à l'aide de calculs statistiques et de comparaisons avec les autres régions couvertes par Energ'Heat le coût résultant de la gestion biaisée de Barney, pour un total de 5,6 millions de dollars. D'un point de vue juridique, ce dernier préjudice n'est pas assimilable à des activités frauduleuses, mais relève néanmoins d'une mauvaise gestion intentionnelle de la flotte.

Dans le cadre de l'intervention du cabinet, Barney est interrogé deux fois par les forces de l'ordre. À chaque fois, les calculs et découvertes du cabinet sont utilisés par la police pour diriger les entretiens et mettre en lumière les fraudes perpétrées. Barney est alors mis en examen pour différents motifs de crime aggravé (*felony*) et passe plusieurs mois en détention provisoire. Après que ses actifs ont été consignés, il est libéré sous caution. Il attend son procès qui devrait avoir lieu d'ici quelques mois.

En termes de recouvrement de préjudice, Barney disposait au moment de l'enquête de plus de 1 million de dollars en cash et valeurs mobilières, ainsi que des propriétés immobilières totalisant une valeur de 3,1 millions de dollars. Les avocats d'Energ'Heat prévoient bien entendu de réclamer la vente de ces actifs au moment du procès pour rembourser une partie du préjudice subi.

Leçons

L'un des principaux enseignements que l'on peut tirer de ce cas est le fait que l'exercice de *due diligence* diffère totalement de l'analyse de fraude. Le niveau d'analyse, la contrainte de temps et les limites dans l'accès à l'information financière de la cible font qu'il est pratiquement impossible de mettre en évidence un système de fraude complexe lors de la phase de *due diligence* d'un processus d'acquisition.

« Loin des yeux, loin du cœur » : cet adage pourrait aussi résumer le principal problème qu'a rencontré Energ'Heat. Bien que l'entreprise ait connu une croissance très rapide, le cas Barney va bien au-delà de la simple crise de croissance et a mis en évidence des lacunes de contrôle, dont la première explication est la localisation excentrée et la liberté quasi totale dont jouissait Barney à Springfield.

« Vole le riche… il ne le remarquera même pas ! » Ceci pourrait également s'appliquer à Energ'Heat et constitue l'un des facteurs ayant permis la mise en place de cette fraude. La combinaison d'une croissance exceptionnelle, d'une activité à fortes marges et d'une organisation décentralisée tout entière dédiée à la force de vente a servi de terreau fertile à une fraude massive. En pratique, le schéma était en effet quasi indétectable dans l'organisation adoptée à l'époque par Energ'Heat ; pour le mettre à jour, il aurait fallu un niveau de contrôle nettement plus poussé à l'échelle de cette société.

Enfin, il a été extrêmement enrichissant d'obtenir un éclairage sur la personnalité de Barney. On pourrait en effet penser que la fraude d'entreprise est l'apanage des comptables obscurs à la personnalité effacée qui se fondent dans l'organisation pour mieux la dépouiller. Dans le cas de Barney, c'est au contraire sa flamboyance et l'étalage immodéré de ses succès qui ont servi d'écran de fumée pour dissimuler ses discrètes et lucratives activités annexes.

Recommandations

Contrôler les sites distants

La société emploie maintenant deux contrôleurs de gestion dédiés pour superviser les quatre zones. Basés en Californie et totalement indépendants des quatre équipes de management local, ces contrôleurs effectuent des tâches de supervision globale ainsi que des audits ciblés des dépenses locales, basés sur des sondages et incluant des déplacements sur site.

Séparer les tâches

L'un des aspects les plus étonnants de ce schéma de fraude est la quantité de tâches différentes qui avaient pour point commun d'être confiées à Barney, le tout sans aucune supervision. Energ'Heat a mis en place une nouvelle séparation des tâches et des contrôles autour des contrats de location pour s'assurer que cette situation ne puisse se reproduire, parmi lesquels :

- les contrats de leasing sont maintenant négociés par le service juridique central et ne peuvent être signés que par le management du siège ;
- les modèles de voiture et les options sont désormais régis par une charte édictée par le service RH central, et les exceptions ne sont plus permises ;
- les conditions des contrats de leasing en termes de durée et de loyer sont systématiquement revues au siège et la règle de base est là encore la standardisation, sous l'égide du responsable central basé en Californie ;
- les négociations avec les concessions sont toutes gérées et contrôlées par le département des achats.

Mettre en place une ligne téléphonique de whistle blowing

Dans les très grandes compagnies américaines comme Energ'Heat, il est désormais courant de mettre en place la possibilité de reporter anonymement des activités frauduleuses ou des soupçons, *via* une hotline dédiée. Ceci permet à des individus qui peuvent être isolés au sein d'une équipe ou d'un site comportant peu d'employés d'exprimer leurs doutes sans devoir en référer à leur équipe ou à leur supérieur direct. Dans le cas de Barney, l'un des jeunes mécaniciens avait en l'occurrence été mis à la porte lorsqu'il avait commencé à poser des questions sur certaines activités suspectes, et il n'avait pas trouvé le moyen de transmettre ses doutes au-delà de Springfield. Le préjudice de la fraude aurait pu être bien inférieur si ce type d'alerte avait été mis en place plus tôt.

Cap à l'Est !

Une joint-venture à risque

Récit

Mise en situation

Epsilon Telecom est l'un des grands opérateurs de télécommunications en Europe. Il développe et commercialise des services de téléphonie et Internet, fixes et mobiles. Avec un chiffre d'affaires de plusieurs dizaines de milliards d'euros, Epsilon Telecom est déjà présent sur plusieurs continents, notamment en Asie et en Amérique du Sud. Mais la direction générale du groupe ne souhaite pas s'arrêter là et la recherche de leviers de croissance continue.

En juin 2008, la direction du développement mène une politique d'internationalisation vers les pays de l'Est et vise plus particulièrement le marché ukrainien. Il faut dire que ces dernières années, le secteur des télécoms est l'un des plus dynamiques du pays. Les prévisions de croissance sont de l'ordre de 15 % pour 2008.

Pour mener à bien cette mission, sa stratégie consiste à nouer à très court terme un partenariat avec un acteur déjà présent sur le marché et à faciliter une implantation en son nom propre à moyen terme. Pour Epsilon, l'Ukraine est un marché stratégique puisqu'il devra être la plateforme de lancement de tous les autres projets à venir en Europe de l'Est pour le groupe.

L'équipe en charge de mettre en œuvre cette stratégie est dirigée par Yan Stern, vice-président du développement international. Ce dernier a la réputation de détecter des partenaires à très fort potentiel avant tout le monde. Il scrute les marchés émergents, identifie ses cibles et trouve les leviers de négociation adéquats. Après vingt ans de carrière dans plusieurs sociétés à dimension mondiale, Yan Stern a acquis une certaine expérience.

Il a par exemple été particulièrement échaudé dans son ancienne entreprise, spécialisée dans l'agroalimentaire, lorsque cette dernière a perdu en quelques mois le contrôle d'une joint-venture basée dans la région du Sichuan, en Chine. Le groupe de Yan Stern n'a pas bien anticipé, à l'époque, de nombreux problèmes de corruptions et de fraudes dans les pratiques de son partenaire asiatique. Cette situation a abouti à un contentieux entre les deux entreprises et le potentiel de nuisance de la société chinoise a été très mal estimé par son équipe de l'époque.

En ce qui concerne l'attaque du marché ukrainien, ses managers sont déjà en contact avec plusieurs sociétés ukrainiennes dont une filiale du groupe Zlata Telecom dirigée par un certain Vladimir Petrouchko.

À partir des informations remontées par son équipe, Yan Stern commence à avoir une bonne visibilité des forces et faiblesses des acteurs rencontrés par son équipe. Zlata est le groupe qui lui semble avoir le plus d'atouts pour devenir le partenaire stratégique et les premiers contacts sont prometteurs.

Le temps presse car Yan Stern doit rendre son avis définitif sur le choix du futur partenaire dans huit semaines, lors d'un comité de direction. Il pense bien mettre ce temps à profit pour lever quelques incertitudes sur les qualités du président-directeur général de Zlata. Deux responsables commerciaux ont, en effet, remonté des informations en interne selon lesquelles Vladimir Petrouchko était un homme ayant la réputation d'avoir des contentieux avec de nombreuses personnalités du pays.

Fort de sa mauvaise expérience chinoise, Yan Stern décide donc de mandater une société externe spécialisée en intelligence économique et management des risques afin de réaliser une *due diligence*. Il s'agira de recueillir des éléments d'information permettant de préciser la réputation de Vladimir Petrouchko et d'identifier les facteurs de risques liés à ce partenariat afin d'éviter de mauvaises surprises.

Collecte d'informations

Jean Miles, directeur des projets de la société spécialisée en intelligence économique, s'apprête à donner les consignes à une équipe d'analystes pour lancer la mission qu'il a malicieusement nommé Antarès, du nom de l'étoile la plus brillante de la constellation du Scorpion. Avec dix ans d'expérience dans le renseignement économique, Jean sait que les investissements les plus alléchants peuvent aussi contenir leur part d'ombre.

Yan Stern et Jean Miles ont défini en commun les objectifs de la mission. Ainsi, les informations collectées auront pour but d'apporter un maximum de précisions relatives à Vladimir Petrouchko et à son groupe. Il s'agira plus particulièrement d'étudier son parcours professionnel, les membres influents de ses réseaux d'affaires, les secteurs d'activités et zones géographiques dans lesquels il a des intérêts (investissements et participations…), d'analyser son honorabilité, les problèmes d'images et les contentieux éventuellement rencontrés par lui ou par son groupe.

Jean Miles s'apprête donc à lancer, dans un cadre totalement légal, une enquête discrète qui permettra à Yan Stern d'identifier les risques éventuels pris par son entreprise en réalisant ce partenariat stratégique.

Loin de la *due diligence* dite « financière » réalisée selon des méthodologies d'audit interne, Jean Miles va réaliser une *due diligence* consistant en une investigation externe qui servira d'outil de prévention et de décision à Yan Stern. Les informations recueillies pourront être rapprochées *a posteriori* d'un audit classique pour avoir une vision aussi exhaustive que possible.

Pour la mission Antarès, Jean Miles a expliqué à son client que la collecte d'informations serait réalisée à partir de plusieurs canaux : sources publiques, entretiens informels et enquête de terrain. Les informations provenant des différentes sources seront confrontées et recoupées afin de pouvoir vérifier leur véracité.

Le premier niveau de collecte mis en place par la société d'intelligence économique concerne les « sources ouvertes ». On entend par ce terme toutes les informations disponibles et accessibles publiquement : journaux généralistes, presse spécialisée, radio, télé, Internet, forums, blogs, bases de données… Cette première collecte est fondamentale car elle va apporter des éléments qui permettront de mieux cerner la stratégie du groupe Zlata et la personnalité de Vladimir Petrouchko, d'identifier des relations d'affaires, des accointances, des conflits…

La collecte d'information en sources ouvertes constitue la base de toute mission pour ce type de *due diligence*. En effet, en plus de maîtriser le savoir-faire en matière de techniques de recherche d'informations, les analystes de la société ont accès à de nombreuses bases de données internationales et locales qui fournissent d'importantes informations qui pourront éclairer le dossier. À titre d'exemple, il sera aisé de trouver des informations intéressantes au travers de plusieurs millions d'articles archivés en général jusque dans les années 1980.

Jean Miles mandate ainsi deux analystes spécialisés dans la recherche d'informations sur l'Europe de l'Est qui maîtrisent notamment les langues ukrainienne et russe. Il sait que ces derniers devraient obtenir de nombreuses informations intéressantes grâce aux outils de recherche à leur disposition.

Dans le même temps, Jean Miles contacte plusieurs membres de son agence ayant déjà opéré en Ukraine. Il espère que ces derniers vont permettre d'identifier des contacts potentiels possédant des informations sur le secteur des télécommunications mais aussi dans les différentes sphères où Vladimir Petrouchko est susceptible d'évoluer. Il s'agit ici de bénéficier d'un réseau de contacts informels de qualité.

Pour des raisons de discrétion, il faudra, en fonction des personnes contactées, élaborer une approche et un questionnaire approprié dans lesquels n'apparaissent ni le nom du client Epsilon, ni l'objectif exact de la mission. En effet, lors du déroulement de l'enquête, la confidentialité est un facteur décisif pour ne pas risquer d'interférer avec les négociations engagées.

Pour recouper le tout, Jean va contacter également un investigateur basé à Kiev avec qui il a déjà travaillé plusieurs fois et en qui il a une confiance établie. Cette personne a d'ailleurs rempli toutes les conditions d'évaluation demandées par sa société pour être considérée comme un collaborateur de première qualité. L'information est également cloisonnée, l'investigateur ne connaîtra pas les noms d'Epsilon et de Yan Stern, il n'en a d'ailleurs pas besoin pour accomplir sa prestation. Comme à l'habitude, un accord de confidentialité sera signé afin de garantir la discrétion sur les objectifs de la mission.

Ses démarches consisteront par exemple à vérifier si les adresses des bureaux de Vladimir Petrouchko sont des adresses effectives, d'évaluer s'il n'y a pas d'éléments douteux dans la constitution du patrimoine de l'entreprise et d'examiner les rumeurs évoquées par les commerciaux de Yan Stern.

Ces opérations sont délicates car l'investigation de terrain ne doit en aucun cas aller à l'encontre du droit à la vie privée. C'est d'ailleurs ce qui a déterminé le choix de cet investigateur, agréé pour exercer l'enquête privée et fin connaisseur des lois de son pays.

Le parcours douteux du futur partenaire

En ce mois de juin 2008, Vladimir Petrouchko pense être en passe de réaliser une belle opération. Il pense pouvoir, à moyen terme, recueillir un maximum de bénéfices de la vente de la branche ukrainienne du groupe

Zlata, qu'il estime valoir une centaine de millions d'euros. Les contacts pris avec Epsilon et l'équipe de Yan Stern l'ont d'ailleurs particulièrement mis en appétit.

Les premières démarches de collecte d'informations réalisées par l'équipe de Jean Miles donnent quant à elles une image plutôt valorisante de Vladimir Petrouchko et de son parcours.

Ce dernier est né en Ukraine dans la ville d'Odessa en 1967. Son père est Ukrainien mais le fait d'avoir une mère américaine lui a permis d'avoir la double nationalité. Après une jeunesse paisible, il a passé plusieurs années avec son frère Aleksei aux États-Unis, ce qui lui a permis d'avoir une bonne connaissance des rouages de l'économie de marché lorsque la chute du mur de Berlin sonna la fin du collectivisme.

Après des études générales scientifiques à San Francisco, Vladimir Petrouchko est revenu en Ukraine pour finaliser son parcours et se spécialiser en ingénierie des télécommunications à l'université de Kiev.

Il commence à travailler dès la fin de ses études. Au début des années 1990, il va profiter de ses connaissances du monde des affaires pour créer son entreprise dans le domaine des TIC. Il va en particulier établir dans son pays le premier réseau câblé.

À la même époque, il rencontre Alain Chenoux, fils d'une famille fortunée suisse qui va devenir son bienfaiteur et lui permettre de réaliser les premiers investissements décisifs pour le développement de sa société. À eux deux, ils vont construire le groupe Zlata qui atteindra en 2007 le chiffre d'affaires de 400 millions d'euros.

Zlata fournit des services de téléphonie fixe, Internet et de téléphonie à mobilité réduite. Au-delà des pays d'Europe de l'Est, le groupe est également positionné en Amérique du Nord. Coprésident du groupe avec Alain Chenoux, Vladimir Petrouchko a tout de même gardé la direction de la filiale Ukrainienne.

Fort de cette réussite économique, Vladimir Petrouchko a diversifié ses investissements dans le domaine du consulting et de l'énergie verte. Il a même ouvert quelques années auparavant, ce qu'il considère comme le symbole de sa réussite, à savoir le plus luxueux restaurant de la ville d'Odessa où affluent les gens fortunés de la région et qu'il a humblement baptisé « Le Diamant ».

Enfin, en témoignage de ces succès, Vladimir Petrouchko a été lauréat du prix « Excellent Business Man » délivré par le magazine Ukrainian Business

Week, élu « personnalité de l'année » dans un autre hebdomadaire prestigieux et il a reçu le prix du « meilleur investissement télécom » sous le haut patronage du Parlement ukrainien.

Un entretien téléphonique des enquêteurs avec le cadre d'un organisme local va pourtant modifier quelque peu le visage du personnage.

Sous le vernis, la rouille

Malgré la présence internationale du groupe Zlata, l'équipe d'investigation décide dans un premier temps de se concentrer sur les pratiques du groupe en Ukraine, aspect prioritaire pour M. Stern.

Vladimir malmène les organismes de régulation

Contacté par un collaborateur de Jean Miles, un responsable de l'Inspection générale des télécommunications (IGT) indique que Vladimir Petrouchko a pour habitude de ne pas solliciter les organismes de régulation avant de développer un réseau ou de faire installer du matériel. Cela lui a valu par le passé quelques démêlées avec la justice ukrainienne. Cette information a été confirmée par un ancien cadre de la société.

Au tribunal de commerce de Kiev, l'enquêteur local retrouve d'ailleurs des documents montrant que Vladimir Petrouchko a rencontré des problèmes judiciaires liés à une précédente société de télécommunications Walker Communication AT. Cette entreprise est accusée de faute grave pour avoir utilisé une fréquence radio réservée à l'usage privé selon la réglementation de l'Union européenne ainsi que d'installation illégale de matériel. Les investigations qui ont été menées par la police d'Odessa ont démontré l'appartenance du matériel à l'ancienne compagnie de Vladimir Petrouchko.

Fort de ces informations, les analystes vont retrouver grâce à de vieilles coupures de presse locales la trace d'une histoire similaire en 2003 lorsque Vladimir Petrouchko avait, par le biais de la filiale Zlata Telecom Ukrainia, installé son réseau de téléphonie mobile dans la ville d'Odessa sans en faire la demande auprès de l'IGT, en utilisant encore une fois, une fréquence réservée à l'usage privé.

Ces renseignements incitent les enquêteurs à creuser d'avantage. En effet, loin des premiers éléments de réputation positifs, ces informations tendent à montrer un Vladimir Petrouchko au caractère très offensif, qui n'hésite pas à passer au-delà de certaines règles dans la conduite de ses affaires.

Jean Miles commence à se dire que les pratiques du groupe Zlata ne sont peut-être pas aussi vertueuses qu'il y paraît.

Une filiale ukrainienne aux équilibres financiers précaires

L'évocation, par un ancien sous traitant de Zlata, d'un procès récent, va également interpeller l'équipe de Jean. En effet, Vladimir Petrouchko a été poursuivi par ce sous-traitant pour obtenir le recouvrement de ses dettes. Le procès a débuté en mai 2008 et il est toujours en cours au moment de la *due diligence*.

Cette nouvelle piste incite les analystes à creuser la situation financière de l'entreprise. L'analyse des chiffres publiés va montrer que la filiale ukrainienne de Zlata a eu de nombreuses difficultés qui auraient dû conduire à sa dissolution. En effet, fin 2002 les dettes de l'entreprise s'élevaient à 200 millions d'euros, et les pertes de l'entreprise à 30 millions d'euros. Malgré une augmentation des actifs de l'entreprise en 2003, il semble que ces problèmes financiers ne soient toujours pas résolus en 2008 en raison des pertes enregistrées par la société au cours de l'exercice 2007.

Cependant, selon l'administration fiscale, la société n'a aucune dette envers l'État. Le constat est pourtant incroyable : plusieurs sources au sein du ministère des Transports et des Télécommunications expriment le fait que la survie de Zlata a tenu aux soutiens politiques de Vladimir Petrouchko. L'équipe d'investigation décide donc de mesurer la portée de ce réseau.

Une influence locale remise en question

Le constat de Jean Miles est simple : en 2005, le ministre des Transports et des Télécommunications a donné la licence d'exploitation du réseau de la ville d'Odessa à Zlata Telecom Ukrainia bien qu'il l'exploitât déjà depuis trois ans sans accord. Vladimir Petrouchko semble avoir toujours été aidé par ses connexions politiques en Ukraine, qui l'ont tiré d'affaires, à plusieurs reprises.

Cette information peut se révéler intéressante pour Yan Stern dans le sens où elle confirmerait des réseaux d'influence de première qualité qui pourraient jouer un rôle important pour le groupe Epsilon lors de la phase opérationnelle de pénétration du marché.

Plusieurs journalistes locaux expliquent en effet que Vladimir Petrouchko a des liens étroits avec le Parti socialiste ukrainien, il en serait même le sponsor. Il a notamment été aidé par un ministre, présent dans tous les gouvernements en Ukraine de 1997 jusqu'en 2007. Ce dernier lui a permis de légaliser certaines de ces activités.

Pour Valérie Tellor, analyste de l'équipe de Jean Miles qui a identifié le problème, le ministre est maintenant hors de la sphère du pouvoir suite à un procès pour faux et usage de faux dans une sombre affaire d'escroquerie. Le gouvernement a été remanié et le nouveau ministre a fait à plusieurs reprises des déclarations très hostiles envers son prédécesseur. L'atout politique majeur de Vladimir Petrouchko n'est donc plus jouable au moment où Epsilon souhaite pénétrer le marché.

Les associations de consommateurs ukrainiennes aux aguets

Pour tenter de terminer la cartographie de l'environnement de Zlata en Ukraine, Jean Miles prend contact avec l'association de consommateurs reconnue localement. Celle-ci va lui apprendre que le bureau régional de protection des consommateurs a condamné, en 2006, Zlata Telecom Ukrainia à une amende pour non-respect des lois de protection du consommateur. La société a fait appel mais elle a finalement bel et bien perdu son procès. Les investigateurs pensent donc légitimement que le nouveau partenariat Epsilon-Zlata appellerait particulièrement la vigilance des mêmes associations.

Tous ces éléments d'informations commencent à donner une image quelque peu ternie du portrait initial. Jean Miles n'est cependant pas encore totalement satisfait de la mission de *due diligence*. En effet, même si des faiblesses apparaissent maintenant nettement quant aux pratiques de Vladimir Petrouchko et de Zlata en Ukraine, l'équipe d'investigation veut être en mesure de mettre en perspective les agissements locaux avec ceux du groupe au niveau international. Peut-être les informations recueillies révéleront-elles de meilleures perspectives ?

Le cauchemar américain

La holding du groupe Zlata est enregistrée aux îles Vierges britanniques depuis le début des années 2000. Elle chapeaute la filiale ukrainienne mais aussi d'autres entités, basées notamment en Suisse et dans les Caraïbes qui pilotent les activités américaines du groupe. Ce positionnement géographique ainsi que la structure même du groupe suggère une bonne connaissance des montages financiers et des stratégies d'optimisation fiscale.

L'analyste Valérie Tellor décide de sortir du périmètre ukrainien pour contacter des personnes travaillant au sein d'opérateurs de téléphonie aux États-Unis. Il s'agit de sonder la réputation des pratiques du groupe sur ce continent et éventuellement d'identifier des éléments pouvant avoir des conséquences pour Yan Stern et son partenariat stratégique.

Les résultats ne se font pas attendre, Valérie Tellor apprend non seulement que Zlata Group est perçu comme ayant, là aussi, une stratégie de pénétration de marché agressive, mais encore que plusieurs de ses filiales sont accusées de fraudes et d'escroquerie.

Des requêtes sont faites auprès de plusieurs collaborateurs de Jean Miles basés aux États-Unis. Ces derniers remontent les informations, documents à l'appui, selon lesquelles un certain Marc Alovitch, directeur financier du groupe Zlata ainsi qu'Alain Chenoux, coprésident de Zlata, ont comparu comme accusés dans une affaire de transfert de contrats frauduleux, de dissimulation frauduleuse et de conspiration d'escroquerie. Le procès s'est déroulé au tribunal du district nord de l'État du New Jersey.

Les faits étaient les suivants : en 2003, une société du nom de Smith & Associates a acquis des obligations convertibles émises par la société Armor Worlwide. La même année, Zlata Telecom Services-USA, filiale du groupe Zlata, devient actionnaire majoritaire d'Armor Worlwide. Une grande partie des contrats gouvernementaux (50 à 200 millions de dollars) que possédaient Armor Worlwide ont alors été transférés à la société Zlata Telecom Services-USA. L'année suivante, les actionnaires de Armor Worlwide, dont Zlata Telecom Services-USA, ont décidé de dissoudre la société par une mise en faillite. Smith & Associates a alors perdu ses parts. En 2006, Smith & Associates a porté plainte pour transfert frauduleux et conspiration d'escroquerie contre les ex-actionnaires de la société Armor Worlwide dont Zlata Telecom Services-USA.

Au moment de la mission, le procès est toujours en cours mais il semble que le groupe Zlata soit contraint à provisionner un maximum d'argent en vu d'un verdict, qui selon plusieurs sources fiables, paraît mal engagé pour lui.

Un autre litige datant de 2008 est également identifié. Il a opposé cette fois la société Zlata Telecom Services-USA à une société du nom d'Equity Corporation. Ce procès fait suite à un premier procès dans lequel Equity Corporation avait porté plainte contre la société Armor Worldwide pour un différent portant sur la garantie d'un contrat passé entre les deux sociétés. La cour du New Jersey a jugé que la garantie était frauduleuse car le nom du garant sur le contrat n'était pas celui du contractant, qui n'était autre qu'Armor Worldwide. Suite à ce procès, Equity Corporation s'est retourné contre Zlata Telecom Services-USA l'actionnaire majoritaire d'Armor Worldwide avant sa mise en faillite en 2004.

Ici encore, le verdict définitif n'est pas encore rendu mais il paraît évident aux personnes interrogées que Zlata est dans une position délicate.

Au-delà du risque juridique mis en évidence par ces informations, il semble que s'engager dans un partenariat à ce moment avec le groupe Zlata comporte non seulement un risque financier mais également un risque d'image pour le groupe Epsilon.

L'heure des conclusions

Six semaines exactement après le lancement de la mission Antarès, Jean Miles est maintenant en état de rendre un rapport circonstancié et commenté à Yan Stern qui attend avec impatience les conclusions.

L'objet n'est pas, pour le cabinet d'intelligence économique et Jean Miles, de prendre position sur la conduite à suivre pour Epsilon. Yan Stern a suffisamment d'informations internes sur la stratégie de son groupe et sur les enjeux de l'opération pour juger et prendre ses décisions.

Mais les conclusions sont là : faire un partenariat avec l'entité ukrainienne du groupe Zlata comporte plusieurs zones de danger qu'il est possible de résumer ainsi :

- le risque de se trouver confronté à une certaine hostilité des organismes de régulation en Ukraine ;
- le risque d'être associé à l'image du groupe Zlata, ternie par plusieurs contentieux avérés, notamment en Amérique du Nord, allant jusqu'à des plaintes pour transfert frauduleux et escroqueries ;
- les risques financiers liés à ces procès dont il est difficile de mesurer encore l'impact sur le groupe Zlata ;
- les risques économiques induits par les mauvaises performances de l'entité ukrainienne ;
- le risque de ne pas disposer de réseaux d'influence effectifs et donc de devoir investir fortement dans les relations publiques localement ;

- enfin, le risque d'être sous le feu des associations de consommateurs, vigilantes quant aux actions à venir de Zlata et donc à celles de ses partenaires dans le pays.

À la suite de cette *due diligence*, la direction du groupe Zlata prétextera des évolutions dans sa stratégie d'entreprise pour différer à une date ultérieure l'étude d'une collaboration plus poussée entre les deux firmes.

Quelques semaines plus tard, Epsilon finalisait une joint-venture comportant beaucoup moins de risques avec une autre entreprise ukrainienne pour laquelle la même démarche de *due diligence* avait été réalisée.

Fin 2009, le groupe Epsilon s'est vu accorder une licence télécom par les autorités ukrainiennes et il est en passe de devenir un leader du marché de la téléphonie mobile sur plusieurs pays d'Europe de l'Est. En effet, l'investissement du groupe en Ukraine, qui s'est compté en millions d'euros, a été amorti en un an et demi. Quant à Yan Stern, il n'a pas failli à sa réputation d'entrepreneur de grande clairvoyance, cet investissement aurait pu la réduire à néant s'il s'était trompé de partenaire.

Leçons

- Ne pas parier sur sa bonne étoile : c'est notamment grâce à l'expérience d'un investissement perdu au sein de son ancienne entreprise que Yan Stern a décidé de réaliser cette *due diligence* approfondie. Mais, il n'est pas nécessaire d'attendre d'avoir subi des problèmes ou d'attendre le contentieux pour effectuer des démarches d'investigation. Prévenir plutôt que subir est la règle.

- L'intelligence économique comme outil de prévention des fraudes : au-delà des différents aspects qui détermineront la décision stratégique de Yan Stern, la mission de *due diligence* a permis d'éviter au groupe Epsilon de s'associer à des personnes ayant des pratiques des affaires extrêmement agressives, n'hésitant pas à franchir la ligne jaune au risque d'accumuler les contentieux judiciaires.

- Utiliser plusieurs canaux de collecte d'informations : un seul individu n'a pas les ressources pour réaliser une *due diligence* qui s'inscrit dans un contexte international. Dans ce cas précis, Yan Stern a fait appel à un cabinet spécialisé susceptible de collecter l'information par divers canaux, d'utiliser des analystes multilingues et de faire appel à des réseaux de collaborateurs et d'investigateurs dans plusieurs pays en même temps.

- Ne pas se contenter des informations de réputation générales : rechercher des renseignements fiables relatifs à une organisation ou à ses dirigeants signifie aller au-delà des éléments de réputation facilement identifiables. En effet, dans ce cas précis, Yan Stern aurait pu s'arrêter aux premiers éléments de réputation très valorisants pour Vladimir Petrouchko. Il a eu le bon réflexe en souhaitant aller au-delà.

- Ne négliger aucun signal faible : enquêter dans le but d'identifier un risque consiste essentiellement à identifier et à recouper des signaux faibles. Ces derniers doivent être compris comme des informations encore rares mais susceptibles d'avoir une incidence majeure à l'avenir pour l'entreprise.

- Respecter la confidentialité et le cadre légal : dans le cadre de sa mission, le cabinet en charge de la *due diligence* s'est attaché à mettre en œuvre toutes les techniques d'investigations, dans un but légitime et dans le cadre de la réglementation en vigueur dans les différents pays où la mission s'est déroulée. Dans une mission d'investigation la discrétion et la confidentialité sont les éléments essentiels pour ne pas entraver le processus de négociation mis en place en parallèle.

Recommandations

Être attentifs aux signaux faibles

La recherche de nouveaux leviers de croissance a incité industriels et acteurs du secteur financier à se tourner vers les marchés émergents. Par définition, l'accès à ces marchés a pour conséquence de placer les dirigeants et managers face à de nombreux types de risques. Ces derniers peuvent être dus aux pratiques des entreprises cibles, à des facteurs culturels spécifiques, aux contextes politiques et sécuritaires des pays et à la difficulté de collecter des informations fiables.

On recense encore de nombreux cas où des acquisitions ou des partenariats se sont révélés être des bombes à retardement, alors même que plusieurs signaux faibles auraient pu être collectés et analysés afin que l'entreprise ne se retrouve pas quelques mois plus tard face à des pratiques frauduleuses ou en proie à des problèmes non identifiés en amont.

Respecter la réglementation

Parallèlement, les obligations réglementaires des acteurs économiques ont été renforcées. La France a par exemple transposé dans son droit en 2009 la

3ᵉ directive antiblanchiment adoptée par l'Union européenne en 2005. Cette dernière impose de nouvelles obligations aux organismes financiers, et vise à prévenir l'utilisation du système financier aux fins de blanchiment de capitaux et de financement du terrorisme.

Veiller à la qualité des due diligences

Pour éviter ces investissements aventureux et les pertes financières qui en découlent, la parade pour les dirigeants est de réaliser en amont les *due diligences* adéquates. Ces dernières auront pour finalité de répondre aux obligations de vigilance et de réduire les risques des investissements futurs.

En ce sens, un premier type de *due diligence* peut permettre aux acteurs du secteur financier ou aux industriels de satisfaire à leurs obligations réglementaires liées par exemple à la convention OCDE, aux directives antiblanchiment, aux lois Sarbanes-Oxley ou au Patriot Act. La méthode consistera alors en une vérification d'informations sur des individus ou organisations ciblées, ce afin d'identifier les menaces de blanchiment, de terrorisme ou d'actes de commerces dans des pays sous embargo. Les actions à entreprendre doivent comprendre au moins les démarches suivantes :

- vérification de l'origine des fonds des acteurs étudiés ;
- identification des bénéficiaires effectifs et de leur notoriété ;
- identification des personnes politiquement exposées ;
- vérification des listes officielles de personnes et d'entités soupçonnées de participer au financement du terrorisme ;
- vérification des liens entre les bénéficiaires effectifs et des pays frappés d'embargo ;
- vérification des listes liées aux réseaux de blanchiment d'argent.

Un second type de *due diligence*, comme décrit dans ce cas, peut constituer plus qu'un dispositif de vérification pour devenir un outil efficace d'aide à la décision. Il s'agit alors d'effectuer une investigation approfondie qui permettra d'identifier tous types de risques (juridiques, financiers, réputations…) en amont ou pendant un processus de transaction. Les actions seront par exemple les suivantes :

- étude approfondie des montages capitalistiques ;
- examen des activités de l'entreprise et de ses partenaires ;
- analyse de la réputation des personnes morales et physiques ;

- cartographie des réseaux et de l'environnement d'affaires ;
- identification des acteurs clés ;
- confirmation ou infirmation de rumeurs liées aux pratiques de l'entreprise ;
- recherche de tous types de risques liés à la problématique du client.

Les *due diligences* couvrent donc à la fois les problématiques de stratégie et de sûreté-sécurité de l'entreprise. Elles permettent d'accompagner les opérations de conquête de nouveaux marchés tout en réduisant les risques associés à ces dernières. C'est l'adoption systématique de ces actions d'investigation et de vérification qui assurera la pérennité du développement économique dans les pays émergents et les zones dites dégradées.

Un loup déguisé en agneau

Une banque criminelle : la BCCI

L es crimes gigantesques de la Bank of Credit and Commerce Interna-tional (BCCI) sortent du cadre habituel. Ils nous conduisent en effet très au-delà de l'horizon balisé des fraudes classiques. La fraude n'est plus un acte isolé commis aux dépens d'une entreprise, mais sa raison d'être même. La perspective est ici celle d'une puissance criminelle majeure, avançant masquée, aux confins de la (géo)politique, de la macroéconomie et de la diplomatie secrète. L'énormité des crimes de la BCCI a souvent conduit à des analyses lénifiantes : cette escroquerie internationale n'aurait été qu'une aberration, une anomalie. Or cette interprétation rassurante est erronée. La BCCI fut au contraire un symptôme, c'est-à-dire la manifestation, à grande échelle, de l'anomie d'un système international capable d'abriter une corruption systémique de longue durée.

Le récit

En apparence, un beau projet éthique

Dans l'histoire du crime organisé, la BCCI reste en effet le modèle de la « banque dévoyée » (*rogue bank*), autrement dit de la « banque criminelle » : une institution financière tournée quasi exclusivement vers l'enrichissement frauduleux de ses cadres dirigeants et de complices extérieurs. Robert Gates, alors directeur adjoint de la CIA, résumera parfaitement l'essence de la BCCI dans une formule passée à la postérité, en la qualifiant en 1988 de : « *Bank of Crooks and Criminals International* » (Banque internationale des escrocs et des criminels).

Pourtant, la BCCI débute comme une belle aventure. Son fondateur, Agha Hasan Abedi – né en 1922 à Lucknow, Uttar Pradesh (Inde) – est un musulman chiite expatrié au Pakistan (un mohajir). Avec un groupe d'investisseurs comprenant entre autre Sheikh Zayed d'Abou Dhabi – également président des Émirats arabes unis – et Bank of America, il fonde la BCCI en 1972, avec l'intention affichée d'offrir des services bancaires au tiers-monde. La banque s'appuie sur de prestigieux et très riches actionnaires issus des familles régnantes des Émirats arabes unis (notamment Abu Dhabi, Dubaï et Sharjah), d'Arabie Saoudite, d'Iran, du Bahreïn…

La cause est noble : devenir la première banque du et pour le monde en développement. La BCCI veut aider les pays sous-développés à sortir de leur misère. La BCCI doit incarner la voix des déshérités et s'affiche comme : « une banque mondiale, une banque globale pour le tiers-monde ». Mieux encore : Agha Hasan Abedi proclame qu'il souhaite à terme diriger la première banque du monde. Surtout, la BCCI s'affiche comme une « banque islamique ». La BCCI pratique officiellement la finance islamique et le marketing religieux. L'éthique est officiellement au cœur du projet de l'entreprise. Les profits seront donc répartis conformément à la morale : un tiers pour les œuvres de charité, un tiers pour les employés et un tiers pour la promotion et le développement de la banque. Le futur empire BCCI prévoit de faire de la philanthropie une de ses premières préoccupations.

La BCCI prend son essor au moment où les pays du monde musulman, en particulier ceux du golfe arabo-persique, découvrent les gigantesques profits du pétrole. Dans ce contexte de bouleversement géopolitique majeur, le projet de la BCCI est de créer une alternative au système bancaire occidental. Alors que le tiers-monde, l'islam et les pays pétroliers prennent confiance sur la scène internationale, « relèvent la tête », la BCCI veut s'imposer comme l'interlocuteur bancaire privilégié des pays émergents face à l'Occident. Agha Hasan Abedi proclame avoir une « vision ».

La BCCI a aussi pour but d'être « la banque des immigrants ». Elle s'adresse aux musulmans émigrés, spécialement ceux du sous-continent indien présents en Grande-Bretagne. La BCCI leur propose de gérer leurs revenus détenus en liquide et de les transférer d'un continent à l'autre, en contournant d'ailleurs les lois sur le contrôle des changes, avec l'ancienne technique de la compensation dite de la Hawalla.

Le 21 septembre 1972, la BCCI est enregistrée officiellement au Luxembourg. Cependant, l'épicentre de la BCCI se trouve en Europe, entre Londres et Luxembourg, puis à partir de 1975 plus discrètement dans les îles Cayman. Londres est une place importante pour le développement de la banque. La souplesse de sa régulation financière est proverbiale et, au-delà de la clientèle des immigrés du sous-continent indien, la BCCI veut aussi capter celle des riches princes arabes aimant séjourner dans la capitale britannique. C'est pourquoi, au sein de la banque, une unité spéciale est créée pour attirer les « HNW » : High Net Worths (gros revenus).

Rhétorique tiers-mondiste et management mystique

Le management de la BCCI se caractérise par un goût certain pour le secret, voire l'opacité. Surtout, ce management est fort peu classique puisqu'à base de clanisme, de mysticisme religieux et de népotisme. Les mohajirs – musulmans pakistanais émigrés d'Inde – se voient accorder les postes à responsabilité. Les tâches les plus sensibles reviennent de la sorte à des hommes *a priori* sûrs du fait de leurs origines et dont l'ascension sociale fulgurante les rend dépendants et reconnaissants. La banque embauche aussi les proches, les amis et la famille, celle en particulier des puissants protecteurs. La BCCI se vit comme une famille élargie, et en prend d'ailleurs souvent l'allure.

Par ailleurs, le discours diffusé par le fondateur à ses employés – lors des séances de travail ou dans les publications internes – prend systématiquement des accents sectaires. Agha Hasan Abedi exige de ses employés une loyauté fanatique, un sens du sacrifice, un don de leur personne, en somme un dévouement total. On n'est pas loin d'un véritable culte de la personnalité. Une version mystique de l'islam, soufie et ésotérique, devient même l'épine dorsale du discours managérial. Les propos d'Agha Hasan Abedi prennent l'apparence de sermons, débités d'un ton hypnotique. Il explique à ses employés qu'il est là pour leur « révéler la vérité ». Il parle moins comme un banquier que comme un guide spirituel. Avec des accents mystiques, il se décrit en visionnaire. Quand, lors de ces séances de travail, il accorde la parole à l'un de ses employés, ceux-ci se contentent de répéter mécaniquement le « message » délivré par le « maître ». Certains se mettent parfois à pleurer et à déclarer bruyamment leur foi. Par certains aspects, la BCCI ressemble plus à un culte religieux qu'à une banque classique.

La BCCI explique son développement exceptionnel par son management si particulier, qu'elle dénomme « *the Concept* ». Il s'agit d'un égalitarisme (apparent) forcené dans lequel ont officiellement disparu statuts, titres et bureaux fermés, faisant vivre tous les employés dans « l'harmonie ». Lors des interviews, Agha Hasan Abedi ne parle que tolérance, amour et espoir. Il explique : « Nous poursuivons un idéal pour toute la société, sans considération de caste, croyance, couleur, religion ou race. La pureté et la charité sont la clé du management à la BCCI. »

Une identité tiers-mondiste est censée dominer une banque fondée par et pour les pays en développement. Si vue de l'extérieur la BCCI est une banque, pour ses employés elle ressemble plutôt à une société secrète, avec ses rites, son jargon (BCCI *speak*), son savoir.

Cette loyauté tant exigée est aussi achetée. Les dirigeants de la BCCI font croire à leurs employés qu'ils possèdent une part de la banque, *via* des parts dans la holding aux îles Cayman. L'illusion est savamment entretenue : la BCCI est une « entreprise familiale » (*family business*). Ce management peu banal devient même parfois effrayant à l'égard des employés suspectés de déloyauté. Des salariés témoigneront des menaces reçues, y compris de mort, d'autres seront même physiquement agressés.

Agha Hasan Abedi règne en fait tel un rajah – son père fut administrateur du Rajah de Mahmudabbad (Inde) – et se fait d'ailleurs appeler « l'homme du royaume » (*raj-wallah*). Les employés se réfèrent à lui comme « le parrain » (*the godfather*) ou encore « Agha Sahib ». Au final, le portrait qui se dessine d'Agha Hasan Abedi est celui d'un manipulateur mégalomane.

Une entreprise criminelle au service du crime organisé

Cependant, derrière l'illusion savamment entretenue de la charité, la réalité de la BCCI est tout autre. Son expansion explosive dans les décennies 1970-1980 et son vernis de respectabilité dissimulent une entreprise criminelle mondialisée. Un des cadres de la BCCI évoquera avec justesse : « *A full service bank for criminals* » (« une banque tous services pour criminels »). Un autre déclarera au Financial Times : « Cette banque aurait même acheté Dieu. » Il est vrai que la BCCI va se livrer à presque tous les crimes imaginables pendant ses deux décennies d'existence (1972-1991). Rapidement, peut-être même dès le départ, la banque se lance en effet dans d'impressionnantes et constantes opérations criminelles, et ce sur toute la planète. La gamme est large : prêts fictifs, corruption, blanchiment d'argent du crime, violations des lois bancaires, évasion fiscale et monétaire, faux en écritures, trucage des comptes, détournements d'argent des clients, versement de commissions illégales, trafic d'armes, violations d'embargo, etc. Le procureur fédéral de New York, Robert M. Morgenthau, qui lance en 1989 une vigoureuse enquête contre la banque, qualifie carrément la BCCI d'« organisation criminelle ». Le gouverneur de la Banque d'Angleterre, Robin Leigh-Pemberton, affirme à son tour que « la culture de la banque est criminelle » (1991). Et, contrairement à ce que la BCCI tentera de faire croire lors de ses années d'agonie (1988-1991), elle ne fut pas la victime des dérives ponctuelles d'employés isolés ou de clients malhonnêtes, mais bien l'acteur conscient d'opérations frauduleuses à grande échelle faisant partie intégrante de son business model.

La BCCI se livre d'abord à une gigantesque distribution de prêts douteux à des clients manifestement incapables ou non désireux de les rembourser. Les problèmes de la BCCI prennent leur source dans ces pratiques de prêts inconsidérés, qui plus est concentrés sur un tout petit nombre de clients privilégiés ; deux en particulier : l'affairiste saoudien Ghaith Pharaon et les frères Gokal. Le plus grand bénéficiaire de ces prêts douteux est le Gulf Group des trois frères Gokal : Abbas, Mustafa et Murtaza. Ces trois Pakistanais dirigent des centaines de compagnies maritimes. Par le volume des prêts reçus, ils deviennent rapidement le débiteur le plus important et le plus risqué de la BCCI. Les hypothèques prises par la BCCI sur les navires atteignent des valeurs irréalistes ; et nombre de navires font même l'objet d'hypothèques en cascade par la BCCI mais aussi d'autres banques. Dès la fin des années 1970, la moitié des encours de prêts de la BCCI concerne les seuls frères Gokal. Quand une série de prêts pour 80 millions de dollars aux Gokal éveillent l'attention de Bank of America, Agha Hasan Abedi répond simplement à ses associés américains : « Je les connais personnellement. Ne vous inquiétez pas. » Selon une estimation réalisée en 1991 par le cabinet Price Waterhouse, sur quinze ans, les Gokal ont ouvert à la BCCI 750 comptes ayant vu transiter pour 15 milliards de dollars. Au final, les prêts non remboursés par Gulf Group semblent avoir avoisiné le milliard de dollars. Une telle surexposition à un seul client ne pouvait conduire qu'à un désastre. Le destin de la BCCI est de ce fait inextricablement lié à celui des frères Gokal. Cependant, les fraudeurs entre eux ne sont pas non plus toujours très honnêtes. Les managers de Gulf Group découvriront plus tard que la firme ne recevait en réalité que 90 % des sommes empruntées ; les 10 % manquant étaient détournés par des cadres de la BCCI et du Groupe Gokal sous forme de pots-de-vin.

Ces prêts généreux – parfois des dons déguisés – aux bons clients sont délivrés sans formalité, avec une simple signature et un sourire. On ne remplit pas de dossier ou presque. Lorsque ces pratiques peu conformes aux exigences modernes de vérifications (*due diligence*) inquiéteront les partenaires de Bank of America, Agha Hasan Abedi répétera à l'envie que « la BCCI n'applique pas les mêmes standards qu'à San Francisco [siège de BoA] ». Nombre de ces prêts douteux seront gagés sur des terrains à la valeur incertaine, en particulier dans le golfe arabo-persique. Les auditeurs et contrôleurs auront d'autant plus de mal à détecter ces prêts douteux qu'ils sont la plupart du temps rédigés en urdu, une langue peu usuelle hors d'Inde. L'utilisation d'une langue aussi peu maîtrisée en Occident n'est pas le fait du hasard.

Évidemment, Agha Hasan Abedi étend également ces prêts de complaisance aux cadres dirigeants, aux employés et aux actionnaires de la BCCI (*insider loans/lending*). Par ailleurs, toujours dans la catégorie des opérations de prêts fictifs, nombre de clients de la BCCI découvriront plus tard que « leur » banque avait initié en leur nom des prêts qu'ils n'avaient jamais demandés. Ils se découvriront ainsi officiellement couverts de dettes dont ils ignoraient tout.

Avec d'autres clients, la BCCI se livre simplement à un pillage en règle des fonds confiés. Les fonds déposés sur des comptes courants sont détournés puis utilisés pour des opérations risquées. Ces fonds sont placés secrètement soit sur d'autres comptes de la BCCI – afin, par exemple, de masquer des pertes – soit sur les marchés monétaires et boursiers pour spéculer. Ils servent aussi à de généreux prêts fictifs pour des clients privilégiés. Le tout s'accompagne évidemment de faux en écritures. La BCCI vole donc l'argent de ses propres clients, en l'occurrence souvent celui de modestes travailleurs immigrés issus du sous-continent indien, pour le redistribuer à des clients plus riches ou pour masquer ses pertes.

La BCCI se rend célèbre pour avoir compté parmi ses clients, et en toute connaissance de cause, un nombre conséquent de personnages louches. La BCCI a de la sorte aidé au blanchiment de l'argent du crime dans des proportions impressionnantes. La « banque du tiers-monde » (*the bank of the third world*) est en fait la « banque du monde sous-terrain » (*the bank for the underworld*). La BCCI se trouve consciemment au cœur d'une multitude d'opérations bancaires criminelles au profit de gangsters en tous genres. Elle accueille ainsi le who's who des terroristes, des gangsters et des dictateurs kleptocrates.

Le terroriste le plus célèbre est le Palestinien Abou Nidal (Fatah-CR) dont les comptes londoniens étaient bien remplis. Les dirigeants des pays arabes modérés offrent des sommes considérables à Abou Nidal pour éviter des attentats. Les fonds sont versés sur les comptes du Fatah-CR de la BCCI. Abou Nidal pratique sur ces dignitaires arabes une politique de pur chantage et de racket: « l'argent ou l'attentat ». Et Sheik Zayed d'Abu Dhabi fait parti des dirigeants ayant utilisé la BCCI pour payer cette extorsion de fonds. En 1984, il aurait versé 17 millions de dollars.

Les dictateurs pilleurs de fonds publics sont légion: Jean-Claude Duvalier (Haïti), Ferdinand Marcos (Philippines), le général Hussain Mohammed Ershad (Bengladesh), Saddam Hussein (Irak), etc. La BCCI apporte un concours actif à ces autocrates pour piller leurs propres peuples. Dans certains pays, comme au Nigeria, les détournements au profit de l'élite sont simplement orgiaques, se chiffrant en milliards de dollars.

Car, dans la gamme des opérations criminelles offertes à ses bons clients, la BCCI propose surtout l'évasion fiscale et monétaire. Il s'agit généralement de permettre à de riches politiciens, hauts fonctionnaires ou hommes d'affaires, souvent pakistanais, indiens ou africains, de faire sortir clandestinement de leur pays d'origine une partie de leur fortune mal acquise pour la placer en Occident, principalement à Londres et en Suisse. Cette fortune est issue en fait du détournement de fonds publics. Encore faut-il préciser que ce service d'évasion monétaire et fiscale n'est pas proposé qu'aux élites corrompues du tiers-monde. Il bénéficie aussi à des milliers de clients ordinaires qui, redoutant l'instabilité politique et économique de leur pays d'origine, souhaitent protéger leurs économies. Le phénomène est massif et contribue largement à la persistance du sous-développement et aux crises financières des années 1980.

Trafic de drogue et blanchiment d'argent

Cependant, la BCCI passe surtout à la postérité (dans l'histoire du crime bancaire) pour son rôle central dans le blanchiment de l'argent du trafic international de la drogue. La BCCI blanchit l'argent du trafic de l'héroïne du Croissant d'or (Iran, Pakistan, Afghanistan) et du Triangle d'or (Thaïlande, Laos, Birmanie), dominé par le seigneur de la guerre Khun Sa. Cet homme réputé pour contrôler alors 80 % du trafic de l'héroïne dans la région avait déposé environ 300 millions de dollars à la BCCI, à Hong Kong et à Taïwan. On compte aussi parmi les clients peu recommandables de la banque, au Pakistan, le général Fazle Haq. Gouverneur de la Northwest Frontier Province, très impliqué dans l'aide à la résistance afghane antisoviétique, il est dans le même temps un protecteur zélé des trafiquants d'héroïne d'Afghanistan, ce qui lui vaut le surnom, par les Pakistanais eux-mêmes, de « notre Noriega ». Le blanchiment de l'argent de l'héroïne passe alors par deux places financières centrales où la BCCI est implantée: les Émirats arabes unis et Hong Kong.

La BCCI blanchit aussi l'argent du trafic de la cocaïne, en l'occurrence des cartels colombiens (cartel de Medellin de Pablo Escobar) et du général

Manuel Noriega, l'homme fort du Panama transformé en narco-État. Délibérément, la BCCI se lance dans ce business très lucratif, *via* ses succursales d'Amérique du Sud, d'Amérique centrale et de Miami aux États-Unis. Il s'agit d'une politique consciente et systématique. La banque n'est pas victime de clients indélicats et dissimulateurs : elle recherche ce type de dépôts et développe des techniques bancaires afin de les noyer dans les circuits financiers internationaux. Dans ce but, la BCCI achète en Colombie 49 % de la Banco Mercantil (1983), *via* des hommes de paille, avec l'aide du cartel de Medellin, afin de développer ses opérations de blanchiment. La Banco Mercantil – rebaptisée ensuite Banco de Credito y Commercio de Colombia – dispose de nombreuses succursales, entre autre à Cali et à Medellin, deux épicentres du trafic de la cocaïne.

La BCCI fait du blanchiment de l'argent sale un second métier, quasiment de l'art bancaire. Elle conseille activement ses clients gangsters pour les aider dans leurs opérations de blanchiment. La technique de base pour blanchir reste toutefois toujours la même, à peu de variantes près. Elle est fort simple : la BCCI accepte l'argent de la drogue en cash ; puis la banque remet au déposant un certificat de dépôt à partir duquel un prêt d'un montant presque équivalent (on enlève la commission pour les frais de banque, environ 1 % !) lui est accordé et qu'il ne remboursera évidemment pas. L'argent pouvait être déposé dans un pays A (Panama, par exemple) et le prêt accordé dans un pays B (les États-Unis, par exemple).

La BCCI donne même un nom pour ces opérations criminelles : *cash-collateralized advance* (CCA) ; une technique inventée quelques décennies plus tôt par Meyer Lansky pour le compte de la mafia italo-américaine sous le nom de *loan back*. L'argent est ensuite électroniquement transféré, de succursales en succursales, à travers le monde. Son origine criminelle disparaît ainsi rapidement. Parfois, les cadres de la BCCI effectuent les transferts par avion : l'argent déposé en liquide est envoyé par avion privé au Panama ou dans les îles Cayman, où il est déposé dans les succursales locales de la BCCI.

Au fil des années, l'argent de la drogue est de plus en plus vital pour une BCCI engagée dans un dangereux schéma pyramidal. Cet argent sale la fait vivre sous perfusion : elle en devient dépendante. Cet argent n'est pas seulement profitable, il est vital.

Au-delà des dossiers de drogue, la trace de la BCCI apparaît également dans nombre d'affaires criminelles retentissantes. Ainsi, les plus grands manipulateurs de cours de bourse (*boiler rooms*) des décennies 1980-1990, tel le fameux Thomas « Tommy » Quinn, ont leurs comptes à la BCCI.

Une banque crapuleuse au service des États

La banque apparaît aussi, aux côtés de services secrets, dans des affaires de trafic et de ventes d'armes impliquant l'Iran de Khomeyni (Irangate), l'Irak de Saddam Hussein, la Syrie d'Hafez el Assad, le Pakistan (réseau d'acquisition de l'arme nucléaire du Dr Abdul Qadir Khan, déjà !), etc. La BCCI joue un rôle dans les livraisons d'armes par les États-Unis et leurs alliés pakistanais et saoudiens aux moudjahidines afghans en rébellion contre l'occupant soviétique. Nombre de services secrets, telle la CIA, savent ainsi utiliser la BCCI pour leurs opérations clandestines (transferts de fonds, paiements de pots-de-vin, blanchiment d'argent, etc.). De plus la BCCI représente à elle seule un réseau unique d'informations, en raison de sa présence dans le tiers-monde, et ce au contact des élites locales au plus haut niveau, dont elle gère l'argent et les petits secrets (évasion fiscale, maîtresses, etc.). Quel service de renseignement ne souhaiterait pas bénéficier d'une telle manne d'informations sensibles ?

La banque parvient à séduire divers gouvernements ayant des difficultés de trésorerie, entre autres en Afrique (Tunisie, Mauritanie, Togo, Zimbabwe, Nigeria, Sénégal, Soudan, Cameroun), en Amérique du Sud (Pérou, Brésil, Paraguay, Venezuela, Guatemala, Surinam), dans les Caraïbes (Jamaïque, Saint Kitts et Nevis, Trinidad, Barbade, Belize) et en Asie (Pakistan). La BCCI les persuade que la meilleure solution pour faire face à leurs problèmes momentanés de balance des paiements est encore de souscrire un prêt auprès de la BCCI plutôt qu'au FMI. Ou encore de placer à la BCCI une partie de leurs avoirs. En fait d'arguments techniques, afin de recueillir ces dépôts et de délivrer ces prêts, la BCCI se contente de corrompre les hauts fonctionnaires (banquiers centraux) et politiciens (ministres) en charge de ces fonds publics. De tels faits de corruption seront amplement démontrés au Pérou, au Nigeria, en Argentine, en Colombie, au Sénégal, au Cameroun, au Congo, au Pakistan, au Maroc, en Côte d'Ivoire, en Tunisie, en Zambie et au Soudan. La corruption prend diverses formes: argent liquide, prêts non remboursés, embauche de membres de la famille, paiement des frais médicaux, dons aux œuvres de charité, etc. Et, en échange, la BCCI peut librement ouvrir des succursales dans ces pays et s'y développer.

La BCCI se livre aussi secrètement à des investissements spéculatifs sur les marchés des matières premières, monétaires et des obligations/actions. Ces opérations sont réalisées avec l'argent et l'identité des clients de la banque, souvent sans leur autorisation. À cette fin, une unité séparée est spécialement créée au sein de la BCCI. Ces « opérations fantômes » ont un nom au sein de la BCCI : *the number two accounts* (les comptes numéro 2). Il s'agit de tous les comptes devant échapper à la vigilance des contrôles extérieurs (auditeurs et régulateurs) et portant sur des opérations à hauts risques. Et plus les pertes sur ces marchés enflent, plus la BCCI spécule pour tenter de récupérer ses mises initiales. Il semble que la BCCI ait ainsi engagé jusqu'à 11 milliards de dollars, soit la quasi-totalité de son capital.

Si, officiellement, la BCCI opère depuis Londres et Luxembourg, elle dispose en fait, en parallèle et en toute discrétion, d'une « banque dans la banque » (*a bank within the bank*), constituée de sociétés *offshore* dans les îles Cayman qui détiennent en réalité les fonds et la propriété de la BCCI. Là, la supervision bancaire est très relâchée. La société offshore centrale dans ces montages juridico-financiers est l'International Credit Investment Co (ICIC). Pour sa gestion, confiance oblige, Agha Hasan Abedi ne recrute que des mohajirs qui travaillent avec lui depuis les années 1950. La BCCI utilise secrètement l'ICIC pour ses opérations les plus douteuses, d'où son surnom : « la poubelle ». Elle y concentre ses prêts à risques et les comptes clients sensibles (les frères Gokal, Ghaith Pharaon, Kamal Adham, etc.). Surtout, *via* l'ICIC, la BCCI alloue en secret des prêts aux futurs actionnaires de la banque et achète également de ses propres actions pour soutenir son cours de bourse. Curieusement, les activités de charité de la BCCI sont également localisées dans les îles Cayman : la BCCI Foundation. Cependant, l'institution charitable est tout autant une entité dédiée à l'évasion fiscale qu'une œuvre charitable véritable.

Depuis Londres, la BCCI gère également la Third World Foundation dont l'activité principale consiste à organiser de très coûteuses conférences dans des pays exotiques – Philippines, Chine, etc. – auxquelles les amis, les familles, des politiques et des journalistes sont conviés et logés dans des hôtels de luxe, tous frais payés.

La BCCI sait qu'elle ne parviendra au statut de grande banque mondialisée et reconnue qu'à une condition : réussir à s'implanter aux États-Unis. Consciente des contraintes représentées par les lois fédérales et les réticences que son profil un peu louche dégage, la BCCI avance masquée. En violation des lois bancaires, la BCCI utilise alors des « hommes de paille ». Ces *front men* achètent des établissements bancaires pour le compte de la BCCI, donc en sous main. La BCCI contrôlera ainsi secrètement aux États-Unis quatre établissements financiers : Independance Bank (Encino, Californie), CenTrust Savings Bank (Miami, Floride), National Bank of Georgia (Atlanta, Géorgie) et First American Bankshares (Washington, DC). Les

« hommes de paille » sont presque toujours des personnalités du golfe arabo-persique, tel l'affairiste Ghaith Pharaon. En pratique, et en toute illégalité, la BCCI prête discrètement à ces investisseurs l'argent nécessaire aux prises de contrôle et ce *via* l'ICIC aux îles Cayman. Cette implantation aux États-Unis est réalisée avec l'aide fort bien rémunérée, en fait la complicité, de deux avocats prestigieux : Clark M. Clifford et Robert A. Altman.

L'emballement de la machine

Afin de couvrir toutes ses activités criminelles, la BCCI crée un département spécialisé à Londres, dit *special duties department* comprenant une douzaine de personnes, devant par exemple falsifier des documents ou encore inventer des références financières pour les clients douteux ouvrant des comptes fantômes. Des précautions particulières sont prises, là aussi, pour assurer une totale confidentialité : des bureaux à part pour une séparation physique des autres employés de la banque ; des salaires élevés ; et l'affectation de mohajirs chiites, venant de la région de Lucknow. Lors des inspections des cabinets d'audit ou des régulateurs d'État, la BCCI peut présenter des livres conformes car parfaitement truqués. Pendant les contrôles in situ, l'argent passe de comptes en comptes afin de faire croire à la solvabilité de la banque. Les fraudes étant permanentes et gigantesques, le trucage comptable devient nécessairement un travail à temps plein, proportionnel à la croissance de la pyramide financière qu'est la BCCI. On comprend pourquoi, même après le déclenchement des investigations financières, il sera presque impossible de distinguer la part de fiction et celle de réalité dans ces montagnes de montages. L'histoire financière réelle de la BCCI sera de la sorte à tout jamais opaque.

La BCCI accorde aussi beaucoup d'importance à l'hospitalité due à ses clients privilégiés. Cet « esprit familial » est en effet étendu aux meilleurs clients. À Londres, et parfois dans d'autres succursales sensibles (Miami, par exemple), la banque ressemble plus à un service d'hôtellerie qu'à un bureau spécialisé dans la finance. Ses VIP sont accueillis à l'aéroport en voiture de luxe, distraits dans les meilleurs restaurants, night-clubs et casinos. Il n'est pas rare par ailleurs que la BCCI aille jusqu'à fournir des prostituées de luxe (*escort girls*). À Londres, un bureau spécial et à part de la BCCI, appelé *the special handling unit*, s'occupe de ces prestations particulières.

Avec les années, la BCCI n'inscrit même plus l'argent de ses nouveaux déposants dans ses livres. Elle l'affecte directement à ses opérations les plus urgentes à couvrir. Quand un de ces clients réclame ses fonds, la BCCI n'a plus alors comme solution que de puiser à la hâte dans un autre compte. De même, afin de couvrir ses mauvais prêts et faire croire qu'ils font l'objet d'échéances de remboursements normales (intérêt et capital), la BCCI passe son temps à faire bouger de l'argent de comptes en comptes. En faisant tourner l'argent de la sorte, la BCCI parvient à entretenir l'illusion de la solvabilité durant la décennie 1980 et donc à mystifier auditeurs et régulateurs.

La logique de la BCCI est celle d'une pure pyramide financière (*Ponzi scheme*) : creuser des trous pour en boucher d'autres. Constamment sous-capitalisée, la BCCI vit une fuite en avant permanente, toujours à la recherche de fonds frais, quelle qu'en soit l'origine. Alors que le projet initial et affiché de la BCCI était l'aide aux pauvres – une sorte de « Robin des Bois de la finance internationale » –, la banque fait exactement le contraire en volant des pauvres pour donner à des riches et aux cadres supérieurs de la banque. Peut-on être plus cynique et hypocrite ? En fait, il est probable que, durant ses deux décennies d'existence, la BCCI n'ait jamais réalisé de vrais profits et n'ait été qu'une fiction de bout en bout.

La BCCI est la banque qui ne pose pas de questions et qui fait ce que les autres ne souhaitaient pas faire, du moins pas dans de telles proportions. Ce qui explique pourquoi, au grand étonnement de ses concurrents, elle parvient à s'établir dans des pays fermés et/ou à hauts risques et à croître démesurément.

La question se posera de savoir si les fondements même de la banque n'étaient pas fictifs. Il semble en effet que les dignitaires et personnalités ayant participé à la création de la BCCI en 1972 n'ont probablement jamais risqué leur propre argent. Ils l'ont en fait emprunté à la BCCI elle-même, en sachant qu'ils n'auraient jamais à rembourser ces prêts de complaisance. Ce qui signifie que ces « pères fondateurs » n'ont peut-être été dans la création de la BCCI que de simples « hommes de paille » (« de sable » ?) dont la seule présence était en fait de conférer une dose de respectabilité à une aventure financière. Ce que le procureur de New York appellera : *rent-a-sheikh*. Les fondations étaient ainsi artificielles, à l'exception des capitaux apportés par Bank of America. La BCCI fut une banque construite sur du sable : un mirage dans le désert.

Pourtant, les sociétés d'audit chargées de la BCCI, Price Waterhouse et Ernst & Whinney, ne découvriront jamais rien de suspect, malgré – ou peut-être à cause de – leur confortable rémunération annuelle (4 millions de dollars à elles deux).

De l'extérieur : une croissance fulgurante et intrigante

Quand sa croissance fulgurante commence à faire douter ses concurrents – quel est donc son secret ? –, la BCCI explique son succès par l'afflux des pétrodollars et par son talent pour les niches, en l'occurrence le « marché ethnique » (fonds des immigrants). La banque n'hésite pas non plus à dénoncer la jalousie et surtout le racisme et la xénophobie derrière ces doutes et questionnements. Autrement dit : l'establishment bancaire occidental blanc ne supporte pas la concurrence d'une banque du tiers-monde. À l'époque, déjà, ces arguments n'ont pas convaincu.

De l'extérieur, quelques indices (*red flags*) commencent dès la fin des années 1970 à intriguer. Quels sont-ils ? D'abord, un taux de croissance anormal. Une banque n'est pas une épicerie. Lorsqu'un supermarché augmente ses ventes, il s'agit à coup sûr d'un signe de bonne santé. La croissance trop rapide d'une banque peut en revanche être inquiétante. Ce développement signifie soit que la banque distribue de plus en plus de prêts, probablement sans les garanties et vérifications nécessaires, soit qu'ils sont dirigés vers un trop petit nombre de clients. Le risque est double : sur la qualité des prêts et sur leur concentration excessive. Il est d'ailleurs de notoriété publique que l'examen des dossiers de prêts par la BCCI est (trop) rapide et (très) souple. Ensuite, contrairement à la pratique normale de toutes les autres banques, la BCCI ne fait pas appel au marché interbancaire pour se financer. Son nom y est inconnu. Enfin, il est difficile d'expliquer par les seuls mécanismes du marché comment et pourquoi seule la BCCI parvient à s'imposer dans des pays habituellement très fermés aux banques classiques.

Des amis bien utiles : l'art de l'influence et du lobbying

Agha Hasan Abedi est suffisamment intelligent pour savoir que le ressort principal d'une entreprise criminelle durable est un carnet d'adresses prestigieux. Il faut des relations et des amis bien placés, d'abord pour développer ses affaires puis pour éviter les écueils des contrôles. Des politiques célèbres, naïfs ou intéressés, sont indispensables pour se donner une image de respectabilité et ouvrir des marchés. L'influence s'achète. La BCCI va se constituer un impressionnant réseau mondial d'amis influents, y compris aux États-Unis. La BCCI semble même disposer au sein de l'establishment à Washington, aussi bien chez les démocrates que les républicains, d'un nombre illimité d'alliés intéressés et complaisants. Ce carnet d'adresses mondialisé permet ainsi de mieux comprendre le développement puis la longue impunité de la BCCI, malgré ses multiples turpitudes.

Certaines célébrités sont achetées directement, à titre personnel, en bénéficiant de cadeaux, de salaires de consultants, de voyages tous frais payés, de contrats juteux, de prostitué(e)s, de financements politiques et électoraux, de valises d'argent liquide ou de prêts préférentiels : à taux avantageux ou parfois même jamais remboursés, le prêt déguisant en fait un don. L'exemple le plus connu demeure celui d'Andrew Young, ex-maire d'Atlanta et ambassadeur des États-Unis à l'ONU.

D'autres personnalités sont simplement naïves. Dans ce rôle du « naïf utile », l'ex-président Jimmy Carter reste le plus célèbre. Agha Hasan Abedi parvient à ses fins grâce à un ex-collaborateur et ami de Jimmy Carter, Bertram « Bert » Lance. Le banquier pakistanais sort ce dernier de graves ennuis financiers en lui rachetant, avec en sous main Ghaith Pharaon, sa National Bank of Georgia. De plus, il est embauché comme consultant par la BCCI. Agha Hasan Abedi s'en fait ainsi un obligé qui lui sert d'accès à Jimmy Carter et à une partie de l'establishment démocrate – et au-delà d'ailleurs, puisque le président Carter lui présentera plus tard l'ex-premier ministre britannique Lord Callaghan, qui sera par la suite embauché comme consultant à la BCCI.

Agha Hasan Abedi est très généreux avec Jimmy Carter. Il contribue pour 500 000 dollars à la construction de la Presidential Library en Georgie et pour 8 millions de dollars à Global 2000, l'association humanitaire de l'ex-président des États-Unis, dont le Pakistanais devient le premier donateur. Il met aussi à sa disposition le jet de la BCCI. En retour, l'ex-président Jimmy Carter se montre aux côtés d'Agha Hasan Abedi, un peu partout sur la planète. Plus subtilement, Jimmy Carter se retrouve piégé par Ghaith Pharaon, l'« homme de paille » de la BCCI. La National Bank of Georgia achetée par l'affairiste saoudien est le premier prêteur de la famille Carter pour ses affaires d'arachides et d'entrepôts. Manifestement, Jimmy Carter se laisse abuser par un homme qui semble partager avec lui son engagement en faveur des plus démunis. L'ex-président Carter n'est pas un cas isolé. Le secrétaire général de l'ONU Javier Perez de Cuellar se montre aussi aux côtés du fondateur de la BCCI et bénéficie également des services gratuits du jet de la banque.

Agha Hasan Abedi utilise par ailleurs les ressorts de la charité pour attirer à lui les personnalités influentes. Il crée la Third World Foundation qui délivre un Third World Prize, richement doté de 100 000 dollars. Le prix couronne évidemment des personnalités mondialement connues et utiles : l'économiste argentin Paul Prebish, le président de la Tanzanie Julius Nyerere, l'ex-chancelier Willy Brandt, Nelson et Winnie Mandela, le chanteur Bob Geldof, etc. Par une étrange coïncidence, le prix est souvent remis par des personnalités politiques de pays où la BCCI est bien implantée ou souhaite se développer.

Pour s'implanter aux États-Unis, Agha Hasan Abedi s'achète la notoriété d'une des figures emblématiques du parti démocrate depuis un demi-siècle : l'avocat et lobbyiste Clark M. Clifford – et son protégé Robert A. Altman. Clark M. Clifford est un des hommes les plus respectés à Washington, un des piliers de l'establishment américain. Les deux avocats et hommes d'affaires proclameront plus tard ne rien avoir su des malversations de la BCCI, mais leurs dénégations ne convaincront pas, en particulier lors de leurs auditions devant le Congrès.

Sans toujours aller jusqu'à des extrêmes de corruption, la BCCI sait aussi utiliser tous les moyens légaux offerts par les grands cabinets d'avocats, de lobbying et de relations publiques (*K street*), et divers consultants, afin d'améliorer sa position auprès des décideurs politiques du monde entier. On sait comment toutes ces pratiques un peu limite au regard de la loi sombreront dans les années 2000 (scandale Jack Abramof). Ce lobbying intense parvient par exemple à faire modifier les lois de l'État de Géorgie – à l'unanimité des 52 voix du parlement de l'État ! – en matière bancaire en 1987, une étape indispensable au rachat en sous main par les amis de la BCCI de la National Bank of Georgia.

Ce lobbying est utile et efficace quand, à partir de 1988, les premiers ennuis judiciaires et médiatiques commencent à déferler sur la banque. Ainsi, Jimmy Carter et Lord Callaghan prennent-ils immédiatement la défense d'une « banque injustement attaquée ». Par ailleurs, une véritable armée de juristes, de lobbyistes et d'amis politiques prend fait et cause pour la « banque voyou », inversant momentanément le rapport de forces entre d'un côté des criminels riches et bien organisés et de l'autre des combattants isolés tentant de mettre fin à leurs agissements frauduleux.

Un objet bancaire mal identifié...

Avec le recul, il apparaît que la BCCI n'eut de banque, au sens classique du terme, que le nom et l'apparence. Il s'agit indubitablement, de bout en bout, d'une réalité criminelle. Cependant, l'examen de ses entrailles fait apparaître aussi une dimension politique non négligeable. La BCCI se révèle ainsi un objet bancaire *sui generis* car hybride et multidimensionnel, en un mot : politico-criminel. Qu'elle ait été une entité criminelle ne fait aucun doute : pour autant, sa nature profonde et ses origines demeureront à jamais obscures. Parfois instrument d'États en quête d'influence, la banque se rêve et s'affirme aussi en puissance autonome, c'est-à-dire en entité ayant des objectifs « propres » dépassant manifestement la seule finance.

La BCCI est l'outil conscient et consentant de gouvernements et de services secrets dans de multiples entreprises en marge de la diplomatie officielle et/ou de la légalité. La banque s'impose comme un acteur de la diplomatie secrète et parallèle entre divers pays musulmans, voire avec les États-Unis. L'histoire des relations de la BCCI avec les services secrets des mondes musulmans et occidentaux ne sera probablement jamais totalement connue. La BCCI sait par ailleurs se mettre au service de ses amis politiques pour faire passer des messages ou de l'argent. Surtout, le fondateur de la BCCI joue un rôle d'éminence grise des puissants. Il est ainsi le conseiller économique et financier le plus écouté du dictateur pakistanais, le général Zia-ul-Haq. La BCCI participe même directement à l'acquisition de l'arme nucléaire par le Pakistan.

Car Agha Hasan Abedi veut être plus qu'un simple banquier. Il nourrit en réalité la secrète ambition de contrôler des pays et leurs dirigeants par les services bancaires et les faveurs personnelles qu'il leur octroie. La BCCI se rêve en principauté mondialisée et extraterritoriale pour qui le crime est un outil commode d'enrichissement et de puissance.

La débacle

La BCCI s'est vite transformée en véritable « trou noir » : l'argent qui y pénètre ne réapparaît jamais. Plus le trou se creuse, plus il faut multiplier les opérations criminelles pour tenter de colmater les brèches. La banque est un château de cartes ne demandant qu'à tomber. Le procureur Robert M. Morgenthau résumera ainsi l'essence de la BCCI :

« La structure d'entreprise de la BCCI était fondée sur la volonté d'éluder les lois bancaires nationales et internationales afin que ses pratiques corruptrices ne soient pas surveillées et demeurent cachées. Les mis en cause [la BCCI] falsifiaient systématiquement la structure du capital de la BCCI pour lui donner l'apparence de la solvabilité et de la profitabilité, garantie par le soutien d'hommes d'affaires puissants du Moyen-Orient. En fait, l'essentiel des actifs et de la capitalisation était fictif et ses soutiens illusoires. »

À l'époque, pour reprendre les propos du procureur de New York, il s'agit de « la plus grande fraude bancaire de l'histoire ». Que la culture d'entreprise de la BCCI ait été consciemment frauduleuse ne fait aucun doute. Ainsi, quand Agha Hasan Abedi est informé qu'un de ses employés touche des pots-de-vin, il répond : « Si vous ne savez pas gagner de l'argent pour vous à titre personnel, comment pouvez-vous prétendre en faire gagner à la banque ? »

La chute de la BCCI sera le fait de quelques individus isolés, qui ont fait preuve de ténacité et pris des risques considérables face à une institution tentaculaire jouissant d'appuis prestigieux aux plus hauts niveaux.

Il y eut d'abord Robert Mazur, un agent des douanes américaines, qui parvint à infiltrer la BCCI en Floride (opération C-Chase) dans le but d'exposer ses liens avec le trafic de cocaïne sud-américaine. Il organisa le premier coup de filet en octobre 1988, en faisant arrêter les invités à son propre mariage fictif – une brochette de trafiquants divers, et surtout quelques banquiers locaux de la BCCI qui ne tardèrent pas à « se mettre table » dans l'espoir de voir leurs peines réduites. Ils plaidèrent coupable lors de leur jugement en Floride en 1990.

En parallèle à l'action développée en Floride, une autre action (visant non pas le seul trafic de stupéfiants, mais l'ensemble des activités frauduleuses de la BCCI) était diligentée à New York par le procureur fédéral Robert M. Morgenthau et par son adjoint le procureur John Moscow. En mars 1991, la BCCI sera contrainte de fermer ses opérations aux États-Unis, notamment pour sa prise de contrôle illicite de diverses banques américaines.

Peu de temps après, c'est au tour des autorités bancaires européennes de se mettre de la partie. En mars 1991, la Bank of England réclame une enquête à Price Waterhouse (l'auditeur principal de la BCCI depuis 1987). Trois mois plus tard, Price Waterhouse remet le Sandstrom Report, confirmant le caractère fondamentalement frauduleux de la banque et la quasi-impossibilité de défaire l'écheveau criminel qu'elle a mis en place.

Le 5 juillet 1991, les autorités de régulation persuadent un tribunal du Luxembourg d'ordonner la liquidation de la BCCI, au motif qu'elle a perdu l'intégralité de son capital et de ses réserves l'année précédente. À 13 heures (heure de Londres) ce même jour, les forces de l'ordre pénètrent simultanément dans les bureaux de la BCCI dans cinq pays différents et les font fermer. Près d'un million de déposants sont immédiatement concernés par cette initiative.

Le 7 juillet 1991, le Bureau de la commission bancaire de Hong Kong ordonne à la BCCI d'arrêter ses activités locales, au motif qu'elle avait des créances douteuses et que l'émir d'Abu Dhabi, l'actionnaire majoritaire de BCCI, avait refusé de la renflouer. La mise en liquidation de la BCCI Hong Kong a été prononcée ce même jour.

Pendant ce temps, les audiences se poursuivent auprès des tribunaux américains. Le 29 juillet, le procureur Robert Morgenthau annonce qu'un grand jury de Manhattan a convaincu la BCCI et ses dirigeants de douze chefs d'accusation de fraude, de blanchiment d'argent et de détournement de fonds. Le 15 novembre, la BCCI et ses dirigeants sont inculpés d'un crime fédéral lié à la prise illicite de contrôle d'une banque américaine, l'Independence Bank of Los Angeles, par l'entremise d'un homme de paille, l'homme d'affaires saoudien Ghaith Pharaon.

Un mois plus tard, les liquidateurs de la BCCI (Deloitte & Touche et Price Waterhouse) confirment toutes les accusations criminelles contre la banque aux États-Unis, ouvrant la voie à sa liquidation officielle. La BCCI a dû payer 10 millions de dollars en amendes et s'est vue confisquer 550 millions de dollars en actifs américains détenus à l'époque – la plus importante confiscation pénale jamais obtenue par des procureurs fédéraux. L'argent a servi à rembourser les pertes des banques américaines piratées et à indemniser les déposants américains de la BCCI.

Toutefois, bon nombre des principaux acteurs n'ont jamais été traduits en justice devant les tribunaux américains ou britanniques. Agha Hasan Abedi, par exemple, est décédé paisiblement dans son pays natal en 1995. Poursuivi aux États-Unis et au Royaume-Uni pour les crimes de la BCCI, il bénéficia de la mansuétude des dirigeants pakistanais qui refusèrent son extradition, soupçonnant une motivation politique aux requêtes des tribunaux. Le Saoudien Ghaith Pharaon, homme de confiance d'Agha Hasan Abedi, est toujours en fuite.

En 1992, les sénateurs américains John Kerry et Hank Brown publient leur propre rapport sur la BCCI. Ce scandale, associé à d'autres affaires similaires, a guidé la réflexion qui a abouti à la loi sur la divulgation des intérêts publics (PIDA) de 1998. Le rapport conclut que les avocats d'affaires Clifford et Altman avaient été étroitement associés avec la banque dès 1978 et étaient fondés à en connaître les initiatives frauduleuses, notamment lors de la prise de contrôle illicite de banques américaines. Le procureur Morgenthau et le gouvernement fédéral ont mis en accusation Clifford et Altman, mais n'ont pas poursuivi Clifford en raison de son âge et sa santé (il est mort en 1998).

Altman, cependant, a finalement été inculpé et jugé à New York. Même s'il n'a pas été formellement condamné, il s'est vu infliger une interdiction à vie de tout rôle dans le secteur bancaire.

Une tragédie de grande ampleur

Pendant vingt ans, l'action de la BCCI a aggravé tout ce qu'elle a proclamé vouloir éradiquer dans les pays du tiers-monde: pauvreté, répression politique, corruption et crime. Cette banque criminelle participait activement au sous-développement et au pillage de pays déjà malades.

Les dégâts occasionnés par la chute de la BCCI sont évidemment proportionnels à son expansion démesurée. Au moment de sa fermeture, la BCCI – et ses 400 succursales – était l'une des plus grandes banques du monde, la septième probablement, avec 20,6 milliards de dollars d'actifs. Elle opérait dans 73 pays et représentait une puissance majeure sur les places financières qui comptent: New York, Londres, Genève, Paris, Hong Kong, etc. Sa disparition a donc eu fatalement des conséquences dramatiques. La faillite a touché d'abord les clients, soit environ 800 000 personnes disposant de 1 250 000 comptes dans le monde. La plupart de ces clients perdirent tout ou partie des économies d'une vie. En moyenne, ils ne parviendront à récupérer que moins du tiers de leurs fonds. Parmi eux, beaucoup de travailleurs immigrés et modestes et de petits commerçants. Par ailleurs, une grande partie des 14 000 employés de la BCCI se sont retrouvés au chômage et perdirent ainsi le bénéfice tant de leurs comptes courants que de leurs fonds de retraite. Plus étonnant, en Grande-Bretagne, la BCCI était le banquier d'une trentaine de collectivités locales qui y déposaient leurs fonds et y obtenaient des prêts.

La BCCI était aussi le banquier direct et principal de dizaines de pays en voie de développement qui se retrouvèrent ainsi floués. Furent particulièrement atteints les pays d'Afrique. Le Cameroun avait déposé plus du tiers de ses réserves de change. Les États-Unis eux-mêmes étaient touchés: l'Agence pour le développement international avait 10 millions de dollars en dépôt dans la succursale camerounaise de la BCCI.

Il y eut, par ailleurs, d'autres dégâts difficilement quantifiables mais pourtant réels: ceux du trafic de drogue, du blanchiment de l'argent sale, de l'évasion fiscale et monétaire, de la corruption des élites, du trafic d'armes et de la prolifération des armes de destruction massive.

La justice américaine évalue la fraude – donc les fonds perdus – à environ 5 milliards de dollars. Mais cette estimation sera jugée ultérieurement trop faible. Des montants du double, du triple, voire du quadruple seront avancés. Une telle incertitude sur ces montants en dit long sur la profondeur et l'opacité des malversations réalisées sur deux décennies.

Pour autant, la faillite de la BCCI ne sera jamais réellement autopsiée. Ainsi, aux États-Unis, aucune commission d'enquête dédiée à la BCCI ne réussit à voir le jour, malgré l'acharnement de quelques parlementaires dont le sénateur John Kerry et le représentant Henry Gonzales. Manifestement, rares étaient les élus au Congrès souhaitant creuser profondément dans ce cauchemar bancaire. Il est vrai, qu'au même moment, les États-Unis venaient de vivre la calamiteuse et frauduleuse faillite de leurs caisses d'épargne (Savings and Loans). Surtout, trop d'élus et de responsables politiques et économiques avaient développé d'embarrassantes relations avec la BCCI durant deux décennies. Le poids des contributions électorales émanant de la BCCI et de ses affidés ne peut être sous-estimé.

Il est donc fort possible que ce qui fut péniblement révélé ne fut que la partie émergée de l'iceberg criminel. Faute de transparence complète sur les activités de la BCCI, la question demeurera toujours : de quels autres crimes la BCCI avait-elle bien pu se rendre coupable ? Et reste un mystère à ce jour non résolu : où est l'argent ? L'essentiel a disparu mais ne s'est évidemment pas évaporé. Or il n'a jamais été retrouvé. Et personne ne peut donc formellement répondre à la question essentielle : à qui le crime a-t-il profité ?

Leçons

D'abord, la banque criminelle existe. Une institution financière dédiée intentionnellement et quasi exclusivement à des opérations frauduleuses n'est pas un fantasme. Il s'agit d'une combinaison de *corporate crime* et de *white collar crime* de « très haute intensité », comportant ici, en plus, une dimension inégalée de collaboration avec le crime organisé (*organized crime*). D'une certaine manière, ce cas amène à considérer comme purement formelles ces catégories et distinctions, tant la BCCI, par la nature et l'ampleur de ses comportements criminels, les a habilement associés. Ces fraudes n'ont-elles pas ici fusionné, donnant naissance à un objet criminologique inédit ? Car la BCCI était devenue en elle-même une véritable organisation criminelle. L'incroyable existe donc, et fait même parti du champ du possible, aussi dérangeant cela puisse-t-il être.

Ensuite, il est manifeste qu'une telle entreprise criminelle n'a pu croître que grâce à l'impéritie des contrôles externes : celle des régulateurs étatiques, des auditeurs et des organes de répression. En fait, personne ne disposait d'une vue d'ensemble, mondiale, des activités douteuses de la banque. Auditeurs et régulateurs se contentaient chacun d'une vision partielle. L'expansion mondiale de la BCCI s'explique donc largement par les trous béants de la régulation et du contrôle. La BCCI était de facto une banque sans régulateur (*stateless bank*), échappant à la tutelle d'une banque centrale. Les régulateurs américains et britanniques percevront tardivement le caractère systémique de l'escroquerie représentée par la BCCI. Longtemps, ils ne voudront y voir que des déviances ponctuelles. Les activités centrales de la BCCI se trouvaient officiellement en Angleterre et au Luxembourg, deux places alors laxistes dans leur régulation ; quant aux îles Cayman, elles vivaient de et par l'opacité et l'anomie. Ces places représentaient à l'époque de véritables « zones grises ».

Comme toujours dans ce type de situation, il s'agit, pour chaque contrôleur et régulateur défaillant, d'un mélange de négligences, d'incompétences, de naïveté et parfois de collusion. Les failles apparues à cette occasion, pour béantes et dangereuses qu'elles furent, ne serviront pas, pour autant, de leçon. Aucune réforme majeure ne suivra, en particulier aux États-Unis. En fait, on ne souhaitera voir dans la BCCI qu'un incident isolé, un « accident industriel », et non la manifestation de défauts essentiels dans la supervision des marchés alors en pleine dérégulation. Or cette question réapparaîtra aux États-Unis, lors de la crise des subprimes et du scandale Madoff (2007-2008). Le Département de la Justice ne semblait pas accepter l'idée qu'une « criminalité en col blanc » d'amplitude macroéconomique pouvait exister, pas plus avec la BCCI qu'avec les caisses d'épargne (Savings and Loans) en faillite frauduleuse.

On est frappé ensuite par la grande vulnérabilité du système financier international à une stratégie criminelle aussi vaste et durable. L'étude approfondie et chronologique de cette « crise criminelle » permet même de conclure que cette escroquerie mondialisée aurait pu perdurer encore longtemps. Sa découverte n'avait en effet rien d'inévitable – au contraire. La révélation des méfaits de la BCCI se fera très difficilement et tiendra à l'acharnement de quelques hommes isolés : l'inspecteur des douanes Robert Mazur, l'enquêteur du Congrès Jack Blum et le procureur de New York Robert Morgenthau. Dès 1988 l'opération C-Chase en Floride avait mis au jour les pratiques de la BCCI en matière de blanchiment d'argent ; pourtant la banque criminelle fut à deux doigts de se maintenir, grâce à son réseau d'amis influents. Ce qui frappe ici est l'extraordinaire résilience d'une organisation criminelle majeure, drapée dans les habits de la respectabilité financière. Vulnérabilité d'un côté, résilience de l'autre : on est aussi frappé par le souci d'apaisement et d'endiguement que manifestèrent les autorités fédérales américaines (Département de la Justice, Réserve fédérale, etc.) dès le début des ennuis politico-judiciaires en 1988.

Recommandations

Traiter de manière adéquate les éléments d'alerte

Cette pyramide criminelle aurait pu être détectée plus tôt. Dès la fin des années 1970, et très régulièrement par la suite, les indices se sont multipliés, démontrant combien la BCCI était une pure fiction criminelle. L'histoire de la BCCI est ainsi une longue histoire d'occasions manquées, chacune des institutions qui aurait dû lancer l'alerte (*whistle blower*) ayant eu à chaque fois une (mauvaise) raison pour ne pas agir, ou trop mollement.

Faire attention aux apparences : tout ce qui brille n'est pas de l'or

L'aveuglement fut durable et largement partagé. Parfois pour de banales questions de représentation mentale – « des gens si biens », « nous jouons au golf ensemble » – et, la plupart du temps aussi, par intérêt. Ainsi, quand il existe une volonté sincère de découvrir des fraudes, il est important de savoir analyser les signes avant-coureurs, sans préjugés ni *a priori*, en admettant que l'incroyable est toujours possible.

Il est essentiel par ailleurs de ne pas se laisser subjuguer par les discours de propagande (le marketing moderne) détournant de nobles causes et sentiments pour vendre un produit (frelaté). Il s'agit même souvent d'un indice : à la base, les grandes escroqueries sont toujours des tartufferies.

Le grand carrousel

Fraude à la TVA dans l'Union européenne

Récit

Préliminaires

Une fraude au carrousel est un montage délibéré, impliquant plusieurs entreprises et qui a pour but de priver un État ou une collectivité d'une partie de ses revenus fiscaux ou parafiscaux. Le principe est fondé sur la disparition, dans une chaîne d'achat et de revente, d'un des maillons. Ce « maillon faible » sera celui qui, s'abstenant de payer une taxe ou une redevance à l'autorité publique, fera bénéficier le reste de la chaîne (et, en conséquence, ses organisateurs) d'un avantage financier et/ou concurrentiel illicite. La redevance la plus souvent ciblée par une fraude au carrousel est la taxe à la valeur ajoutée, mais d'autres formes de redevances ont été également concernées.

Il s'agit ici moins de fraudes en entreprise que de montages frauduleux – l'entreprise défaillante personnifiant ici l'auteur de la fraude, et le reste de la chaîne ses bénéficiaires (en tout ou en partie).

La taxe sur la valeur ajoutée a toujours constitué une cible pour les délinquants. Dès sa création, des techniques performantes ont été mises au point pour frauder cet impôt. Le principe est simple : la taxe étant déductible et les crédits de taxe pouvant être remboursés, la création d'une documentation falsifiée ouvre droit à des remboursements sans cause. Ainsi une société écran qui émet une fausse facture ou une facture de complaisance, et reçoit un paiement fictif, procure à son émetteur supposé un crédit de taxe. Le commerçant qui récupère la TVA facturée de manière fictive se fait rembourser un impôt qu'il n'a pas décaissé.

C'est ce principe qui va être organisé, mais de manière industrielle sous la forme d'une fraude tournante ou fraude au carrousel, constituée par la mise en place d'échanges transfrontaliers reposant sur un enchaînement de transactions réelles ou fictives, l'une d'elles étant destinée à frauder l'impôt.

Fonctionnement de la fraude

Le premier montage est identifié en 1957 (montage dit « des ferrailleurs »). Alors que l'Europe est encore en cours de reconstruction, la demande pour l'acier est forte, y compris l'« acier Martin » produit à partir de métaux ferreux de récupération. C'est à cette époque que la TVA est effectivement mise en place dans divers pays européens, par exemple en 1954 pour la France. Et les premiers fondements d'une union européenne apparaissent avec la Communauté européenne du charbon et de l'acier (CECA, créée en 1952).

Les éléments de la fraude sont en place : l'opportunité (échanges transfrontaliers à contrôle réduit, chaîne de TVA), la motivation (l'appât du gain) et la rationalisation : politique (ce montage a été utilisé à des fins de financement des partis) ou criminelle (divers groupes mafieux sont rapidement devenus des experts dans ce secteur). Ce type de fraude a, par ailleurs, donné naissance à un terme générique qui est passé à la postérité : le taxi. Il s'agit de l'homme de paille ou de la société écran qui fera office de maillon faible.

Premier cas

Nous voici donc en 1956 à Mèze, au siège régional du Parti pour la reconstruction française, et le secrétaire général constate que les caisses sont vides : le programme est ambitieux mais les cotisants se font rares. Lors d'un déjeuner réunissant la direction régionale du parti, un convive, puissant entrepreneur de la sidérurgie, se lamente : il peste contre la nouvelle taxe à la valeur ajoutée, une « invention de Parisiens faite pour spolier les industriels ». Un de ses fournisseurs a fait faillite, avec des livraisons en souffrance, et pourtant « on lui a réglé toutes ses factures, TVA comprise ! Il doit être loin maintenant, avec son magot ». Le trésorier, qui écoutait d'une oreille distraite, repose soudain son verre : il vient d'avoir une révélation.

Le soir même, une réunion en petit comité jette les bases d'un mécanisme infaillible qui résoudra durablement leurs problèmes de trésorerie. Et c'est pour une bonne cause : la reconstruction du pays vaut bien une entorse aux inventions des technocrates rapaces du ministère des Finances. On convient donc d'utiliser (et au besoin de créer) plusieurs sociétés de négoce de l'acier et de produits dérivés. L'une d'entre elles aura une existence des plus précaires, car elle est destinée à mettre la clé sous la porte peu après son ouverture. Un cousin anglais amorcera le circuit, et un confrère autrichien fermera la marche – la TVA n'est pas (encore) en place dans ces pays voisins.

Il suffit d'attendre que le négociant défaillant ait accumulé suffisamment de dette de TVA, et que le remboursement à l'export ait été bien perçu ; une petite faillite au bon moment, et l'affaire est dans le sac. Les caisses sont renflouées quelque temps plus tard grâce à un généreux donateur anonyme. Le tribunal de commerce pourra bien s'y casser les dents… du reste le Parti pour la reconstruction française ne compte-t-il pas certains magistrats parmi ses membres les plus prestigieux ?

Dès 1961, un journaliste d'investigation remarqua diverses faillites qui auraient dû affecter certains proches des dirigeants du Parti – et pourtant les intéressés ne semblaient guère se ressentir de leurs déconvenues à répétition. Une inspection du fisc fit le reste. Dans ce cas, c'est la carence de gestion des entreprises défaillantes qui servit de révélateur.

Second cas

Nous voici maintenant en 1991, à Reggio di Calabria. Baldassare Stangata n'a pas à regretter son investissement : son fils aîné Polimaco a bien réussi, le voici désormais diplômé d'une prestigieuse faculté de sciences économiques de Lombardie – option fiscalité. Son mémoire sur la TVA intracommunautaire a reçu un *dieci e lode* enthousiaste de la part des professeurs. Ce soir-là, Polimaco explique à son père comment mettre en place un système ingénieux, plus lucratif et moins risqué que l'habituel trafic de cigarettes « qui a fait son temps ». Il s'agit de mettre sur pied un business d'import-export de téléphones mobiles, qui fera venir de la marchandise de Taïwan, passera par plusieurs sociétés européennes et réexportera le tout en Turquie. On escamotera la TVA en faisant faillir une des sociétés (qu'on mettra au nom de la tante Filomena, dont personne ne se méfiera). Mieux encore, on pourra réimporter la marchandise d'Istanbul, soit pour recommencer un circuit, soit pour la revendre sans effort 15 % moins cher (la différence étant déjà empochée).

Quelques années plus tard, Polimaco Stangata se retrouve quelque part au Venezuela ou en Éthiopie, et son train de vie ne serait guère enviable. L'opération Mani Pulite (« mains propres ») est passée par là. En effet, non content de s'enrichir grâce à son carrousel, Polimaco avait également entrepris de se mettre quelques politiciens dans la poche (de la menue monnaie, somme toute), et ce fut sa perte. Un député véreux finit par se mettre à table en 1994, en indiquant d'où provenaient ses fonds de campagne. La Guardia di Finanza déclencha une enquête et coinça la tante Filomena un beau matin. Celle-ci finit par avouer qu'elle n'avait jamais vu la marchandise dont elle faisait le négoce, et qu'après sa première faillite, elle avait mouillé différentes amies de son club de tricot dans les montages successifs imaginés par son génie de neveu. Ce qui a mis la puce à l'oreille de la Guardia di Finanza, c'est le caractère atypique des transactions commerciales, l'identité douteuse des gérants et la présence de « flux immobiles ».

Ce montage est peu coûteux en termes d'organisation et permet de fluidifier le circuit frauduleux. Le schéma est caractéristique, avec peu de sociétés en entrée, mais de taille importante : elles sont authentiques. On trouve des structures légères et plus nombreuses au centre du dispositif ; elles n'ont pratiquement aucune surface financière. C'est parmi elles que la « boutique » de la tante Filomena se trouve. On retrouve à la fin d'opération des structures moins nombreuses mais plus étoffées. L'organisation frauduleuse se fonde sur la complicité entre la structure qui vend le produit et le client. Les niveaux intermédiaires s'intègrent au montage mais ne sont là que pour dissimuler les « têtes pensantes », en haut et en bas de l'organisation, qui contrôlent ces intermédiaires.

Leçons

Les premières arnaques à la TVA ont été mises au jour par les autorités dès les années 1960. La méthodologie de détection était en somme aussi simple que le montage lui-même : une simple analyse des flux suffisait. Un enquêteur, même débutant, est en mesure de démasquer très rapidement ce type de montage, avec pour seule base de travail la documentation comptable classique et une recherche en sources publiques. En effet, quel que soit le point d'entrée du contrôle, l'analyse des flux papier permet d'identifier clairement le client ou le fournisseur ainsi que la méthodologie pratiquée.

Il est difficile de sous-évaluer l'impact économique de la fraude au carrousel sur la TVA intracommunautaire et ses dérivés, d'autant que l'impact est direct (aux dépens des budgets des états membres) et indirect (concurrence faussée, financement d'activités criminelles, blanchiment…). Pour la France, l'impact lié aux détournements de ce type pourrait approcher 15 % à 18 % du déficit budgétaire pour l'année 2008 – ce qui, en période de crise, représente une occasion manquée pour les finances publiques et un véritable défi pour les organes de contrôle.

La fraude à la TVA sur import/export s'est aujourd'hui propagée à d'autres systèmes de taxation, comme la taxe Carbone. En effet, dès 2008, divers pays européens ont mis en place un système alambiqué de crédits et de taxes « carbone », liés à la production de CO_2. Ici, tout est par définition immatériel, mais même sur la pollution les états membres n'ont pas parfaitement accordé leurs violons : de sorte que les crédits carbones sont assujettis à la TVA dans certains États européens, mais pas partout. Les fraudes au carrousel sur le CO_2 auraient déjà dépassé les 5 milliards d'euros.

La fraude au carrousel, lorsqu'elle est pratiquée à grande échelle, implique forcément l'intervention de structures liées au grand banditisme. L'implication de la grande criminalité dans ce type d'opérations frauduleuses se matérialise par une élaboration particulièrement soignée des montages et par leur insertion dans un cycle industriel ou commercial par ailleurs légitime. Le principe du montage est toujours simple, car fondé sur l'articulation de divers éléments : la mise en place de structures écrans, la présentation d'une documentation comptable parfaite en la forme et l'existence d'un flux réel ou fictif de produits.

Recommandations

Structurer et coordonner les actions et les échanges d'informations

Les solutions au problème passent par la fluidification des échanges d'informations, avec en particulier une surveillance des entreprises nouvellement créées, présentant certains indicateurs et certaines caractéristiques typiques identifiés ici.

Il est ensuite nécessaire de structurer et coordonner l'action entre les services de répression des fraudes, en leur donnant les moyens, notamment humains et procéduraux, d'agir ensemble. Cependant, les opérations frauduleuses se faisant au vu et au su de tous, il nous semble pertinent d'établir une liste des points qui permettent à un contrôleur normalement qualifié d'identifier le risque.

De grands progrès ont été effectués dans la poursuite de ces infractions et dans la prévention de ces montages. Cependant les criminels peuvent toujours, lorsqu'ils sont dérangés dans un pays donné, franchir une frontière et développer leurs méfaits dans le pays voisin. Ceci rend nécessaire la mise en cohérence des méthodes de contrôle et de répression au plan national et européen : c'est le seul moyen d'éviter aux citoyens de l'Union européenne de financer par leurs impôts la trésorerie de diverses mafias.

Intensifier les contrôles publics

Ces fraudes s'effectuent aux dépens des États – ce qui fait qu'elles sont parfois assimilées à des « crimes sans victimes » : il n'est pas rare que l'État soit considéré comme une entité abstraite, aux moyens illimités, et insensible aux détournements dont elle est la cible. On comprend donc que le premier échelon de lutte contre les fraudes au carrousel se trouve parmi les pouvoirs publics. Parmi les moyens envisageables, on retiendra notamment :

- l'instauration d'une solidarité au paiement de la TVA dans une chaîne de facturation : ainsi en cas de défaillance d'un maillon, l'autorité publique pourra se retourner vers les autres ;

- la création d'une procédure spéciale pour certains biens identifiés comme typiques de fraudes au carrousel, comme ce fut le cas il y a quelques années pour les téléphones mobiles au Royaume-Uni : dans leur cas, le remboursement de la TVA à la réexportation n'était consenti qu'après vérification de l'intégrité de la chaîne en amont ;

- la mise en place d'un système de séquestre de TVA pour les entreprises de négoce récemment créées, et présentant certaines caractéristiques douteuses : un chiffre d'affaires élevé dès la création, une domiciliation atypique, des gérants mal identifiés, des outils inexistants… Le but est de s'assurer qu'une défaillance programmée ne se soldera pas par une perte pour l'un ou l'autre des États membres.

Le problème essentiel réside dans la fluidité et dans l'adaptation des organisations criminelles ; elles ont instauré une instabilité constante qui rend l'appréhension globale du problème quasiment impossible, les structures disparaissant et se reconstituant instantanément.

En fait les sociétés écrans jouent dans le domaine économique le rôle du terrorisme dans celui de la politique : si on ne le traite pas avec des moyens publics spécifiques, les escrocs ont un bel avenir devant eux.

Intensifier les contrôles en entreprise

Un schéma de fraude au carrousel peut également être identifié grâce aux contrôles « classiques » auxquels sont soumises les entreprises commerciales : certification par les commissaires aux comptes, audit interne, *due diligence* effectuée lors d'un projet de fusion-acquisition, vérifications d'usage lors d'une succession… Rappelons-nous qu'une entreprise peut servir de point de passage à un circuit de carrousel sans pour autant être frauduleuse par essence. Parmi les routines de contrôle susceptible de révéler un tel circuit, on peut retenir :

- la recherche de cycles de paiements atypiques. Si le règlement de certaines factures de vente parvient avant même que les factures d'achats de la marchandise correspondante soient réglées, voire comptabilisées, il y a anguille sous roche – dans ce cas l'achat est de fait financé par le client, ce qui est inhabituel ;

- l'identification de transactions commerciales anormales, c'est-à-dire sans rapport avec l'objet social de l'entreprise elle-même ;

- l'identification de carences manifestes dans la documentation d'accompagnement de la marchandise (lettre de voiture, bordereaux de livraison…), comme si l'acheteur se souciait peu d'être livré ;

- l'analyse du besoin en fonds de roulement : par exemple, pour des entreprises saisonnières, une période de stabilité financière insolite durant une saison typiquement « tendue » pour le secteur ;

- les carences de gestion : absence de budget prévisionnel pour l'activité, résultats réels sans relation aucune avec des prévisions jugées réalistes…

- l'identification de circuits commerciaux alambiqués : on peut se demander pourquoi certaines fournitures ne proviennent pas du grossiste habituel, de l'importateur, voire du fabriquant… et aussi pourquoi certaines livraisons ne sont pas destinées aux canaux de distribution habituels ;

- l'identification de « flux immobiles », pour lesquels une même marchandise change de mains plusieurs fois sans jamais quitter un entrepôt, sans être déballée, sans être reconditionnée ou étiquetée…

La présence d'un ou de plusieurs de ces éléments est révélatrice d'une gestion « tunnellisée » pour un type de marchandise donné et/ou pour certains clients et certains fournisseurs.

Fraude en kit

Faux documents et crime organisé

Récits

Préliminaires

L'un des outils les plus fréquemment utilisés par la criminalité repose sur des circuits de faux documents exploités au moyen de sociétés écrans. On relève la présence de faux documents dans la quasi-totalité des pratiques du crime organisé, qu'il s'agisse de fraudes, de blanchiment ou de corruption.

Ces opérations présentent de plus en plus fréquemment un fort degré de sophistication, et dans la plupart des cas elles ne peuvent être appréhendées par une structure de contrôle unique. En effet, les montages sont organisés de manière à ce que les criminels puissent se jouer des divers contrôles publics. Quant aux structures de contrôle privées qui pourraient être amenées à les identifier, leur mandat ne leur permet pas de poursuivre l'opération dans sa globalité.

Il est aisé de constater qu'à travers le temps, les montages n'ont pas changé, même si les acteurs sont nouveaux. Les gangs qui en bénéficient sont différents mais les affaires continuent.

Le « kit Assedic »

Petar Frodovic vient de faire une bonne affaire. Un compatriote bulgare rencontré dans un café rue des Batignolles lui a vendu un kit qui le mettra à l'abri du besoin pour quelque temps. Le fournisseur connaissait son affaire, et proposait toute une gamme de produits pour des tarifs allant de 1500 et 3500 euros, payables en espèces. Petar a choisi l'option « Totale », qui est composée des faux documents suivants:

- une carte Vitale (ou à défaut une attestation d'affiliation à la Sécurité sociale) ;
- un document d'identité français (au nom de Pierre Larçon) ;
- des fiches de paye de la société (fictive) Bulgarimport ;
- une lettre de licenciement ;
- un reçu pour solde de tout compte ;
- une attestation de l'employeur délivrée suite au licenciement.

Les documents salariaux ont été établis au domicile du « fournisseur », au moyen d'un logiciel de comptabilité gratuit trouvé sur Internet, l'employeur étant fictif.

Une fois la somme convenue empochée, le compatriote insiste bien en remettant son dossier à Petar/Pierre : il faut impérativement le prévenir au cas où un problème serait relevé par un contrôleur de l'administration publique. En effet Bulgarimport compte déjà de nombreux « ex-salariés », qu'il faudrait pouvoir alerter au plus vite en cas de besoin. L'analyse des scénarios a déjà été effectuée et toutes les précautions ont été prises :

- si un document est rejeté pour une simple raison administrative, ils ont prévu une régénération (accompagnée d'une belle lettre d'excuses de l'employeur) ;
- si un agent de l'État flaire une affaire de plus grande amplitude, ils ont prévu d'opérer un changement de domiciliation des salariés licenciés pour les rediriger vers un autre bureau Pôle emploi moins regardant.

Après toutes les explications, Petar/Pierre trouve désormais les moyens de percevoir des indemnités de chômage indues (grâce aux bulletins de paye, à la lettre de licenciement et à l'attestation de l'employeur) et de se faire soigner à bon compte.

Il est apparu durant l'enquête que la fausse carte Vitale n'était pas utilisée comme un moyen de remboursement ou de paiement classique (la contrefaçon de la « puce » étant plutôt ardue). Des comparaisons informatiques entre les cartes utilisées et les listes d'opposition n'ont pas mis en évidence les tentatives d'abus par l'utilisation des cartes Vitales authentiques, récupérées suite à une perte ou un vol, soit remises en circulation – il n'y a alors pas eu dans ce cas usurpation d'identité.

Dans le kit, il y a aussi l'adresse du bon docteur Prevrezka, un compatriote compréhensif dont le lecteur de carte Vitale « tombe souvent en panne ». En passant par la feuille de soin « papier », il a pu fournir des soins et des médicaments à des tarifs défiant toute concurrence :

- à une personne qui n'est pas assurée sociale en France ;
- à une personne dont les droits sont moins élevés que ceux auxquels elle prétend.

Le « praticien », quant à lui, a pu par ce moyen générer des prestations fictives. Tout le monde y trouvait son compte, sauf l'État et les contribuables !

C'est une banale inspection de la Sécurité sociale au cabinet du docteur Prevrezka qui révèle que ce dernier, trop gourmand, a reçu jusqu'à quarante-cinq clients certains jours – même lorsque son salon d'attente était vide. Il a fini par vider son sac, révélant non seulement les certificats médicaux de complaisance, mais aussi l'ensemble des kits mis au point pour ses compatriotes. Une enquête de la répression des fraudes a fait le reste. Pour Petar/Pierre, c'est un retour assuré vers la Bulgarie, avec à la clé un signalement aux autorités locales…

Le kit dit « Assedic », car il vise à l'obtention d'indemnités de chômage indues, repose sur un jeu complet de faux documents, impliquant de nombreux bénéficiaires (du moins sur le papier) et reposant sur des sociétés écrans. Ce montage déjà ancien – développé à l'origine à des fins de financement politique – a été naturellement intégré par le crime organisé. Toutefois, il peut également être utilisé par des fraudeurs isolés, aux dépens, donc, de sociétés parfaitement honnêtes et légitimes, qui ont pour seul tort d'avoir une structure de contrôle interne inexistante ou inefficace.

La pratique du « kit Assedic » se retrouve dans de nombreux domaines. Le schéma type de fraude organisée par un groupe communautaire donné (réputé soudé et solidaire, donc moins susceptible de « fuites ») au moyen d'une société écran est le suivant :

- cela commence souvent par la création d'une société écran dont les gérants appartiennent à un même groupe familial ou communautaire ;
- cette société ne développe que des activités factices (il s'agit alors d'une société écran pure), ou alors travaille en sous-traitance pour des clients légitimes pendant un certain temps – une à deux années, parfois moins. Elle emploie seulement deux ou trois salariés déclarés et verse des cotisations très faibles, voire nulles. Cette activité minime confère une certaine crédibilité à la société écran ;

- un ou deux mois avant la date de dissolution programmée pour la société écran, le nombre de ses salariés augmente considérablement, passant par exemple de trois à quarante. Toutefois le niveau d'activité économique reste le même : les « nouveaux embauchés » n'ont rien à faire. Leurs charges salariales sont alors déclarées par leur « employeur », mais rarement payées ; peu après l'entreprise est mise en liquidation. Tous les quarante salariés sont pris en compte par l'Assedic pour leur indemnisation chômage, voire par les assurances garantie salariés (AGS) pour leurs indemnités de licenciement.

Un enquêteur externe peut être mis sur la piste par le caractère très « propre » du dossier – aucune attestation, aucune feuille de salaire ne manque. Tout est parfaitement orchestré, l'affaire semble planifiée depuis le début. La mise en liquidation d'une entreprise authentique est beaucoup moins « lisse » – il y a parfois un conflit social, les efforts de l'entrepreneur pour éviter la faillite sont manifestes, et la masse salariale reflète le véritable niveau d'activité.

Le paquete

Manuel Estafa est surnommé le « chef d'orchestre ». Rien ne lui échappe, et il sait faire en sorte que chaque « musicien » joue sa partition impeccablement et jusqu'au bout. Il a débuté dans les affaires d'une façon modeste (tout juste de quoi organiser un trio), il y a dix ans, à peine débarqué de son Argentine natale.

Pour lui, tout a commencé en bas de l'échelle – pour venir en France, il s'est porté acquéreur d'un paquete (version sud-américaine du « kit ») pour l'obtention d'un visa de courte durée. Il a dû débourser 6 000 dollars, dont 1 000 dollars destinés à payer le billet « aller » pour l'Europe – étant bien entendu qu'en cas de blocage éventuel à l'aéroport d'arrivée, le billet de retour est financé par les services des contrôles aux frontières.

Le paquete comporte divers justificatifs comme des feuilles de paye, un certificat de domicile, des quittances de loyer, une invitation d'un parent éloigné supposé résider à Gaillac d'Aveyron, et même le certificat d'immatriculation d'une automobile… En effet les services consulaires responsables de l'attribution des visas de courte durée exigent que les demandeurs apportent la preuve de leur intégration dans leur pays d'origine. Manuel a toutes raisons de croire que son paquete est parfait : son fournisseur n'en est pas à son coup d'essai, et la cousine de ce dernier, travaillant à l'ambassade de France à

Buenos Aires, le tient informé des différentes contraintes propres à l'obtention des visas (on murmure même que cette cousine a aussi accès à certains formulaires et à certains tampons).

Tout cela n'est que de l'histoire ancienne, et l'expérience et le savoir-faire de Manuel n'ont fait que croître et embellir depuis lors. S'inspirant de la méthode artisanale de son paquete, il l'a portée à un niveau de sophistication rarement atteint. Au moment où ces manœuvres frauduleuses sont détectées, son organisation est conséquente :

- plus de quarante collaborateurs dévoués ;
- dix-sept sociétés fictives, titulaires de cent soixante-deux comptes bancaires ;
- un parc informatique (logiciel et matériel) digne d'une SSII, avec les équipements et le savoir-faire nécessaires pour reproduire ou modifier tous types de documents administratifs et comptables ;
- une poignée de professionnels de la gestion d'entreprise, qu'il utilise pour garantir la cohérence sans faille du tout ;
- et pour la mère patrie, un réseau de « mules » chargées de convoyer les sommes détournées (en liquide ou en quasi-liquide) vers le pays d'origine.

Cette belle machinerie, polyvalente, peut être utilisée à des fins diverses :

- faux certificats médicaux réalisés à partir d'originaux ;
- fausses identités multiples pour de véritables malades, qui percevaient ainsi plusieurs fois leur indemnité journalière de maladie ;
- attestations salariales provenant de sociétés écrans ;
- bulletins de paye trafiqués, etc.

Manuel Estafa continue de vivre aux frais de l'État français, mais dans des conditions plus précaires – à la prison de la Santé.

C'est un signalement anonyme à un service de contrôle qui a permis aux forces de l'ordre de démêler l'écheveau. Manuel soupçonne un des gestionnaires professionnels, qui devenait ambitieux et trop gourmand, mais il ne peut en être sûr. Toujours est-il que l'enquête, qui a duré près de six mois, a abouti à l'interpellation d'une quarantaine de personnes dans la région parisienne. Le préjudice initial est évalué à 600 000 euros…

Le montage était établi à partir de fausses sociétés dont l'activité était elle-même simulée au moyen des faux justificatifs (fausses factures, fausses déclarations). Des « faux de second niveau » (pièces justificatives émanant prétendument de tiers) sont mis en place pour déjouer les contrôles primaires (qui portent sur les comptes de la société). On reconnaît là un souci de polyvalence et de performance typique des fraudeurs de haut vol.

Les numéros de téléphone figurant sur les documents fictifs sont bien réels : ils appartiennent à des complices. Ainsi lorsqu'un contrôleur méfiant s'avisait d'appeler un numéro figurant au dossier, un correspondant à qui on aura au préalable fait la leçon, lui répondait de manière à éliminer tout soupçon.

La société fictive faisait figure de « vaisseau mère » pouvant être utilisé comme support dans de multiples manipulations, telles que les escroqueries à la TVA, l'émission de fausses factures, etc. Elle servait également de point de ravitaillement pour diverses « petites mains » candidates à la fraude aux Assedic : elles achetaient un kit et devaient garantir un « retour sur investissement » en multipliant les escroqueries. Elles pouvaient même acheter le kit « à tempérament », reversant alors les deux tiers environ des sommes détournées au « vaisseau mère ».

L'investissement initial pouvait être amorti de manière particulièrement rapide.

Leçons

Comme indiqué précédemment, les fraudes décrites impliquent divers services de l'État (assurance chômage, Sécurité sociale, Caisse d'assurance-maladie, administration fiscale…) et il est difficile pour un inspecteur d'un service donné d'appréhender le montage dans son ensemble. C'est souvent la persévérance par un agent ou un service (et un peu de chance) pour parvenir, mener les enquêtes jusqu'au bout et démonter le cas identifié.

La fraude aux Assedic n'est pas la seule qui soit envisageable à partir de kits : on a déjà relevé l'existence de kits destinés à tirer parti de faux accidents du travail.

La recherche et la répression de ce genre de montage ne se limitent pas, loin de là, à une problématique purement policière. Ces entreprises frauduleuses ont également pour effet de détourner l'ensemble de leurs acteurs de la vie économique normale du pays, beaucoup d'entre eux se contentant de vivre de la fraude comme d'une rente d'État acquise à bon compte.

Recommandations

L'ensemble des fraudes décrites ici reposent sur un thème commun : le fraudeur fait en sorte de se faire passer (ou de faire passer les membres de son réseau) pour quelqu'un d'autre – cette autre personne étant fictive ou non. Compte tenu de l'étendue des moyens de contrôle administratifs existant dans les pays occidentaux (état civil, services fiscaux, Sécurité sociale…), on remarque que les fraudeurs parviennent d'autant plus facilement à leurs fins qu'ils sont issus de pays où la structure civile est soit récente soit informelle. Ceci représente un véritable casse-tête pour les services consulaires, surtout lorsqu'ils opèrent dans un pays où un extrait de naissance « bidon » peut s'acheter pour une somme modique auprès d'une administration locale complaisante.

Les services consulaires doivent donc s'organiser comme des services de contrôle approfondi des identités, et disposer d'une bonne connaissance des moyens de détection des faux documents. À titre d'exemple, dans certains pays d'Amérique du Sud, le paiement des cotisations sociales peut être recoupé par Internet. C'est un bon moyen de contrôle, toute fiche de salaire à laquelle ne correspond pas un versement vérifiable en ligne peut être considérée comme un faux.

Une fois le fraudeur implanté dans le pays de destination, les contrôles publics doivent s'orienter vers les individus et vers les sociétés écrans. Il est également utile de lister les contrôles pouvant être adoptés par les organismes payeurs (Sécurité sociale, Assedic).

Accentuer les contrôles sur les personnes

Il est d'abord important de rechercher les failles dans les adresses inscrites sur les documents : elles correspondent rarement à des adresses de domicile. Elles se réfèrent souvent à un immeuble administratif, à des bureaux d'entreprise, voire à un bâtiment détruit.

Des failles peuvent également être trouvées dans les noms et les prénoms figurant sur les documents : cette approche est particulièrement efficace quand on cible une communauté bien définie. On peut identifier les patronymes identiques typiques de familles entières qui obtiennent des aides cumulées. On peut également identifier les individus obtenant pour leur propre compte des indemnités multiples sous plusieurs identités – en inversant noms et prénoms, en jouant sur l'orthographe de ces noms, en utilisant un deuxième prénom…

Ces analyses doivent être recoupées avec des données publiques (annuaires téléphoniques) ou accessibles aux forces de l'ordre (listes de comptes bancaires). L'essor récent des téléphones portables limite toutefois l'efficacité de ce type de contrôle.

Un dernier type de contrôle sur les personnes recouvre les incohérences salariales – simples ouvriers gagnant quatre fois le SMIC, « cadres » parlant à peine le français et ne sachant pas l'écrire, employés bien rémunérés mais au train de vie très modeste…

Accentuer les contrôles sur les entreprises

Il faut d'abord effectuer des recherches sur la date de création et les caractéristiques du gérant. Des entreprises constituées très rapidement, par de parfaits inconnus, et qui se mettent très vite à embaucher et à licencier nombre d'employés peuvent attirer l'attention des enquêteurs.

L'adresse civile de l'entreprise doit faire l'objet de recoupements. En cas de société écran, il faut alors se rendre à l'adresse de la boîte postale. Il n'est pas rare alors de découvrir des « empilements » de sociétés domiciliées dans un même hangar ou un même appartement.

L'outil informatique permet d'effectuer des contrôles croisés sur différents fichiers – par exemple, comparer le fichier des gérants de sociétés nouvellement créées et celui des gérants des entreprises récemment liquidées.

Accentuer les contrôles à adopter par les organismes payeurs

Les organismes payeurs doivent analyser les tendances indiquant les déviations statistiques pour certains guichets ou certains bureaux. Il s'agit aussi de repérer les erreurs récurrentes et des anomalies de saisie.

Les contentieux et les réclamations sont une autre précieuse source d'informations : il n'est pas rare qu'un blocage informatique ne soit pas identifié immédiatement comme un indicateur de fraude. Le fraudeur peut espérer se montrer « plus malin que la machine » en introduisant divers recours.

Il est important d'écouter les informations même parcellaires, recueillies depuis « la base ». En effet, des indicateurs de fraude isolés peuvent ne pas attirer l'attention, mais leur répétition ou leur fréquence peut mettre la « puce à l'oreille ».

Autre point : les compétences visant à établir une cellule antifraude pour chacun des centres concernés doivent être regroupées. Même s'il ne s'agit pas d'emplois à plein-temps, l'existence d'un « pool d'experts » par centre peut contribuer à la détection de divers cas de fraude.

On veillera enfin à partager le savoir-faire et les informations accumulés par ces pools d'experts avec divers partenaires engagés dans la lutte contre la fraude : en particulier les services sociaux, les services judiciaires, la police et les services des impôts (dans le cadre du droit de communication légal).

Ces listes de contrôle ne sont pas limitatives – elles peuvent varier selon les services concernés, et évoluer à mesure que les moyens de recoupement informatique se multiplient.

À l'insu de leur plein gré

Fraude monétique

Récit

Préliminaires

La monétique désigne, globalement, l'ensemble des traitements électroniques et informatiques nécessaires à la gestion des cartes bancaires, ainsi que les transactions qui y sont associées. La fraude monétique est consubstantielle à l'activité monétique, et cela depuis l'émergence même de l'activité. Elle consiste à contourner ou corrompre à un moment donné le traitement normal d'informations liées à la gestion d'une carte bancaire et des opérations de paiement relatives. Le crime organisé est très actif dans ce type de fraude car elle constitue un moyen de financement efficace.

La fraude monétique a lieu en dehors de la banque, l'acte de paiement ou de retrait par carte bancaire réalisé par son porteur (le client) étant externe par nature (distributeur automatique de billets, commerce, Internet…). La transaction est identifiée comme frauduleuse dès lors qu'une opération enregistrée mais non effectuée par le porteur légitime a été contestée. Toute transaction faite après opposition est également réputée frauduleuse. Dans la plupart des cas, le fraudeur est un tiers par rapport au porteur de la carte et au commerçant qui accepte la transaction avec son terminal de paiement.

Le lieu où la fraude est commise est généralement distinct du « point de compromission » – le lieu où le fraudeur s'approprie les informations de la carte bancaire. Un distributeur automatique de billets (DAB) peut être un point de compromission, par exemple par la mise en place d'un dispositif frauduleux de lecture de cartes ou d'un système vidéo permettant de voir la saisie du code secret PIN associé. La fraude elle-même est le plus souvent commise au point d'acceptation de la carte bancaire (chez le commerçant ou dans un autre DAB). Un autre point de compromission fréquemment utilisé est l'ordinateur personnel de la victime, à laquelle on soutire les informations nécessaires par la tromperie (arnaque au moyen d'un faux site Internet ou d'un faux message – méthode appelée « *phishing* », en français « hameçonnage ») ou par la séduction (sur certains sites de rencontres).

La prévention de ce type de fraude est très encadrée et complexe. Voici deux exemples de fraude monétique.

Fraude à la filature

Christian Lavois, client d'une banque française, est en voyage d'affaires au Liban ; durant son voyage, il signale à sa banque que sa carte bancaire « ne marche pas » : plus précisément, les transactions semblent rejetées pour dépassement de plafond. Christian Lavois insiste et ne décolère pas : après un dîner avec d'importants clients, il n'a pas eu l'air malin lorsque le serveur est venu lui annoncer que sa carte était rejetée alors même qu'il expliquait aux convives que « les Industries Lavois disposent des ressources nécessaires à la conquête de nouveaux marchés ». La banque relève le plafond de débit autorisé sur la carte, et ce à plusieurs reprises car le client signale presque quotidiennement à sa banque que sa carte est rejetée. Au final, le plafond a été relevé à plus de 15 000 euros.

En réalité, un fraudeur a repéré Christian Lavois dès son arrivée à l'aéroport. Un complice à la cafétéria de l'aérogare a observé Christian Lavois tandis qu'il saisit le code PIN dans le terminal de télépaiement du restaurant, et a prétexté une panne pour aller copier discrètement les données de la bande magnétique de la carte tandis que la victime finissait son dessert. Le fraudeur a ensuite récupéré ces données, les a copiées aussitôt sur une carte vierge, et a suivi Christian Lavois comme son ombre. Chaque fois que celui-ci a effectué un retrait à un distributeur, le fraudeur l'observait discrètement et effectuait aussitôt un retrait depuis le même distributeur.

De retour en France, Christian Lavois a tôt fait de remarquer quelque chose d'insolite sur son relevé de compte : la plupart de ses retraits aux DAB pendant sa mission au Liban sont doublés. Il s'en plaint auprès de son agence, indiquant qu'un « bug » informatique manifeste a multiplié tous ces retraits. Une première enquête ne donne rien : les banques libanaises propriétaires des DAB établissent sans doute possible que les retraits, quoiqu'effectués à partir d'une même carte étaient bel et bien distincts – à quelques minutes d'intervalle. La banque se retourne vers Christian Lavois pour l'informer de cet état de fait. Ce dernier s'emporte, demandant à son conseiller s'il le croit assez bête pour effectuer en deux fois chacun des retraits : « Regardez donc mes retraits effectués en France, est-ce que je m'amuse à les faire en deux fois ? Croyez-vous que je prenne plaisir à pianoter sur vos fichues machines ? » Le conseiller se tourne alors vers le département Sécurité de la banque, qui a tôt fait de lui confirmer l'infortune du client : d'autres cas de « fraude à la filature » ont été signalés, précisément au Liban.

Christian Lavois peut s'en vouloir de son manque d'intuition (la panne mystérieuse à la caféteria, suivie des rejets à répétition). La faute de l'établissement bancaire est néanmoins difficilement contestable, car ce dernier a régulièrement relevé le plafond et donc autorisé des débits supplémentaires sans s'interroger sur l'authenticité des retraits systématiquement dédoublés.

Fraude informatique

Renaud Leberger est directeur administratif dans la filiale française d'un équipementier en télécommunications américain. Nous sommes en 2000 et le marché étant en plein essor, la maison mère a décidé de positionner quelques cadres américains comme expatriés auprès de la filiale, afin de faciliter son développement. Compte tenu des contraintes administratives propres à la France et des difficultés d'installation en région parisienne, le service des ressources humaines de l'équipementier doit assurer un « service intégral » aux expatriés, qui comporte l'obtention du permis de travail, le déménagement, l'inscription des enfants dans une école anglophone… et, naturellement, une assistance pour l'ouverture d'un compte bancaire pour les dépenses locales. Un accord a été conclu avec une agence de quartier d'une banque de détail, qui offre le même « package » à tous les expatriés que l'équipementier lui adresse : compte courant, chéquier, carte de crédit pour le titulaire et éventuellement pour son conjoint, facilités de découvert…

Un beau matin, un des expatriés vient se plaindre au directeur administratif : « Décidément cette banque est dirigée par des filous : non seulement les guichetiers s'ingénient à ne parler qu'un anglais approximatif, mais en plus leur hiérarchie abuse de la crédulité des clients pour effectuer des achats sur Internet avec leur carte de crédit. S'ils s'imaginent que je suis un idiot sous prétexte que je viens du Kentucky, et bien ils me connaissent mal ! » Renaud Leberger n'en est pas à son premier « client » : les expatriés trouvent toujours moyen de se mettre dans des situations impossibles et viennent alors se plaindre à lui. Ils ne sont jamais responsables, c'est juste que dans ce pays d'Europe soi-disant moderne on ne peut pas mener une vie tranquille sans tracasseries de toutes sortes. Toutefois, cette fois-ci il y a quelque chose de bizarre : après le Kentucky, Renaud Leberger entend parler du Tennessee, du Texas et de l'Alabama, dans des termes quasiment identiques. Dans la même semaine, c'est beaucoup…

Le quatrième expatrié appuie d'ailleurs ses dires avec un argument imparable : il montre à Renaud Leberger sa carte de crédit toute neuve, qui est encore dans son enveloppe plastique d'origine. Ce dernier se rend à l'évidence : les achats sont manifestement frauduleux. Il rassemble les détails que les quatre victimes lui ont fournis, et rend visite au responsable de l'agence bancaire. Ce dernier a tôt fait de comprendre ce qui s'est passé : les quatre cartes ont été émises coup sur coup, et leurs numéros appartiennent donc à la même série. Un fraudeur (probablement Russe, à en juger par les achats effectués) a utilisé un générateur aléatoire de numéros de cartes bancaires, et est tombé par hasard sur la série numérique correspondant à quelques cartes émises par l'agence en février 2000. Il s'en est servi pour acheter du matériel informatique, sur un site Internet russe qui n'utilise pas de contrôle supplémentaire (comme le code de sécurité CID imprimé au dos de la carte) pour valider les paiements en ligne.

Dans ce cas-ci, il n'y a pas d'erreur manifeste, ni de la part des clients, ni de la part de la banque. On peut se féliciter de la vigilance des expatriés – ou presque : de retour à son bureau, Renaud Leberger se dépêche d'envoyer une circulaire à tous les expatriés clients de la banque, afin de les alerter. Il découvre ainsi que le fraudeur a également inscrit un Australien et un Canadien à son « tableau de chasse » : ces derniers n'ont rien remarqué, jusqu'à ce qu'on les prévienne ! La banque est alors contrainte de révoquer toutes les cartes émises qui appartenaient à la série compromise et d'en émettre de nouvelles. Elle doit également rembourser tous les achats illicites, sur la présomption que leurs auteurs présumés (les expatriés) n'avaient jamais donné leur accord manifeste à ces achats.

Leçons

Comme ces deux cas l'illustrent, la fraude monétique peut prendre diverses formes, avec des degrés de sophistication qui vont du plus simple (usage des références d'une carte pour effectuer des achats auprès d'un vendeur peu regardant, voire complice) aux plus complexes (clonage d'une carte, fraude maquillée en problème informatique).

La fraude monétique se faisant d'abord aux dépens des particuliers, c'est à eux que s'adressent les premières leçons – maintes fois rappelées mais jamais suffisantes, à en juger par la persistance de ce type de fraude à l'échelle mondiale.

On retiendra notamment pour les particuliers :

- la nécessité pour tout usager de moyens de paiements non numéraires (chèques, cartes bancaires) de vérifier régulièrement et scrupuleusement tous ses relevés de compte pour relever une fraude éventuelle. En effet, le premier maillon du repérage de ces fraudes est généralement le client lui-même ;

- la prudence la plus scrupuleuse quant aux achats sur Internet, surtout lorsque le fournisseur est inconnu (marchand situé dans un pays lointain, nouvelle boutique créée la semaine dernière, vente entre particuliers…) ;

- une prudence encore renforcée lorsque Internet sert de vecteur à des demandes d'information non sollicitées : demande du numéro et du code d'une carte bancaire, demande du numéro d'un compte bancaire et de l'adresse de son titulaire, etc. Ces demandes inopinées sont typiques d'arnaques au phishing et d'escroqueries diverses ;

- une grande réactivité dès lors que quelque chose de suspect survient, surtout lorsque l'on se trouve en dehors de la « sphère habituelle » : déplacement à l'étranger, transaction avec un fournisseur inconnu… L'usager des systèmes monétiques doit rester vigilant, et ne pas hésiter à faire bloquer un moyen de paiement potentiellement compromis sans attendre les premiers vols. Si cet usager dispose d'une seule carte de crédit, avant d'entreprendre un voyage (surtout hors d'Europe), il doit prendre la précaution de se faire indiquer par sa banque quel correspondant local contacter pour obtenir un nouveau moyen de paiement en urgence.

Les banques ont également leur rôle à jouer dans la lutte contre la fraude monétique :

- campagnes de prévention et de sensibilisation des clients, tant générales (plaquettes d'information, circulaires) que ciblées (messages aux clients dès lors qu'une opération de phishing est avérée) ;

- déploiement de moyens technologiques : par la généralisation des cartes à puce, reconnues comme étant plus sûres que les cartes munies d'une simple piste magnétique ; par la généralisation des terminaux de télépaiement qui implémentent les systèmes de sécurité intégrés aux puces, pour une meilleure authentification des transactions ;

- lutte contre la fraude en général, en partenariat avec les organismes émetteurs des cartes bancaires. Cette lutte est multiforme, allant de la simple action de police contre un fraudeur débutant aux actions concertées au niveau mondial contre le crime organisé.

Recommandations

Outre les mesures générales qui découlent des « leçons apprises », les banques peuvent prendre d'autres initiatives pour prévenir les fraudes monétiques. Ces mesures doivent non seulement être réactives (pour répondre aux cas identifiés) mais également prospectives, puisque l'imagination des fraudeurs fait continuellement émerger de nouvelles formes d'arnaque monétique. Parmi les principaux axes d'action on en retiendra quelques-uns.

Mettre en place des mesures de sensibilisation et de formation des collaborateurs

Il s'agit en même temps de maintenir un juste équilibre pour éviter que la saine prévention dégénère en psychose : prévenir la fraude, c'est aussi informer sans effrayer. Pour la fraude monétique, au-delà de l'information générale, un établissement bancaire peut mettre en place des programmes de formation spécifiques à la détection des tentatives de phishing ou à l'identification des systèmes de piratage des DAB.

Maintenir des services spécialisés contre la fraude

Le maintien de services spécialisés de lutte contre la fraude, capables de rester à la pointe de la technologie – « que faire si grâce aux progrès de l'informatique, un fraudeur peut désormais se doter à bon compte d'un ordinateur suffisamment puissant pour "craquer" le code de protection d'une carte bancaire ? » – et de dialoguer avec les confrères – « comment faire en sorte que l'expérience des uns puisse servir à tous ? ».

Maintenir un haut niveau de confidentialité

Le maintien d'un fort niveau de confidentialité sur le détail des opérations bancaires, même lorsqu'elles sont frauduleuses. En effet, alors même que les banques doivent largement communiquer au public quelles sont les précautions à prendre contre les fraudes (potentielles ou avérées), elles doivent toutefois garder secrets les éléments les plus compromettants : d'une part pour ne pas inspirer de nouveaux fraudeurs (à leurs dépens ou aux dépens de leurs consœurs), d'autre part pour ne pas alerter les arnaqueurs de tout poil quant aux moyens mis en œuvre pour les démasquer et les confondre.

Utiliser des requêtes informatiques antifraude

L'utilisation de requêtes informatiques antifraude est également une voie à privilégier. Comme illustré dans nos deux cas concrets, un client ne se rend pas forcément compte de la survenue d'une fraude à ses dépens – ou alors pas immédiatement. La banque peut prendre l'initiative du repérage d'activités frauduleuses, au moyen de requêtes modélisées pour identifier les transactions insolites (montants, devises, origines…), et demander directement au client s'il a bien effectué les opérations correspondantes.

Trouver d'autres moyens antifraude

Au-delà des recommandations qui précèdent, on peut considérer que les banques sont contraintes de mettre à jour leurs moyens antifraude au jour le jour, tant l'imagination des fraudeurs se révèle sans limite. Le progrès technologique est indifférent – il est au service des uns et des autres ! Les nouveaux défis se multiplient, et les banques vont devoir étudier (et sécuriser) une panoplie croissante de moyens monétiques, par exemple :

- les paiements par téléphone mobile : courants en Finlande depuis des années, ils font leur apparition en France ;
- les e-cartes de crédit : moyens de paiement monétiques éphémères générés pour une transaction unique, elles sont de plus en plus utilisées, mais ne sont pas exemptes de risques de fraude ;
- les terminaux monétiques destinés aux particuliers : la technologie est encore peu répandue en France, mais pourrait représenter un moyen de prévention utile, à condition toutefois que des moyens de fraude spécifiques ne soient pas imaginés entre-temps.

Aide lexicale

Abus de biens sociaux: l'abus de biens sociaux est un délit défini par l'article L. 241-3 4° du Code de commerce. Ce délit se produit lorsque le responsable d'un bien public ou d'une société privée, agissant de mauvaise foi, fait sciemment usage des crédits, des biens ou des pouvoirs qu'il y possède, et ce d'une façon contraire aux intérêts de celle-ci, que ce soit à des fins personnelles ou pour favoriser une autre société.

Abus de confiance: l'abus de confiance est un délit défini par l'article 314-1 du Code pénal. C'est le fait pour une personne de détourner de l'argent ou des biens mobiliers qui lui ont été confiés par leur propriétaire, sous le prétexte éventuel de les lui restituer ultérieurement, afin d'en faire un usage déterminé.

Allégation: une allégation est une affirmation sur des faits dont la véracité peut être contestée en l'absence de preuves.

Blanchiment d'argent: le blanchiment d'argent consiste à légitimer la provenance de fonds acquis de manière illicite (trafic, corruption, etc.) par des moyens détournés. L'objectif est de réinjecter ces fonds dans l'économie de manière « normale » après les avoir déconnectés des crimes ou délits commis à l'origine.

Caisse noire: réserve d'argent, d'origine le plus souvent **illicite**, servant à financer des actions que l'on souhaite garder dissimulées (parce qu'elles sont également répréhensibles dans la plupart des cas).

Cavalerie: la cavalerie est une technique d'**escroquerie**. Elle consiste à entretenir un décalage permanent entre des paiements dus et la collecte de nouveaux fonds. Un des scénarios classiques consiste à obtenir un prêt pour amorcer le mouvement et se donner une apparence de solvabilité. Les fonds obtenus de la sorte servent ensuite de garantie pour obtenir d'autres prêts, puis consommés. On utilise un des prêts suivants pour rembourser le premier, et ainsi de suite… Le montage s'effondre aux premiers signes de défauts de paiement, et les défaillances de remboursement se répercutent les unes sur les autres en cascade. (Voir aussi : Pyramide de Ponzi.)

Clause d'auditabilité : dans un acte juridique, les clauses sont l'ensemble des dispositions qui définissent les droits et les obligations des différentes parties à cet acte (contrat, jugement, règlement administratif, etc.). Introduire une clause d'auditabilité dans un contrat consiste à stipuler dès la signature de l'acte le fait qu'un audit ou une inspection portant sur la bonne exécution dudit contrat peut être entrepris par au moins l'une des parties concernées.

Code d'éthique : les codes d'éthique sont mis en place par des organisations (associations, entreprises, groupes professionnels, etc.) afin de définir les normes d'honneur, de probité et de réserve que tous leurs membres ou dirigeants s'engagent à respecter dans l'exercice de leurs activités.

Collusion : la collusion est une entente secrète entre deux parties ou plus, afin d'organiser une opération profitable aux différents complices, et ce au préjudice d'un tiers.

Concussion : la concussion est définie par l'article 432-10 du Code pénal comme le fait, pour une personne dépositaire de l'autorité publique ou chargée d'une mission de service public, de recevoir, exiger ou ordonner de percevoir à titre de droits ou contributions, impôts ou taxes publics, une somme qu'elle sait ne pas être due, ou excéder ce qui est dû.

Conflit d'intérêts : il y a conflit d'intérêt dès lors qu'un dirigeant ou un employé d'une entreprise ou une institution a une relation privilégiée (lien de parenté, appartenance à une même structure sociale, forte implication interpersonnelle…) avec une autre personne, alors même que ce dirigeant ou cet employé sont en mesure d'influencer une décision (achat, vente, investissement, promotion…) qui fasse passer les intérêts de l'autre personne avant ceux de l'entreprise ou de l'institution.

Il n'est pas nécessaire que la transaction favorisante ait déjà eu lieu pour que le conflit existe. Pour les dirigeants en particulier, la connaissance par d'autres employés de conflits potentiels d'intérêts les affectant a pratiquement les mêmes effets, qu'un abus soit avéré ou non : démoralisation, cynisme, perte de confiance dans la direction et perte de repères quant à ce que l'entreprise accepte ou interdit.

Continuous monitoring : l'expression « continuous monitoring » fait référence aux dispositifs de surveillance en continu des indicateurs clés au sein d'une organisation. Ces dispositifs permettent d'identifier des entorses aux procédures, des risques ou encore des dysfonctionnements opérationnels.

Contrefaçon : la contrefaçon est le fait de reproduire ou d'imiter quelque chose sans en avoir le droit, tout en affirmant ou en laissant présumer que la copie est authentique. En droit français, la contrefaçon s'applique dans deux domaines différents : le droit commercial et la propriété intellectuelle.

Corruption : la corruption est un délit ; on distingue la corruption passive et active. La corruption active est « le fait de proposer, sans droit, à tout moment, directement ou indirectement, des offres, des promesses, des dons, des présents ou des avantages quelconques pour obtenir d'une personne dépositaire de l'autorité publique, chargée d'une mission de service public ou investie d'un mandat électif public :

- soit qu'elle accomplisse ou s'abstienne d'accomplir un acte de sa fonction, de sa mission ou de son mandat ou facilité par sa fonction, sa mission ou son mandat ;

- soit qu'elle abuse de son influence réelle ou supposée en vue de faire obtenir d'une autorité ou d'une administration publique des distinctions, des emplois, des marchés ou toute autre décision favorable ».

C'est également « le fait de céder à une personne dépositaire de l'autorité publique, chargée d'une mission de service public ou investie d'un mandat électif public qui sollicite, sans droit, à tout moment, directement ou indirectement, des offres, des promesses, des dons, des présents ou des avantages quelconques pour accomplir ou s'abstenir d'accomplir un acte […] ou pour abuser de son influence […] » (art. L.433-1 du Code pénal).

La corruption passive est le fait « d'une personne dépositaire de l'autorité publique, chargée d'une mission de service public, ou investie d'un mandat électif public, de solliciter ou d'agréer, sans droit, à tout moment, directement ou indirectement, des offres, des promesses, des dons, des présents ou des avantages quelconques :

- soit pour accomplir ou s'abstenir d'accomplir un acte de sa fonction, de sa mission ou de son mandat ou facilité par sa fonction, sa mission ou son mandat ;

- soit pour abuser de son influence réelle ou supposée en vue de faire obtenir d'une autorité ou d'une administration publique des distinctions, des emplois, des marchés ou toute autre décision favorable » (art. L.432-11 du Code pénal).

La corruption privée est fondée sur les mêmes principes, mais dans ce cas l'entité ou la personne qui se fait corrompre (activement ou passivement) est d'essence privée, donc non dépositaire d'une autorité ou d'un mandat public.

CSR (Corporate Social Responsibility – RSE: responsabilité sociale des entreprises): la responsabilité sociale (ou sociétale) des entreprises (RSE) est un « concept selon lequel les entreprises intègrent les préoccupations sociales, environnementales, et économiques dans leurs activités et dans leurs interactions avec leurs parties prenantes sur une base volontaire ». Les ONG ont joué un rôle certain dans le développement de ce concept.

Délégation d'autorité – délégation de pouvoirs: une délégation de pouvoirs est un acte juridique par lequel une autorité (le délégant) confie une fraction des pouvoirs qui lui sont conférés à un subordonné (le délégataire). Le délégataire assume alors les obligations et les responsabilités liées aux pouvoirs qui lui ont été délégués; aussi, en cas de manquement à une obligation pénalement sanctionnée, le délégataire sera-t-il responsable en lieu et place du délégant. La délégation de pouvoirs définit une relation contractuelle entre le délégant et le délégataire.

Délinquance astucieuse: on appelle délinquance astucieuse toute manœuvre visant à amener une victime à se dessaisir de ses biens ou de ses moyens de paiement volontairement, en la trompant sur l'identité de son interlocuteur et/ou sur la nature de ce que ce dernier lui propose. Des exemples incluent les faux sites bancaires sur Internet (hameçonnage ou phishing), la vente de biens inexistants, la fraude nigériane « 419 »…

Détournement de fonds: le détournement de fonds est l'appropriation frauduleuse de ressources financières par la personne à laquelle elles ont été confiées (pour en assurer la garde ou la gestion), dans son propre intérêt, et donc aux dépens de leur propriétaire légitime. Les fonds peuvent être des fonds sociaux ou des fonds publics. Les qualifications pénales d'abus de biens sociaux et d'abus de confiance sont similaires.

Domiciliation bancaire dormante: une domiciliation bancaire dormante désigne un compte bancaire sur lequel aucun mouvement n'est effectué – soit depuis son ouverture, soit depuis une période prolongée. Ce compte peut servir de support à une fraude – par exemple lorsqu'on y effectue des mouvements alors que sa réputation de « compte dormant » a amené son titulaire à ne plus le surveiller.

Due diligence: la *due diligence* (parfois appelée « audit préalable » en français) est un terme anglo-saxon désignant les opérations de contrôle réciproque « à livre ouvert » que deux entreprises se concèdent mutuellement à l'occasion de pourparlers en vue d'une cession, d'une fusion et/ou d'une acquisition.

Entente illicite : une entente illicite est une collusion entre entreprises ayant pour objet d'empêcher, de restreindre ou de fausser le jeu de la concurrence sur un marché donné. En droit communautaire, la prohibition des ententes est prévue à l'article 81 du traité de Rome instituant la Communauté européenne (anciennement article 85).

Escroquerie : l'article 313-1 du Code pénal dispose que l'escroquerie est le fait, soit par l'usage d'un faux nom ou d'une fausse qualité, soit par l'abus d'une qualité vraie, soit par l'emploi de manœuvres frauduleuses, de tromper une personne physique ou morale et de la déterminer ainsi, à son préjudice ou au préjudice d'un tiers, à remettre des fonds, des valeurs ou un bien quelconque, à fournir un service ou à consentir un acte opérant obligation ou décharge.

Espionnage économique/industriel : l'espionnage industriel (ou économique) vise le commerce, par opposition à l'espionnage militaire qui vise la sécurité nationale. Contrairement à l'intelligence économique dont les moyens son licites, les méthodes qu'il utilise sont illégales.

ETEBAC 5 : ETEBAC 5 (échanges télématiques entre banques et clients) est un protocole conçu par le CFONB (Comité français d'organisation et de normalisation bancaires). Il régit les communications du client vers la banque, permettant de transmettre des fichiers d'ordres au format fixe (CFONB 120, 160, 320) dans les deux sens (aller et retour), de manière sécurisée.

Ce protocole a pour avantage de renforcer la sécurité des échanges tant au niveau du transport des données que de l'envoi des ordres d'exécution.

Évasion fiscale : il s'agit de la soustraction de matière imposable à l'application de la loi fiscale sans pour autant transgresser la loi. Lorsqu'il y a transgression, on parle de fraude fiscale.

Extorsion : selon l'article 312-1 du Code pénal, l'extorsion est le fait d'obtenir par violence, menace de violences ou contrainte soit une signature, un engagement ou une renonciation, soit la révélation d'un secret, ou encore la remise de fonds, de valeurs ou d'un bien quelconque.

Faute de gestion : les dirigeants d'une entreprise ont pour obligation de la gérer de façon compétente, diligente et dans le respect de l'intérêt social, en ne lui privilégiant donc pas leur intérêt personnel. La violation de cette obligation met en jeu la responsabilité civile de ces dirigeants. La faute de gestion peut être fondée soit sur des critères économiques soit sur des critères juridiques. Les critères juridiques se vérifient dès lors que le dirigeant ne gère pas la société dans l'intérêt social, mais dans son seul intérêt personnel. Source : www.lexinter.net.

Faux en écritures : l'article 441-1 du Code pénal donne la définition suivante du faux : « Constitue un faux toute altération frauduleuse de la vérité, de nature à causer un préjudice et accomplie par quelque moyen que ce soit, dans un écrit ou tout autre support d'expression de la pensée qui a pour objet ou qui peut avoir pour effet d'établir la preuve d'un droit ou d'un fait ayant des conséquences juridiques. » On retiendra donc les cinq éléments constitutifs du faux : un document, valant titre, contenant une altération de la vérité, causant un préjudice avec une intention coupable.

Filoutage (ou encore hameçonnage, en anglais : *phishing***) :** technique de fraude visant à obtenir des informations confidentielles, telles que des mots de passe ou des numéros de cartes de crédit, au moyen de messages ou de sites usurpant l'identité d'institutions financières ou d'entreprises commerciales (Journal officiel du 12 février 2006 – « Vocabulaire de l'Internet »).

Fraude : la fraude est une action ou une omission intentionnelle visant à tromper les autres, et qui occasionne une perte pour la victime et/ou un gain pour son auteur (Managing the Business Risk of Fraud : A Practical Guide).

Fraude interne : l'utilisation de son propre emploi afin de s'enrichir personnellement tout en abusant ou en détournant délibérément les ressources ou les actifs de l'entité victime (Association of Certified Fraud Examiners – ACFE).

Gouvernance d'entreprise : on appelle « gouvernance d'entreprise » l'ensemble du dispositif institutionnel et comportemental concernant ses dirigeants, depuis la structuration de leurs missions et leurs nominations, jusqu'au contrôle de leurs actions et aux décisions de régulation les concernant. Les premiers « *principles of corporate governance* » furent édités par le fonds de retraite californien Calpers qui a joué un rôle pionnier en la matière.

Gratification illicite : la gratification illicite est une forme de corruption d'officiel. Sa particularité est que « les dons, présents ou avantages quelconques à l'intention d'une personne dépositaire de l'autorité publique » lui sont remis postérieurement à son initiative propice, donc en remerciement de son action, que cette personne ait sollicité ladite gratification ou non.

Hotline (voir *whistle blowing*) : ligne de communication directe (téléphonique, par messagerie électronique) par laquelle une personne liée à une entreprise (employé, fournisseur, sous-traitant, client...) peut effectuer un signalement relatif à des fraudes ou malversations avérées ou soupçonnées au sein de cette entreprise. La hotline garantit d'ordinaire la confidentialité à l'auteur du signalement. En France, ces lignes directes sont pour l'essentiel dédiées au signalement de délits de nature économique ou comptable, les autres types de malversation en entreprise (harcèlement, discrimination…) ayant leurs propres canaux de signalement (délégués du personnel, inspection du travail…).

Intelligence économique: ce terme désigne l'ensemble des actions de recherche, de protection, de traitement et de diffusion de l'information utile aux acteurs économiques qui les commanditent. L'intelligence économique est un concept plus large et plus dynamique que celui de veille technologique et stratégique (source: http://www.ced.asso.fr).

Investigation: on appelle investigation l'ensemble des moyens de recherche mobilisés pour enquêter sur une situation défavorable avérée (fraude, délit…). Une investigation interne peut être diligentée par une entreprise désireuse de connaître les tenants et les aboutissants d'une fraude – pour en déterminer les mécanismes, l'ampleur, le coût, les participants, les « répliques » éventuelles…

Libération sous caution: le terme approprié est en réalité « mise en liberté provisoire par voie judiciaire ». Il s'agit de la mise en liberté d'un accusé pendant son procès ou à la fin de celui-ci, lorsqu'une personne déclarée coupable se voit accorder une mise en liberté en attendant la fin de l'appel qu'elle a interjeté en ce qui concerne sa déclaration de culpabilité. L'accusé est tenu de respecter certaines conditions, sous peine de voir sa mise en liberté sous caution révoquée par le tribunal.

Loyauté: l'obligation de loyauté du salarié envers l'entreprise a pour but essentiel de prévenir d'éventuelles actions dommageables pour elle, telles que le vol, les détournements, le dénigrement, etc. Il y a manquement du salarié à son obligation de loyauté dès lors qu'il commet ou soutient des actes incompatibles avec la confiance qui lui a été accordée pour une bonne exécution de son contrat de travail. La notion de loyauté se retrouve également en droit des affaires.

Paradis fiscal: un paradis fiscal est un État ou un territoire qui applique un régime fiscal dérogatoire tel, qu'il conduit à un niveau d'imposition anormalement bas. Cette faible imposition peut caractériser aussi bien les personnes physiques (contribuables assujettis à des impôts sur le revenu notablement moins élevés que dans la moyenne des autres pays) que les personnes morales (entreprises redevables d'un impôt sur les bénéfices réduit, voire inexistant).

Personnes politiquement exposées: cette expression trouve son origine dans l'« affaire Abacha », du nom de l'ancien président du Nigeria qui avait organisé, avec des membres de sa famille et de son entourage, un « pillage » systématique des ressources de son pays. Ces richesses, évaluées à plusieurs milliards d'euros, avaient été transférées sur des comptes bancaires au Royaume-Uni et en Suisse. Pour éviter que de tels cas se reproduisent, les institutions bancaires suisses ont pris des initiatives au niveau international afin de prévoir des obligations de vigilance particulières à l'égard des personnalités exerçant des responsabilités importantes. Cette expression figure ainsi dans la Convention des Nations unies contre la corruption et dans les nouvelles recommandations du GAFI. Selon la 3ᵉ directive européenne, les personnes politiquement exposées (PPE) sont définies comme des personnes physiques qui détiennent une fonction publique importante ainsi que les membres directs de la famille ou des personnes notoirement proches. Seules les PPE résidant dans un autre État membre ou dans un pays tiers sont soumises aux obligations de vigilance.

Préjudice: le préjudice résulte d'un dommage ouvrant droit à réparation suivant les règles du droit de la responsabilité. Il peut être causé volontairement ou involontairement et subi par une personne physique ou une personne morale, de façon temporaire ou permanente. On parle de préjudice par ricochet pour les préjudices subis par des personnes autres que la victime directe et qui lui sont proches – famille ou employeur par exemple.

Présentation de comptes sociaux ne donnant pas une image fidèle: la présentation ou la publication de comptes inexacts, c'est-à-dire qui ne donnent pas, pour chaque exercice, une image fidèle du résultat des opérations de l'exercice, de la situation financière et du patrimoine de la société à l'expiration de cette période, est réprimée par les articles L. 241-3 et L. 242-6 du Code de commerce. L'infraction est caractérisée par la nature erronée des informations, leur insuffisance ou leur omission. Par présentation, il faut entendre la simple soumission des documents aux associés. L'auteur de l'infraction doit avoir agi sciemment, en connaissance de l'inexactitude des comptes. La répression du délit concerne les dirigeants de droit et de fait auteurs des faits ainsi que leurs complices.

De plus, pour ses faits commis depuis le 31 décembre 2005, la société elle-même peut se voir déclarer pénalement responsable pour une présentation infidèle de ses propres comptes, ou pour une publication de ces derniers, sous la double condition que le délit ait été commis pour son propre compte et par l'un de ses organes ou représentants.

Profils utilisateurs: les systèmes d'informatique de gestion prévoient normalement des règles d'accès différentiées selon les types d'usager qui y sont enregistrés (comptabilité générale, comptabilité fournisseurs, trésorerie, paye, etc.). Ces règles d'accès reflètent non seulement les particularités opérationnelles du système informatique, mais aussi les règles de contrôle adoptées par l'entreprise concernée, notamment en termes de ségrégation des tâches. Un profil utilisateur correspond d'une part aux accès accordés à un type d'usager donné pour qu'il puise effectuer son travail au moyen du système informatique, et d'autre part aux restrictions d'accès mises en place pour éviter que ce même usager ait accès à des informations ou des transactions dont il n'a pas besoin ou qui nuiraient à une bonne ségrégation des tâches.

Pyramide de Ponzi: la pyramide de Ponzi, rendue célèbre par Charles Ponzi à Boston en 1920, est un schéma simple de fraude. Elle consiste à attirer les investisseurs en proposant un rendement alléchant (à l'époque 50 % en quarante-cinq jours). Les fonds amenés par les nouveaux investisseurs sont utilisés pour servir les intérêts promis aux anciens investisseurs. Le système fonctionne tant que la pyramide grandit et qu'il y a suffisamment de nouveaux investisseurs pour financer les rendements promis aux investisseurs précédents. À défaut la pyramide s'écroule.

Red flag (**littéralement « drapeau rouge »**): il s'agit d'une situation ou d'une transaction qui sont soit révélatrices d'une fraude, soit typiques d'un environnement où des fraudes pourraient se produire et perdurer. Les analyses du risque de fraude se basent pour l'essentiel sur l'identification des reds flags.

Risque de réputation: les fraudes en entreprise ne représentent pas qu'un risque financier directement lié aux montants détournés. Si les fraudes en question reçoivent une publicité (par voie de presse, ou en raison d'une obligation déclarative, comme les formulaires « 10K » auxquels sont astreintes les entreprises cotées en Bourse aux États-Unis), l'entreprise risque de s'en ressentir: baisse des cours en Bourse reflétant la méfiance des actionnaires, plus grande difficulté à recruter des dirigeants de talent, etc. Ce coût indirect de la fraude est appelé « risque de réputation ».

Rotation des acheteurs: les acheteurs travaillant plusieurs années sur un même portefeuille vont tisser un réseau de relations informelles avec les fournisseurs, tenir pour acquises certaines structures tarifaires, accepter certaines pratiques de paiement comme « typiques du secteur », etc. Pour éviter ces effets de routine et d'éventuels conflits d'intérêts, il est de bonne politique pour une entreprise d'organiser des changements de portefeuilles – c'est-à-dire des rotations de postes parmi les acheteurs.

Sarbanes-Oxley Act : cette loi américaine, adoptée au lendemain de l'affaire Enron (le 30 juillet 2002), a entraîné la mise en place d'un organe de surveillance de la profession comptable ; elle prévoit également un renforcement de l'indépendance des commissaires aux comptes, de la responsabilité personnelle des dirigeants ainsi que des règles de publication d'informations financières. Elle s'applique à toute société cotée aux États-Unis.

Ségrégation des tâches : le principe de ségrégation des tâches est un élément clé du système de contrôle interne des entreprises. Selon ce principe, il ne doit pas être possible pour une seule personne ou fonction de décider et/ou d'effectuer une transaction qui soit contraire :

• aux lois et règlements en vigueur ;
• aux politiques et procédures de l'entreprise ;
• aux intérêts de l'entreprise,

sans que cette initiative soit empêchée ou rapidement déjouée.

Société écran : société qui cache son véritable détenteur par l'utilisation de prête-noms.

Société holding : société ayant pour vocation de regrouper des participations dans diverses sociétés et dont la fonction est d'en assurer l'unité de direction.

Stress test **(littéralement « test de résilience ») :** il s'agit d'un test destiné à tester la stabilité d'un système ou d'une procédure. Il consiste à soumettre ce système ou cette procédure à des conditions dépassant leurs capacités normales d'opération, souvent jusqu'à leur point de rupture, de façon à observer leur comportement dans ces situations critiques et leur faculté de stabilisation une fois les conditions normales restaurées.

Subornation de témoin : délit consistant à inciter un témoin, en usant de « promesses, offres, présents, pressions, menaces, voies de fait, manœuvres ou artifices », voire par simple influence passive, à faire une déclaration mensongère (sous forme d'attestation, d'affirmation ou de déposition), ou encore à s'abstenir de témoigner ; il y a subornation même si l'incitation en question n'est pas suivie d'effet.

Technique du salami : cette technique consiste à détourner des actifs provenant de nombreuses sources en de multiples opérations portant chacune sur des montants unitaires infimes. De tels schémas ont été observés par exemple sur les arrondis d'intérêt.

« *The tone at the top* » : cette expression désigne l'éthique manifestée par les dirigeants à la tête de l'entreprise. De fait, l'état d'esprit dont ils font preuve aura tendance à se propager au reste de l'entreprise. Si cet état d'esprit est fondé sur l'éthique et l'intégrité, alors les salariés seront plus enclins à adopter et promouvoir ces valeurs à leurs niveaux respectifs. Le « ton au sommet » joue donc un rôle crucial, en se répercutant à tous les échelons de l'organisation. (Source : http://www.acfe.com/documents/tone-at-the-top-research.pdf.)

***Tip* (littéralement « tuyau » ou « indication ») :** ce terme recouvre toute information provenant d'un initié ou d'une personne interne à l'organisation à propos d'une fraude avérée ou suspectée. De nombreux tips prennent la forme d'un signalement confidentiel à une hotline.

Trafic d'influence : le trafic d'influence est un délit qui consiste à recevoir des dons (argent, biens) pour favoriser les intérêts d'une personne physique ou morale auprès des pouvoirs publics.

Triangle de la fraude : cette théorie a été développée dans les années soixante par un sociologue américain, Donald Cressey, qui a mené des entretiens avec des personnes condamnées pour fraude afin de mettre en évidence des points communs. Il a conclu de son enquête que les points suivants sont communs à toutes les fraudes étudiées :

- Une opportunité : les fraudeurs ne recherchent pas toujours les failles du système – souvent, ils les découvrent à l'occasion d'erreurs non corrigées. Les principales opportunités pour réaliser une fraude proviennent :
  - de l'absence de contrôle ;
  - d'un contrôle mal exécuté ;
  - ou d'un contrôle contourné (par imitation de signature, falsification de document…).

  Le rôle du contrôle interne est d'empêcher ou de réduire le risque qu'une opportunité de fraude se présente ou perdure.

- Un besoin ou une pression : il s'agit fréquemment de problèmes financiers que le fraudeur cherche à résoudre au moyen de la fraude, tels que la nécessité d'éponger des dettes, un projet excédant sa capacité financière, des objectifs irréalistes… S'il est difficile pour l'entreprise d'agir sur la plupart de ces facteurs, elle se doit d'être attentive aux changements de comportements qui pourraient les révéler.

• La rationalisation: la rationalisation est un processus qui permet au fraudeur de rendre son acte acceptable par rapport à son propre système de valeurs. Dans ce but il va (re)considérer ses relations avec l'entreprise. Dans la plupart des cas, un événement générateur de frustration est à l'origine de ce processus. Pour minimiser ce risque, il convient donc d'être attentif au climat social et au bien-être des employés.

Usage de faux: le Code pénal définit ainsi le faux: toute altération frauduleuse de la vérité, de nature à causer un préjudice et accomplie par quelque moyen que ce soit, dans un écrit ou tout autre support d'expression de la pensée qui a pour objet ou qui peut avoir pour effet d'établir la preuve d'un droit ou d'un fait ayant des conséquences juridiques. Les personnes morales peuvent être déclarées responsables de faux.

Usurpation d'identité: l'usurpation d'identité est le fait de prendre délibérément l'identité d'une autre personne, généralement dans le but de réaliser une action frauduleuse. Il ne faut pas confondre le vol d'identité (dans lequel le fraudeur assume l'identité d'une personne décédée afin de faire perdurer ses droits à son profit, comme une pension ou une couverture maladie) et l'usurpation d'identité (la victime étant dans ce cas bien vivante). Une variante de l'usurpation d'identité a connu un essor rapide ces dernières années: l'usurpation d'identité numérique. Dans ce cas le fraudeur assume l'identité « online » de sa victime, prenant pour cible l'ensemble des transactions réelles ou potentielles que cette dernière effectue par Internet (achats, ventes, participation à des forums ou à des jeux, gestion de comptes bancaires, investissements, messagerie électronique…).

Vérification des antécédents (*background check*): vérification opérée par une entreprise, soit par ses propres moyens, soit en passant par une officine spécialisée, préalablement à une décision d'embauche ou de sous-traitance. Ces vérifications peuvent être déclarées (basées par exemple sur des prises de référence durant un entretien d'embauche) ou silencieuses (confiées à une société d'investigation qui enquêtera de façon discrète et confidentielle); les entreprises peuvent également combiner les deux méthodes.

Whistle Blowing **(littéralement « coup de sifflet »):** il s'agit d'un système de signalement professionnel permettant à des employés d'alerter la direction d'une entreprise sur les agissements d'autres employés supposés être contraires aux lois en vigueur ou aux règles de l'entreprise. La CNIL (Commission nationale de l'informatique et des libertés) a adopté le 10 novembre 2005 un document d'orientation définissant les conditions que doivent remplir ces dispositifs pour être conformes à la loi Informatique et Libertés modifiée en août 2004.

Liste des contributeurs

Nicolas BOURDON, IEP Paris, est associé chez Accuracy. Ancien auditeur financier (Arthur Andersen, 1997), il est spécialisé chez Accuracy dans les missions de « *forensic* » et plus généralement dans l'identification et l'évaluation de préjudice dans le cadre de litiges. À ce titre, il a conduit de nombreuses missions en France et à l'étranger pour le compte de groupes industriels internationaux.

Anthony CHARLTON dirige l'activité gestion de contentieux de FTI en France. Anthony a rejoint FTI en juillet 2009 après avoir passé près de quinze ans avec les bureaux de deux cabinets « Big Four » ainsi que deux années auprès de la Bourse de Londres (2000-2001). Anthony est spécialisé dans la quantification de dommages et intérêts dans le cadre de différends commerciaux, les enquêtes financières et les enquêtes de fraude, ainsi que les litiges post-acquisition. Il est expert comptable accrédité par l'Institut d'experts comptables d'Angleterre et du Pays-de-Galles – ICAEW (Institute of Chartered Accountants in England and Wales).

Jean-Romain CURE, diplômé de l'EM Lyon, titulaire d'un MBA de l'université York à Toronto, et *Certified Fraud Examiner*, est actuellement responsable de l'audit interne pour la société Puma. Au cours de sa carrière, il a travaillé pour plusieurs multinationales de divers secteurs (pétrochimie, semi-conducteurs, électronique grand public et télécommunications), en France et à l'étranger, principalement à des postes de direction de l'audit interne et de direction administrative et financière.

Arnaud DAUBIGNEY, diplômé d'HEC et titulaire d'un DESS de droit des affaires à Paris-XI, est manager au sein d'Ernst & Young, dans le département FIDS (Fraud Investigation and Dispute Services), après avoir exercé des fonctions d'auditeur interne. Il a mené de nombreuses missions d'investigations financières et comptables, en France et à l'étranger. Il anime également des formations et des ateliers de travail dans les entreprises sur les sujets relatifs à la fraude et à la corruption.

Éric **DELAYE,** associé fondateur de Valens Conseil. *Certified internal auditor,* il a douze ans d'expérience en audit interne ou dans le conseil en risques et contrôle interne dans différents secteurs d'activité économique de l'industrie et des services. Il enseigne aussi à l'ESG.

Serge **DELESSE,** commandant de police honoraire, est actuellement auditeur en prévention et détection des fraudes et intervient en tant que formateur auprès de plusieurs universités. Antérieurement, il a effectué une carrière d'officier de police spécialisé dans les infractions sur les délits de sociétés notamment auprès de la direction régionale de police judiciaire de Versailles (sections économiques et financières). Il a participé à la formation des enquêteurs affectés en section financière de la Police nationale. Il est intervenu dans plusieurs pays dans le cadre de formations des magistrats et policiers spécialisés en délinquance financière. Il a été conseiller au sein du Service central de prévention de la corruption représentant de la Police nationale. Il est coauteur de l'ouvrage *Comptabilité et droit pénal* (aux Éditions Litec).

Frédéric **DUPONCHEL,** ESCP, expert-comptable, est managing partner d'Accuracy. Ancien associé d'Arthur Andersen (1999), puis d'Ernst & Young à Paris (2002), il a mené depuis 1988 de nombreuses missions d'expert indépendant ou de partie, d'évaluation de préjudices, de diagnostic financier, de mise en œuvre de clauses financières de protocoles.

Jean-François **GAYRAUD,** docteur en droit, diplômé de l'Institut d'études politiques de Paris, diplômé de l'Institut de criminologie de Paris, est commissaire divisionnaire de la police nationale. Il est l'auteur d'une part de nombreux articles portant sur les phénomènes criminels et d'autre part d'ouvrages de sciences sociales parus aux Presses universitaires de France et aux éditions Odile Jacob.

Damien **GROS,** EDHEC, est l'un des associés fondateurs d'Accuracy. Il avait auparavant acquis une expérience en conseil et audit financier au cours de dix années passées chez Arthur Andersen, puis Ernst & Young et est spécialisé dans les missions de support aux transactions (à l'achat et à la vente), et dans l'assistance à la gestion de contentieux pour le compte de grands groupes industriels.

Antoinette **GUTIERREZ-CRESPIN,** diplômée de l'EDHEC, expert comptable et membre de l'ACFE, est associée au sein d'Ernst & Young. Après trois ans passés dans le département FIDS (Fraud Investigation and Dispute Services) à Londres, elle contribue, depuis 2006, au développement de ce département à Paris. À ce titre, elle a mené de nombreuses missions d'investigations financières et comptables, en France et à l'étranger. Par ailleurs, elle anime régulièrement des conférences internationales (Institut luxembourgeois des administrateurs/Association of British Accountants in France/Development Institute…) et des formations tant internes qu'externes sur les sujets relatifs à la fraude et à la corruption (prévention/détection).

Maria HAYNES est responsable du département d'audit interne de Latham & Watkins pour la région Europe et Moyen-Orient. De 2003 à 2008, elle a travaillé à Londres pour des groupes internationaux cotés: d'abord chez Inchcape Plc puis chez Burberry Ltd où elle a été audit manager. Précédemment, Maria Haynes avait été auditeur interne au cabinet Deloitte. Elle est diplômée de l'Essec, filière audit et management.

David HOTTE est responsable groupe de la sécurité financière au sein de BPCE, organe central du deuxième groupe bancaire français. Ancien officier de gendarmerie, il enseigne aussi dans plusieurs universités françaises. David Hotte a notamment collaboré avec les Nations unies, le Fonds monétaire international et la Banque mondiale. Auteur de plusieurs ouvrages et articles sur le blanchiment de capitaux et le financement du terrorisme, ce spécialiste des problématiques en matière de blanchiment rencontrées par les pays en voie de développement, notamment africains, est également impliqué dans la lutte contre la fraude en matière bancaire.

Francis HOUNNONGANDJI, ingénieur (INA-PG, AgroParisTech), *Certified Fraud Examiner* (CFE) et *Chartered Financial Analyst* (CFA), est associé-gérant d'Allied Business Controls (conseil en gouvernance d'entreprise et en investissements). Il a mené des missions d'audit, d'investigations financières et de conseil financier dans plus d'une trentaine de pays à travers le monde. Il enseigne aussi à HEC Paris. Il est le président fondateur du chapitre français de l'Association of Certified Fraud Examiners (ACFE).

Léon JANKOWSKI, diplômé de l'ENAC (École nationale de l'aviation civile) en tant que formateur expert en sûreté du transport aérien, et *Certified Fraud Examiner* (CFE), est vice-président chargé de conformité et des affaires réglementaires en matière de sûreté internationale pour DHL Logistics. Membre du collège « experts » du Haut Comité français de la défense civile (HCFDC), il est aussi le fondateur et président honoraire du chapitre France d'ASIS INTERNATIONAL.

Laurent LEBOIS, spécialiste du renseignement militaire pendant vingt ans, ex-expert antiterrorisme et grande criminalité au sein du service Action de la DGSE, Laurent Lebois a été par la suite directeur adjoint au sein du bureau parisien de Kroll. Il rejoint en 2009 le groupe Synergie Globale (GSG) où il prend la direction du département d'intelligence économique puis la direction générale aux opérations. Le département IE de GSG est, entre autres, spécialiste des recherches de fraude depuis l'extérieur des structures.

Philippe LESOING, est responsable en charge des services liés à la prévention de la corruption chez SGS. Il a été directeur exécutif chez Ethic Intelligence, responsable des achats EMEA chez Coca-Cola et directeur de projets chez Accenture. Diplômé en commerce international, stratégie d'entreprise, intelligence économique, et en analyse des menaces criminelles contemporaines à Paris-II – Panthéon-Assas. Il intervient à l'université d'Aix-en-Provence et à l'Institut supérieur du commerce de Paris. Il est membre associé de l'ACFE.

Henry-Benoît LOOSDREGT a fondé le cabinet Éthique des organisations-Consultant en 2004, auparavant il était dans le groupe GDF-Suez où il participait à la conception et à la mise en place du dispositif éthique et conformité de cette entreprise multinationale du secteur de l'énergie et de l'environnement. Il est diplômé de l'Institut catholique d'arts et métiers de Lille et membre associé de l'Association of Certified Fraud Examiners (ACFE).

Benoît MERCIER est directeur de projets intelligence économique au sein du groupe GEOS. Il est responsable du pôle *due diligences* et réalise des investigations liées à la sécurité économique des entreprises, notamment dans les pays émergents. Il est titulaire d'un master spécialisé en stratégie et intelligence économique, d'un DEA en microéconomie, et il est diplômé en sécurité des biens et des personnes. Il est membre de l'Association of Certified Fraud Examiners (ACFE).

Bénédicte MERLE, diplômée d'expertise comptable, CPA Exam (Certified Public Accountant Examination – Georgie – États-Unis), CFE (Certified Fraud Examiner) et ancienne élève de l'Institut de haute finance (IHFI), elle s'est orientée vers l'entreprise après un début de carrière en cabinet. Elle occupe depuis une dizaine d'années des fonctions de directeur financier dans divers groupes cotés nord-américains ou européens. Membre du jury de présélection du prix Turgot, elle enseigne à Skema Business School.

Jean-Paul PHILIPPE, ancien chef de la brigade centrale de la lutte contre la corruption, expert international en lutte anticorruption et antiblanchiment, est associé au sein de JPG RISKCONSULT (formation et audit de fraude). Il mène des missions d'audits de fraudes dans de grands groupes et intervient dans de nombreuses grandes écoles (ENA, EM Lyon, EM Strasbourg, Dauphine-Vinci). Il est aussi administrateur du chapitre français de l'Association of Certified Fraude Examiners (ACFE)

Sandrine PIVATY est spécialiste en intelligence économique et en géopolitique européenne. Elle a exercé des fonctions liées à l'intelligence économique, la communication et le lobbying tant au sein de structures publiques que privées. Elle est membre affiliée de l'Association of Certified Fraud Examiners (ACFE) et membre fondatrice de l'Association pour la promotion de l'intelligence économique (l'APIEC).

Noël PONS est consultant, ancien inspecteur des impôts et ancien conseiller au Service central de prévention de la corruption, auditeur interne certifié (CIA), membre de l'Institut français de l'audit et du contrôle interne (IFACI) et administrateur du chapitre français de l'*Association of Certified Fraud Examiners*, il a passé la plus grande partie de sa vie professionnelle dans la lutte contre les fraudes, le blanchiment et la corruption. Il est auteur ou coauteur de plusieurs ouvrages : *L'investigation informatisée des fraudes : recherche informatisée et prévention*, avec Yoanna Pons, Éditions Emerit Publishing, *Arnaques. Le manuel anti-fraudes*, CNRS Éditions, 2009, avec Valérie Berche ; *Cols blancs et mains sales. Économie criminelle mode d'emploi*, Éditions Odile Jacob, 2006 ; *Audit et Fraudes*, Éditions IFACI 2004, avec François Vidaux et il a contribué à de nombreux ouvrages collectifs.

Arnaud SERVOLE, investigateur senior en sécurité informatique, membre d'ISSA (Information Systems Security Association de l'AAIE – Association des auditeurs en intelligence économique) et de l'AFCDP (Association française des correspondants à la protection des données à caractère personnel). Associé-gérant de la société Sauvegarde, il a mené des missions d'investigations dans le domaine civil et pénal, d'audit de sécurité et de conseil dans la gestion des données et de la récupération de données dans des situations de crise au sein d'entreprises multinationales.

Laura SIERY, diplômée de l'École supérieure de commerce d'Amiens, est auditrice au sein du cabinet a intégré le cabinet Deloitte Touche Tohmatsu. Elle a mené des missions d'audits en France et à l'étranger.

Vincent SOULIGNAC est diplômé de l'Institut d'études politiques d'Aix-en-Provence et titulaire du master professionnel spécialisé dans la prévention de la délinquance économique et financière de la faculté d'économie appliquée d'Aix-en-Provence. Auteur de plusieurs articles et ouvrage portant sur le blanchiment de capitaux et la fraude bancaire, Vincent Soulignac est responsable de projets pour la sécurité financière au sein de BPCE. Il est notamment en charge de la prévention du blanchiment de capitaux, de l'application des sanctions financières internationales et des problématiques de fraude.

David THORNES, ingénieur diplômé en 2002 de l'École centrale Paris, est manager chez Accuracy où il est entré en 2005 après une première expérience en audit chez Ernst & Young. Il est spécialisé dans les missions de fraude, de quantification de préjudice dans le cadre de contentieux industriels (*construction claim*), ou encore de contentieux M&A.

François VIDAUX est de formation juridique, diplômée de l'Institut d'administration des entreprises – expert-comptable. Après vingt-sept ans de pratique de l'audit en tant que directeur de l'audit interne dans de très grandes entreprises nationales, François Vidaux est aujourd'hui consultant auprès de l'entreprise EXOS. Il intervient à ce titre en France et à l'étranger dans le domaine de la fraude et de la corruption (détection et prévention), mais également en audit de sécurité physique et logique.

www.ingramcontent.com/pod-product-compliance
Lightning Source LLC
Chambersburg PA
CBHW080524220326
41599CB00032B/6194